# 世俗を生きる出家者たち

上座仏教徒社会ミャンマーにおける出家生活の民族誌

藏本龍介

X僧院は、なぜ「森の教学僧院」という無謀な挑戦に乗り出したのか
「森」こそが律遵守の出家生活を行うのに相応しい。そのために
あえて経済的な不利益よりも修行の利益を優先し、在家者の居住
空間から離れる。それが長老と在家の支援者たちの決断だった。

法藏館

# 世俗を生きる出家者たち——上座仏教徒社会ミャンマーにおける出家生活の民族誌＊目次

序　論

## 第二部　教義的理想の追求

# 凡例

## 1　国名表記について

一九八九年六月、当時のミャンマー政府（軍事政権）は、国家の英語名称を the Union of Burma から the Union of Myanmar に変更した。こうした変更をめぐっては、軍事政権が正当的な選挙ではなく、クーデターで政権を奪取したこともあり、「ビルマ（Burma）」と「ミャンマー（Myanmar）のどちらを用いるかが、政治的な立場――軍事政権を認めるか否か――に関わる、ある種「踏み絵」のように扱われることもある。しかし両者はそもそも口語と文語の違いしかない。また近年では日本でも「ミャンマー」という名称が一般的になりつつある状況を考慮して、本書では、国名をめぐる政治的な議論とは無関係に、便宜的に「ミャンマー」に統一する。それに合わせてミャンマー国民を「ミャンマー人」、ミャンマーの公用語を「ミャンマー語」、ミャンマーにおける地理的な区分については「上ミャンマー、下ミャンマー」といった用語を用いる。ただし、ミャンマー人を構成する一民族を示す場合には「ビルマ族」を用いることとする。また、「ビルマ式社会主義」や「ビルマ人団体総評議会」など、歴史用語として定着しているものについては「ビルマ」を使用する。引用文については、引用元の使用法に準ずる。

## 2　ミャンマー語、パーリ語の表記について

ミャンマー語のローマ字表記は、次頁の表に基づき（M:）で指示する。発音が文字表記と異なる場合は、発音を優先する。ただし人名・組織名・地名・史跡名等の固有名詞については、一般に流布している表記／慣例に従っている。仏典用語であるパーリ（Pāli）語の表記については水野（二〇〇五）を参照し、（P:）で指示する。なお、仏教用語については、ミャンマーにおいてもパーリ語に由来する語が用いられる場合がある。その場合は、パーリ語として（P:）で指示する。

## 3　人名について

筆者がインタビューを行ったインフォーマントはすべて仮名である。ただし歴史的な人物および組織については実名を用いる。出家者名は、「出身地や僧院名などに由来する通称（出家したときに授かる正式のパーリ語名）」という形で表記する。なお、パーリ語名の前に付される尊称には「U」「Bhaddanta」「Ashin」「Shin」などがあるが、本書では「U」に統一する。また、仏教の開祖については、ブッダ（仏陀）、釈迦牟尼仏、釈尊など多様な表現がある。これについては通常の文脈では「ブッダ」、インフォーマントが尊称で用いている場合には「釈尊」と表記する。

# ミャンマー語のローマ字表記

## 1. 基本字母

| | | | | | | | | | |
|---|---|---|---|---|---|---|---|---|---|
| က | ka | ခ | kha | ဂ | ga | ဃ | ga | င | nga |
| စ | sa | ဆ | hsa | ဇ | za | ဈ | za | ည | nya |
| ဋ | ta | ဌ | hta | ဍ | da | ဎ | da | ဏ | na |
| တ | ta | ထ | hta | ဒ | da | ဓ | da | န | na |
| ပ | pa | ဖ | pha | ဗ | ba | ဘ | ba | မ | ma |
| ယ | ya | ရ | ya/ra | လ | la | ဝ | wa | သ | tha |
| | | ဟ | ha | ဠ | la | အ | a | | |

## 2. 介子音記号

| | | | | | | | |
|---|---|---|---|---|---|---|---|
| ◌ျ | -y- | ကျ | ca | ချ | cha. | ဂျ | ja. |
| ◌ြ | -y- | ကြ | ca | ခြ | cha. | | |
| ◌ွ | -w- | | | | | | |
| ◌ှ | h- | ယှ/ရှ | ša. | လျှ | hlya/sha | သျှ | sha |

## 3. 母音記号と声調

| | 下降調 | | 低平調 | | 高平調 | |
|---|---|---|---|---|---|---|
| /a/ | — | a. | ◌ာ/◌ါ | a | ◌ား/◌ါး | a: |
| /i/ | ◌ိ | i. | ◌ီ | i | ◌ီး | i: |
| /u/ | ◌ု | u. | ◌ူ | u | ◌ူး | u: |
| /ei/ | ◌ေ့ | ei. | ◌ေ | ei | ◌ေး | ei: |
| /e/ | ◌ဲ့ | e. | –ယ် | e | ◌ဲ | e: |
| /o/ | ◌ော့/◌ေါ့ | o. | ◌ော်/◌ေါ် | o | ◌ော/◌ေါ | o: |
| /ou/ | ◌ို့ | ou. | ◌ို | ou | ◌ိုး | ou: |

4. 末子音字

| | | ◌ိ | | ◌ု | | ေ◌ာ | | ◌ို | |
|---|---|---|---|---|---|---|---|---|---|
| က် | eʔ | | | | | ေ◌ာက် | auʔ | ◌ိုက် | aiʔ |
| စ် | iʔ | | | | | | | | |
| တ်/ပ် | aʔ | ◌ိတ်/◌ိပ် | eiʔ | ◌ုတ်/◌ုပ် | ouʔ | | | | |
| င်/ဉ် | in | | | | | ေ◌ာင် | aun | ◌ိုင် | ain |
| န်/မ်/◌ံ | an | ◌ိန်/◌ိမ် | ein | ◌ုန်/◌ုမ်/◌ုံ | oun | | | | |
| ည် | i/e/ei | | | | | | | | |

5. 母音記号・末子音字・声調記号の結合

| | 下降調 | | 低平調 | | 高平調 | |
|---|---|---|---|---|---|---|
| — | င့်/ဉ့် | in. | င်/ဉ် | in | င်း/ဉ်း | in: |
| — | န့်/မ့်/◌ံ့ | an. | န်/မ်/◌ံ | an | န်း/မ်း/◌ံး | an: |
| ◌ိ | ◌ိန့်/◌ိမ့် | ein. | ◌ိန်/◌ိမ် | ein | ◌ိန်း/◌ိမ်း | ein: |
| ◌ု | ◌ုန့်/◌ုမ့်/◌ုံ့ | oun. | ◌ုန်/◌ုမ်/◌ုံ | oun | ◌ုန်း/◌ုမ်း/◌ုံး | oun: |
| ေ◌ာ | ေ◌ာင့် | aun. | ေ◌ာင် | aun | ေ◌ာင်း | aun: |
| ◌ို | ◌ိုင့် | ain. | ◌ိုင် | ain | ◌ိုင်း | ain. |
| — | ည့် | i./e./ei. | ည် | i/e/ei | ည်း | i:/e:/ei: |

# 世俗を生きる出家者たち

上座仏教徒社会ミャンマーにおける出家生活の民族誌

「お金は必要だが、重要ではない。」

——映画「ナイト・オン・ザ・プラネット」より

# 序論

# 第一章　問題設定

## はじめに

「上座仏教（Theravāda Buddhism）」の出家者は、教義をどのように実践しているのか。本書ではこの問題を、出家者の経済的な問題、つまり「カネ」を中心とする財の問題に注目して検討する。

様々なモノやカネといった財は、宗教と相反するものと考えられがちである。たとえば現代日本において宗教が「胡散臭い」と語られるとき、その背景には聖職者や宗教組織による「あくどい」資金集めや、莫大な財の蓄積への批判があることが多い。宗教に関わる以上、財に拘泥すべきではない、というわけである。このように宗教を経済とは無関係なある種の「聖域」とみる傾向は、宗教研究にもみられる。つまり宗教研究においては、新興宗教教団の集金システムやビジネスモデルの真相解明といったジャーナリズム的な研究〔島田　二〇〇八、舘澤　二〇〇四など〕を除けば、「宗教とカネ」という問題を正面から取り扱っている研究はほとんど存在しない。

しかし現実の宗教実践は、どこまでも財との密接な関わり、いいかえれば「世俗」との絡み合いの中にある。ある宗教が掲げる理想がいかに高邁なものであったとしても、その理想の実現に向けて生きるためには、様々なモノやカネといった財が必要不可欠なのである。したがってある宗教の信徒が、とりわけ聖職者と呼ばれるような人々が、実際にどのように財を獲得・所有・使用しているのかという問題を明らかにしない限り、その宗教実践に迫ることはできない。

こうした問題関心のもとで、本書では上座仏教の聖職者である出家者の仏教実践を検討する。上座仏教の出家者は、「出家」（世俗からの離脱）を志向するという意味で、いわば「最聖域」に位置する存在である。しかしそれゆえに、かえって世俗的な問題、つまり経済的な問題が重くのしかかるという逆説的な構造をもっている。それでは現実の出家者は、こうした経済的な問題にいかに対処し、その生き方を紡ぎだしているのか。本書ではその実態を、現代ミャンマーを事例として描き出す。それによって出家者の仏教実践の諸相を明らかにすると同時に、上座仏教における教義と実践の複雑で動態的な関係を浮き彫りにすることが本書の目的である。

それでは上座仏教における出家者とはどのような存在なのか。そして出家生活について、これまでどのような研究がなされてきたのか。全体の導入にあたる本章では、これらの事項を確認・整理することによって、本書の問いを明確にしておきたい。具体的にはまず、上座仏教の教義的特徴を確認することによって、その専門的な修行者である出家者の生活が、根深いジレンマを抱えていることを指摘する（第一節）。次に、そうしたジレンマを抱えた出家生活が、実際にどのように成立しているのかという点について、人類学的な仏教研究の成果を整理する（第二節）。最後に、それを踏まえた上で、本書の目的・方法・構成について述べる（第三節）。

# 第一節　出家生活のジレンマ

## 1　ウェーバーの遺産

キリスト教、イスラーム、仏教など、確立した聖典をもつ制度宗教は、救いとはなにか、そしてどのように救いを実現することができるか、という教義を提示している。制度宗教における宗教実践とは、こうした教義的理想を実現することを目指す活動として定義できる。それは単に儀礼や苦行といった特殊な活動だけではなく、信徒の生き方全体に及ぶものである。したがって各宗教は、いかに日常を生きるべきかという問題についても、教義的な指針をもっている。それが宗教の経済倫理と呼ばれるものである。

この問題について体系的な比較研究を行ったウェーバー（M. Weber）は、各宗教の経済倫理を、①現世指向的と②現世逃避的という二つを極とするスペクトルとして整理している[1]（ウェーバー　一九七二：七三―七七、一〇三―一〇四）。まず、現世指向的な経済倫理とは、信徒を「現世内禁欲」、つまり現世内部で勤勉に労働する方向に向かわせるような倫理である。こうした経済倫理は、禁欲主義的な特徴をもつ宗教、つまり神の「道具」として神の意志に適うように行為することを要求するような宗教に典型的にみられる。それに対し、現世逃避的な経済倫理とは、信徒を「現世逃避的瞑想」、つまり極端な現世逃避をどこまでも徹底させていく方向に向かわせるような倫理である。こうした経済倫理は、神秘主義的な特徴をもつ宗教、つまり行為することではなく、神的なるものの「容器」となることを要求するような宗教に典型的にみられる。

こうした分類をもとにウェーバーは、人類史上の大問題、つまり資本主義という普遍性をもつ経済制度が誕生した理由を解明しようとした。つまり資本主義がなぜほかならぬ西洋近代において生じたのか、あるいは逆に、なぜ他の時代・地域においては生じなかったのかという問題を、各宗教の経済倫理を分析することによって検討した。そしてプロテスタンティズムの「現世内禁欲」という現世指向的な経済倫理が、持続的かつ合理的に利潤を追求するという資本主義の精神（エートス）と親和性が高かったがゆえに、この経済倫理を最も強く内面化した新興の産業資本家層が先導する形で、西洋において資本主義が勃興したという議論を展開している（ウェーバー　一九八九）。

このようにウェーバーは、宗教の経済倫理が信徒の宗教実践を突き動かし、それが現実を変えていくという側面に注目した。それゆえに現世指向的な経済倫理をもつプロテスタンティズムが重要な研究対象になったといえる。しかし経済倫理と実践、いいかえれば、教義と実践の関係はそれほど単純なものではない。現実には、教義の求めるとおりには生きられないような状況が生じうるからである。つまりある宗教の教義を実践するというのは、潜在的なジレンマを内包している。そしてこうしたジレンマは、現世逃避的な経済倫理をもつ宗教において顕在化しやすい。たとえばウェーバーは以下のように述べる。

（現世逃避的な経済倫理をもつ宗教の場合には――引用者注）現世における一切の行為と同様、経済は宗教的に価値の低いものとされたばかりではない。間接的にも、最高の救済財と評価されるような心的状態から現世内的行為への心理的動機をひきだすことは、どんなにしても不可能であった。むしろ、その内的な本質において、瞑想的宗教意識やエクスタシス的宗教意識は、特殊的に経済に対して敵対的となるような性質のものだったのである。

（ウェーバー　一九七二：七三―七四）

つまり現世逃避的な経済倫理は、経済活動に代表されるような世俗的な活動を軽視し、そこから離れることを要請する。しかしだからといって、これらの宗教の信徒が、霞を食べて生きていけるわけではない。ここに現世逃避的な経済倫理をもつ宗教が抱える、根深いジレンマがある。つまり一方で、教義的理想を実現するためには、経済倫理を守る必要がある。しかしその経済倫理が強調するのは、経済は全く重要なものではないということである。したがってこうした経済倫理を守るならば、財の必要という経済的現実に十分に対処できない可能性がある。それゆえに経済倫理をいかに実践するかという問題が、切実な問題として浮かび上がってくるのである。

本書で検討する上座仏教の出家者は、極端に現世逃避的な経済倫理に規定されているという点で、こうした教義的理想と経済的現実のジレンマを根深く抱える存在である。それでは上座仏教の出家者に課せられている経済倫理とは、そしてそれゆえに出家者が抱えているジレンマとは、具体的にどのようなものなのだろうか。次にこの点について確認しておきたい。

## 2　出家者の経済倫理

上座仏教とは、初期仏典（原始仏典）の影響を色濃く保持するパーリ仏典（パーリ語で書かれた仏典）を聖典とする、仏教の一派である。(2)その教義的特徴は、無執着、つまり欲望（煩悩）から離れることを究極的な理想とする点にある。なぜ欲望を離れなくてはならないのか。おいしい料理を食べ、快適な住環境で過ごしたい。いつまでも健康でいたい。愛する者と一緒にいたい。他者から認められたい。欲しいものを手に入れたい。こうした欲望は誰しもが自然ともっており、人生の原動力ともなるものである。

しかし上座仏教では、欲望は決して満たし切れないものであって、欲望を追求することは苦しみにしかならないと説く。老・病・死という生物に普遍的な事実をはじめとして、この世界には何一つ自分の思い通りになるものはない。思い通りにならないことに、思いをかけ期待することは、自分で自分の首をしめるようなものである。したがって上座仏教が求めるのは、欲望から離れることであり、それによって得られる心の平安（涅槃《ねはん》、P：nibbāna）である。こうした欲望からの脱却は、無常・苦・無我の体験的理解によって達成できるとされる。そしてそのために「八正（聖）道[3]（P：ariya aṭṭhaṅgika magga）」に集約される修行方法が提示されている。

ただし、その具体的な修行方法は、出家者と在家者で大きく異なる。その違いは、一言でいえば、要請される経済倫理の違いにある。サイズモア（R. Sizemore）とスウェアラー（D. Swearer）によれば、上座仏教では物質的な繁栄を否定しているわけではない。称賛されたり非難されたりするのは、財それ自体ではなく、財を獲得・所有・使用する方法にある。しかしその一方で、財は欲望を刺激しうる。ここに上座仏教のパラドクスがあるという（Sizemore & Swearer 1990 1-5）。つまり上座仏教徒に求められるのは、財に執着することなく、財を獲得・所有・使用することである。しかしそれは「言うは易く行うは難し」の典型のようなものであり、それゆえにいわば初級者用（在家者用）と上級者用（出家者用）の二タイプの経済倫理が用意されているのである。

まず、世俗生活――家族をもうけ、労働によって日々の糧を得る生活――を送りながら修行に励む在家者に対しては、世俗生活と折り合い可能な、いわば現世指向的な経済倫理が示されている。たとえば、財の獲得に関しては、五戒（不殺生戒・不偸盗戒・不邪淫戒・不妄語戒・不飲酒戒）や八斎戒[4]などの「戒（P：sīla）」を守って、勤勉に正しい職業に励むことが奨励されている[5]。その結果、財を集積することは、人生の望ましい目的の一つであるとされる（中村　一九五九：七二）。

こうして獲得・蓄積した財は、四分割し、一分を家族の生活費とし、二分を用いて仕事を行い、残りの一分を窮乏の備えとして蓄えるべしという指針がある（中村　一九五九：八〇、芹川　一九八七：一七二―一七三）。また、浪費、つまり婦女に溺れる、飲酒する、賭博をする、悪友と交わることなどは戒められる（中村　一九五九：七三）。その一方で、生活費を工面し、他者（貧しい者、旅人、出家者など）に施すこと、つまり「布施（P：dāna）」することは積極的に奨励されている（中村　一九五九：九三）。このように在家者に対する経済倫理は、①持戒（戒を守ること）しながら職業に専心し、②それによって獲得した財を享楽的に用いず、生活のため、仕事のために用い、余裕があれば他者に施すことを求めている[6]。

しかしこうした世俗生活を送りながら、無執着（涅槃）の境地を目指すというのは実際には難しい。労働して家族を養う。こうした営みを、執着なしに行うことは困難だからである。そこでより意欲のある者、人生のすべてを修行に捧げる覚悟がある者、つまり出家者に対しては、現世逃避的な経済倫理が提示されている[7]。

出家者の経済倫理を規定しているのは、出家生活の規則である「律（P：vinaya）」である。律は、①出家者の生活規則を集めた二二七項目からなる条文集である「波羅提木叉《はらだいもくしゃ》（P：pātimokkha）」と、②儀礼執行方法についての規則集である「犍度《けんど》（P：khandhaka）」から成り立っている。波羅提木叉の各条項、つまり「学処（P：sikkhāpada）」には「～してはならない」という禁止事項およびそれを破った場合の罰則が[8]、そして犍度の諸規定には「～しなければならない」という履行義務が示されている[9]。出家者は、「受具《じゅぐ》足戒式《そくかいしき》[10]（P：upasampadā）」と呼ばれる儀式によって、律を与えられることによって成員権を得て、律に則った生活を求められる。その意味で、律は出家者を定義づけ、在家者から区別する最も重要な基準である。

それでは律が出家者に求める経済倫理とは具体的にどのようなものなのか。主要なポイントを三点挙げておこう。第一に、財の獲得方法についていえば、出家者は財への執着を避けるために、自ら財を獲得するという手段を放棄しなければならない。つまり一切の経済活動・生産活動を行ってはならない。物質的な生活基盤を在家者の布施に依拠する乞食《こつじき》――托鉢《たくはつ》によって日々の生活の糧を得ること――というあり方が、出家生活の大原則である。出家者の正式名称である「比丘《びく》（P:bhikkhu）」とは、「乞う人」を意味する。

第二に、財の所有についていえば、出家者は財の所有自体を否定されているわけではない。しかし「普通の事情のもとにおいては、かれら（出家者――引用者注）は、衣料・座具・寝具・食器・飲食物・医薬品・その他なにかぎらず、個人所有物をも必要な限度を超えて所有することをゆるされない」（大野　一九五六：一二三）。つまり「出家修行者は、経済行為は基本的に禁止されていたことはいうまでもないが、その上かれらの所持品についても、すこぶる厳重な量的、質的、さらに時間的制限が課せられている」（芹川　一九八七：一八一）。たとえば、その日暮らしを原則として薬以外の食料品を貯蔵してはならない、必要以上の袈裟や鉢をもってはならない、といった規定である。

第三に、金銀（金銭）を受領・使用してはならない、という規定がある。(11) つまり律の規定を引用すれば、「いずれの比丘といえども、金銀を取り、もしくは（人に）取らしめ、もしくは置かれたものを受用すれば、尼薩耆《にさつぎ》波逸《はいつ》提《だい》(12)（という罪――引用者注）である」（平川　一九九三：三三九）。なぜ金銭を受領・使用してはならないかというと、金銭という何にでも交換できる万能の手段を手にすることによって、モノに対する欲望が増幅するからである。また「金銭に対する神経質とも思える拒絶の姿勢は、その日暮らしを旨とする出家僧団が金を持つことに対する世間の非難を考慮してのことである」（佐々木　一九九九：一六九）という側面もある。

このように出家者に対する経済倫理（律の規定）は、財への執着から徹底的に離れようと努めることを要求する。そしてこうした律を守る出家生活こそが、上座仏教の理想的境地である涅槃を実現するための、唯一ではないが最適な手段であるとされる。しかしこうした律の制約ゆえに、出家生活は前述したような教義と実践のジレンマを強く抱え込むことになる。そのため仏教の歴史上、律をどのように解釈し守るかという問題は、出家者たちの間で繰り返し論争となってきた。

たとえば仏滅後一〇〇年頃に、古代インドのヴェーサーリーという町で発生したとされる十事論争は、その最も有名な事例である。これは金銭の受領・使用を禁止する律の規定をはじめとする一〇の項目（十事、P：dasa vatthūni）について、その撤廃・緩和を求める修正派と、律不可侵の原則を主張する保守派の間で生じた論争である。そしてこの論争をきっかけに、修正派の大衆部と、保守派の上座部が分裂した（根本分裂）と伝えられている（片山　一九九〇など）。

この内、修正派の大衆部に端を発する大乗仏教は、チベット、中国、朝鮮、日本へと伝わっていく過程で、各地で独特な思想的展開をみせ、多様な仏典を生み出していった。大乗仏教の多様化の一因は、律に対する柔軟な態度にあるといえよう。それに対して現在、スリランカや東南アジア大陸部を中心に信奉されている上座仏教は、このときの上座部の系譜に連なるとされている。つまり上座仏教は、律不可侵の原則を貫くことを標榜し、新たな追加、削除、変更を一切認めないという態度をとっている。上座仏教が大乗仏教と比べて、保守的・同質的であるといわれる理由はここにある。

それではこうした律という厳しい経済倫理に規定された上座仏教の出家生活は、実際にどのように成立しうるのか。この問題について、現地調査に基づいた議論を蓄積しているのが、一九六〇年代以降に本格化した、上座仏教徒社会に関する文化人類学的研究である。そこで次にこれらの先行研究を整理しておきたい。

## 第二節　出家者研究の系譜

### 1　共生モデル

初期の研究（一九六〇～一九七〇年代）の重要な成果の一つは、出家生活が成立する仕組みを、理念的なモデルとして提出した点にある。ここではそれを「共生モデル」と呼んでみたい。共生モデルによれば、上座仏教徒社会には出家者集団――これを「サンガ（P：sangha）」という――と在家者（一般信徒／世俗権力）の共生関係が成立している。具体的には、①地域社会レベルと②国家レベルという二つのレベルに分けられる。

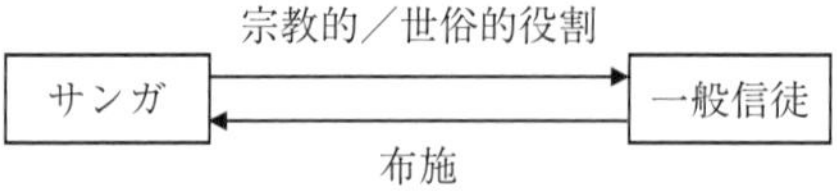

【図1－1】サンガと一般信徒の共生関係

#### ①地域社会レベル

地域社会レベルにおける、サンガと在家者（一般信徒）の共生関係は、【図1-1】のように図示することができる（石井　一九七五、Bechert 1966-1973; Gombrich 1971; Spiro 1970; Tambiah 1970など）。

一般信徒はなぜサンガに布施をするのか。その背景にあるのは「輪廻転生（P：saṃsāra）」「業（P：kamma）」「功徳（P:puñña）」といった仏教的な世界観である。一般信徒の仏教実践の要は、善行によって功徳を積み、自分の業を善くすること、それによって輪廻転生の中で良い生まれ変わりを果たすことにある。そして善行の中でも最も一般的なものが布施、つまり自分のもっているヒト（労力）・モノ・カネを、他者に提供するという行為である。布施の対象は、誰であってもよい。ただし布施によって得られる功徳の大きさは、布施の受け手の清浄性によって異なるとされる。この点において、世俗から離れ、律遵守の清浄な生活を送るサンガは、一般信徒に功徳をもたらす存在、つまり「福田（P：puññakhetta）」として、布施の最上の受け手であるとされる。一般信徒がサンガに対して惜しみない布施を行う理由はここにある。つまり一般信徒にとってサンガとは、布施を最も功徳ある善行へと変えてくれる、かけがえのない装置なのである。

ただし、地域社会におけるサンガの役割はこのような宗教的な役割だけにとどまらない。サンガには、聖なる力を行使する、教育や医療を担う、伝統・文化を保護する、子供に読み書きを教える、知識人として在家者の相談相手になる、現世利益的な呪術や占いを行使するといった世俗的役割も期待される。これに関連して石井米雄は、村落における僧院の機能として、①学校、②貧困者福祉施設、③病院、④旅行者の宿泊所、⑤社交機関、⑥娯楽場（祭りなど）、⑦簡易裁判所、⑧芸術的創造と保存の場、⑨共有財産の倉庫、⑩行政機関の補助施設、⑪儀礼執行の場、といった諸点を挙げている（石井　一九七五：五二）。

このように地域社会レベルにおいて、サンガは一般信徒によって支えられ、一般信徒のために宗教的・世俗的な役割を果たすというように、一般信徒との互酬的な結びつきの中で維持されている、というのが先行研究の基本的な論点である。そしてこうしたサンガと一般信徒の共生関係こそが、地域社会の継続性を支えていると分析された。

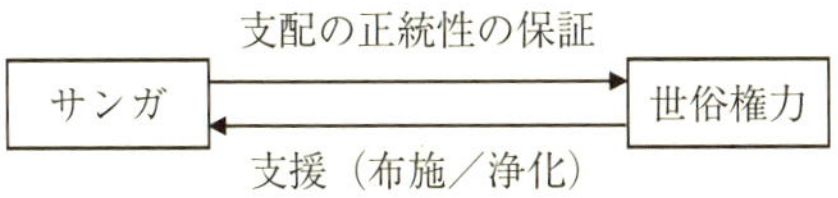


【図1－2】サンガと世俗権力の共生関係

**②国家レベル**

次に国家レベルについてみてみよう。国家レベルにおけるサンガと在家者（世俗権力）の共生関係についての最も基本的なモデルは、タイをモデルとして提示されたいわゆる「上座仏教国家になる。

モデル」（cf.奥平　一九九四ａ）である（石井　一九七五、Tambiah 1976）。その特徴を図示すると【図1-2】のようになる。

仏教徒の支配者である世俗権力（王権）の正統性は、仏教を振興し、「仏法（P：dhamma）」に基づいた統治を行うことによって保証される。そのために最も重要な存在がサンガである。なぜなら仏法の担い手である清浄なサンガの繁栄こそが、国家における仏教繁栄の証であると同時に、世俗権力が仏法に基づいた正しい統治を行っていることの何よりの証となり、仏教徒である臣民たちの支持を得ることができるからである。したがって世俗権力はサンガへの支援を惜しまない。上座仏教徒社会における理想的な王である「転輪聖王（P：cakkavattin）」とは、このようにサンガを庇護し、仏法に則った統治を行う「仏法王（P：dhammarāja）」でなければならない。またそれは過去の善い業によって王になった「カルマ王（P：kammarāja）」の義務でもある（cf.高谷　一九九〇：四〇三―四〇四）。

それではこうした世俗権力によるサンガ支援とは、具体的にはどのようなものなのか。この点について、石井による簡潔なまとめを引用しておこう。

　国王による「浄いサンガ」の維持、ないし「不浄なサンガの浄化」は、積極的・消極的のいずれか二つの方向をとって現れる。まず積極的な方向とは、日常生活の糧を得る煩わしさから比丘たちを解放し、彼らがひたすら修行に専心することができるような条件を整えることである。寺院を建立、修築し、田地やこれを耕作するための労働力（寺院奴隷など）を施入することなどがこれに当たる。

　これに対し消極的な「浄化」は、サンガから不純分子を排除する方向をとる。サンガは、自治・自律を建前とする集団であるが、ときに、サンガの内部に発生した不浄分子（破戒僧）を、みずからの力では排除できない場合が発生する。このとき、サンガの外にいる国王は、「仏教の擁護者」としての立場において、不純分子である破戒僧に還俗を強制することによって、これをサンガから強権的に排除し、サンガの清浄性回復に貢献する。

（石井　一九八九：八三五―八三六）

もっとも、世俗権力がサンガを支援する理由は、単に支配を正統化するという象徴的な側面ばかりとは限らない。たとえばベッヒェルト（H. Bechert）は、世俗権力によるサンガの支援とは、潜在的な脅威であるサンガを管理し、支配を実際的な意味において安定化させようとする試みであったと指摘する。

セイロン、ビルマ、シャムの中世仏教国家や、クメール王国において、サンガを管理するためにつくられた、制度化・階層化されたサンガ組織は、世俗権力にとって重要な利益をもたらした。つまり世俗権力は、サンガ組織を利用することによって、サンガの政治活動を防ぐことができたのである。サンガが成長すればするほど、地域レベルで民衆と直接つながっているサンガの潜在的な政治力も大きくなる。さらにサンガは世俗権力よりもずっと持続的でもある。したがって、サンガは政治的な影響力を行使してはならないという古典的なルールを徹底することは、世俗権力にとって非常に重要だった。

（Becher
t 1973：87）

つまりサンガは世俗権力にとって常に潜在的な脅威であり、それゆえに世俗権力の管理下にあるサンガを「布施」によって物質的に支援する一方で、世俗権力の脅威となるようなサンガを不浄分子として「浄化」することによって、世俗権力は支配の安定化を目指すという議論である。

このように世俗権力によるサンガ支援は、具体的には、①布施（サンガの物質的支援）および②浄化（不浄分子の排除）という二つの要素をもっているとされる。世俗権力は、支配を正統化／安定化するためにサンガを支援（布施／浄化）する。その一方で、そうした世俗権力の支援が、サンガの物質的基盤を形成し、サンガの腐敗を防止するという点において、サンガの持続的な活動を可能にしている。こうしたサンガと世俗権力の共生関係が、上座仏教徒社会における国家のあり方を根底で支えており、その基本構造は現代においても成立していると分析された。

以上、共生モデルの具体例として、①地域社会レベルと②国家レベルという二つのモデルを紹介した。このモデルにおいては、律に規定された経済的条件は、出家生活の阻害要因とはならない。それどころか律遵守の生活を送る出家者こそが、国家や地域社会の存立を可能にするという重要な役割を担っており、それゆえに世俗権力や一般信徒から安定的に布施を獲得するための不可欠な手段となっているという共生関係が示されている。

## 2　振り子モデル

それに対し一九七〇年代末以降、サンガと在家者の関係の矛盾に注目するような研究が現れる。これらの研究は、こうした矛盾ゆえに、現実の出家生活は安定せずに振り子のように揺れ動くものとして捉えている。そこで本書ではこれらの研究を「振り子モデル」と呼んでみたい。

### ①〈土着化と原理主義的改革〉の循環

第一に、サンガの現実態を、〈土着化と原理主義的改革〉の間を揺れ動きながら成立していると捉える研究がある。たとえばカリサース（M. Carrithers）は、出家者が前述したような社会との共生関係を取り結ぶ傾向を、出家者の「土着化（domestication）」（Carrithers 1979：294）と名付け、「出家」の理想から逸脱したものであると捉える。[13]そしてそれゆえに出家者の中にはこうしたあり方に反発し、「出家」の理想に戻ろうとするような原理主義的な改革が存在すると指摘する。しかし社会との共生関係を拒絶しながら生きていくことは容易なことではない。したがって原理主義的な改革もいずれ、社会に組み込まれることになる。このようにサンガの現実態は、〈土着化と原理主義的改革〉の往還として描くことができるとする（Carrithers 1979, 1983）。

タンバイア（S. Tambiah）もまた、こうした〈土着化と原理主義的改革〉という循環を、「村・町の僧（town-village monk）」と「森の僧（forest monk）」の循環として整理している。つまりタンバイアは、自身の提示した共生モデル（Tambiah 1970, 1976）を、サンガの二元性を考慮していない不十分なものであったと振り返り（Tambiah 1984: 2）、「村・町の僧」と「森の僧」という区別を用いてこのモデルの修正を試みている。

この対比は元々、「村・町の僧（P: gāmavāsin）」と「森の僧（P: araññavāsin）」という対比として、パーリ仏典にみられるものである。しかしタンバイアはウェーバーによる「祭司」と「修道士」という分類を念頭に置き、これを以下のような分析概念として定義している。[14]つまり「村・町の僧」は、村落や町など在家者の近くに住み、「教学（仏典学習、P：pariyatti）」を中心とした生活をし、儀礼・教育・説法などの社会的サービスを行い、宗教制度内にいる。一方で「森の僧」は、在家者の居住空間から離れた「森（阿蘭若、P: arañña）」に住み、瞑想や頭陀行に代表される「体験的修行（P:paṭipatti）」に専念する（Tambiah 1984: 2, 16; 1987: 111–112）。

そこでタンバイアは、サンガと在家者の関係は、「村・町の僧」と在家者の関係だけではなく、「森の僧」と在家者の関係をも考慮してこそ理解できるとし、その複層的な関係を【図1-3】のように整理している。まず「村・町の僧」と在家者（一般信徒／世俗権力）の間には、共生モデルが描いたような共生関係が機能している。しかし

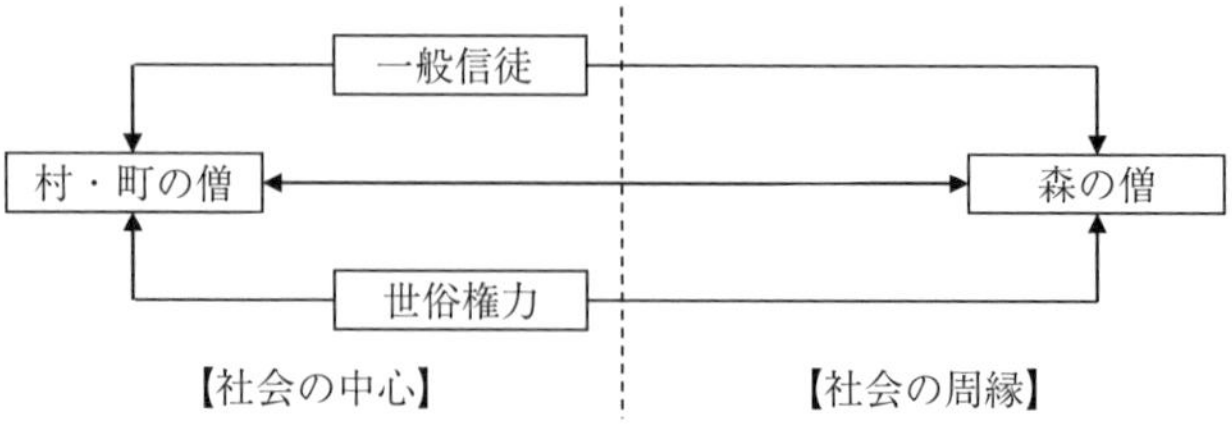


**【図1－3】サンガと在家者の複層的関係**
＊出典　Tambiah（1984: 72, 76）を参照して筆者作成。

社会に組み込まれた「村・町の僧」は、それゆえに「出家」の理想から離れてしまう。つまり堕落してしまう。こうしたサンガの堕落は、地域社会／国家の存立を危うくしかねない。その場合に在家者が頼みとするのが、社会から離れて仏道修行に専心している「森の僧」である。つまり在家者は清浄な「森の僧」を支援し、それによって堕落した「村・町の僧」を排除（浄化）する。「周縁にこそ宗教の生命が脈打っており、政治・経済の中心はその周縁を通ることにより再活性化される」（Tambiah 1997: 543）のである。そして「森の僧」は、新しい「村・町の僧」となり、共生モデルの一端を担うようになる。しかしまさにそれゆえに次第に堕落していくため、新たな「森の僧」によって浄化される対象となる、という議論である（Tambiah 1984: 69-77, 1987: 112）。

### ②〈富裕化と清貧〉の循環

第二に、サンガと世俗権力の間には、財をめぐる潜在的な緊張関係があるがゆえに、サンガは〈富裕化と清貧〉の間を揺れ動いていると捉える議論がある。ミャンマー歴史研究者のアウントゥイン（M. Aung-Thwin）は、ミャンマー王朝期のバガン（Bagan）時代（一〇四四～一二八七）を直接的な事例として、サンガと王の関係には構造的矛盾があることを指摘し、そうした矛盾が王主導のサンガ改革を引き起こしていたと主張している（Aung-Thwin 1985: 138-149）。

アウントゥインによれば、パガン時代における王の支配の正統性は、サンガへの布施によって保証された。つまり前述した共生モデルと同じ構図がみられる。しかしこうしたサンガへの布施は、必然的に国家財政を掘り崩す。なぜならサンガに布施された土地や労働力に対して、王は課税できないからである。つまりサンガが富むことは、国家が貧することを意味する。したがって国家運営のためには、国家からサンガへの財の流出を防ぐ対策が必要である。

しかしサンガの保護者である王が、サンガへの布施をやめたり、制限したりすることはできない。そこで王がとった対策が、宗教改革、つまり富める出家者たちを、禁欲・質素という出家の理想から反した堕落したものとして浄化することであった。具体的には、サンガ内に新しい出家者集団を意図的に創出し、この集団こそが清浄な正しい出家者であると主張し、既存の「堕落した」、つまり富める出家者たちを統制し財を没収したとされる。ただし、こうした浄化が成功したとしても、宗教的機能によって正統性が担保される王は、サンガへの布施を止めることができない。それどころか家臣たちを凌ぐような大規模な布施を継続する必要があった。つまり国家からサンガへの財の流出を根本的に防ぐ手段はなかった。「ビルマの王は、ビルマの王権という制度の囚人であった」（Aung-Thwin 1985: 149）のである。

以上、振り子モデルの具体例として、①〈土着化と原理主義的改革〉、②〈富裕化と清貧〉という二つのモデルを紹介した。このモデルは、前述した共生モデルを前提としているという点で、共生モデルの修正版とでも呼びうるモデルである。つまり共生モデルが、出家生活の安定的な側面を描き出していたのに対し、振り子モデルはそこに潜在している矛盾に注目し、共生モデルに〈構造と反構造〉という形で動きを加えたものとして評価できる。

## 3　近代化の中の出家者

このように一九六〇〜一九八〇年代半ば頃までの研究は、サンガと在家者の関係を、①共生モデル、②振り子モデルという構造的なパターンとして捉える傾向にある。それに対して一九八〇年代半ば以降、社会変動と仏教実践の変容という問題に注目が集まるようになる。それはつまり、植民地国家・近代国民国家への転換、都市化、市場経済化、近代教育の普及、交通・通信の発展など、いわゆる「近代化」と総称されるような社会変動であり、それに伴う仏教の社会的布置の変化である（cf.田辺編　一九九五）。

実際に、近代化の過程で出家者を取り巻く環境は、都市部を中心として大きく変容している。第一に、植民地化や近代国民国家建設という課題の中で、世俗権力による支援は喪失・縮小していく傾向にある。こうした状況はサンガの「民営化」の動向、つまりサンガの経済基盤の担い手が、世俗権力から一般信徒へと移っていくという動向として捉えることができるだろう。もちろん王朝期においても、一般信徒の布施はサンガにとって重要なものであった。特に世俗権力からの布施が届きにくい地方においては、一般信徒の布施がサンガにとって主要な経済基盤だったと考えられている。しかし王という世俗権力への依存度が高かった都市部においては、「民営化」の影響がより切実な問題として現れる。つまり世俗権力の布施に頼らないような生き方を模索することが必要となる。

第二に、しかし、サンガと一般信徒の関係も揺らいでいる。たとえば田辺繁治が、一九七〇年代以降の上座仏教徒社会を含むアジア各地における「宗教再生」現象について以下のように述べているように、都市部においては、一般信徒の宗教的ニーズが多様化・変化する傾向にある。それゆえに都市部におけるサンガと一般信徒の関係は、村落部のように固定的・安定的なものとはなりえない。つまり出家者を取り巻く環境は、急速に「市場化」しつつある。

産業化の進む中心部においては、成功のチャンスへの期待、消費欲望の拡大、さらに予期せぬ災厄や病気への不安といった社会的不確定性の蔓延は、人々の宗教への傾斜を促している。階級や集団の細分化、そして個人の経験の差異化が進むなかで、宗教はそれに対応しながらセクトあるいはカルトなどの形態を取りながら幅広く分化していく。そこでは宗教はもはや村落や親族などの共同性と結びついたものではなく、むしろ個人的な選択の対象となっているのである。（田辺　一九九五：二一七）

それではこうした「民営化」や「市場化」といったマクロな変化は、出家生活にどのような影響を及ぼしているのか。この問題についてスリランカやタイを事例とする先行研究では、近代化のプロセスにおいて、出家者は衰退もしくは大きな変化の局面にいるという見方が支配的である。以下、その概要を示しておきたい。

## ①スリランカ仏教研究

たとえばゴンブリッチ（R. Gombrich）とオベーセーカラ（G. Obeyesekere）は、一九世紀後半以降のスリランカ仏教の変動を、「プロテスタント仏教（Protestant Buddhism）」の登場と普及という図式で捉える。プロテスタント仏教とは、イギリス植民地時代に、スリランカ都市部において現れた改革的な仏教運動を評する概念であり、その含意は、①プロテスタンティズムに類似した規範（世俗内禁欲）と組織形態を採用したこと、②キリスト教とイギリスの政治的支配に対するプロテスト（抵抗）が基盤となっていたことにある（cf. Obeyesekere 1972: 61-62）。

この改革運動の中心的な人物であったダルマパーラ（Dharmapala, 一八六四～一九三三）は、上座仏教の理想的境地である涅槃に到達するためには出家しなければならないという通念に反対し、「アナガーリカ」（半僧半俗）という新しい役割を自ら名乗り、世俗の活動に従事しながら涅槃を目指すことを在家者のあるべき姿として提示した。ゴンブリッチとオベーセーカラによれば、その特徴は以下のようなものである。

このようなプロテスタント仏教徒の顕著な特徴は、次のような考え方にある。すなわち、（一）在家の生活全体に仏教が染みとおっているべきであり、（二）仏教を社会全体に浸透させるよう在家が努力すべきであり、（三）在家も涅槃に至ることができ、また、涅槃に至るように努力すべきだとする考え方である。そして、その当然の結果として、在家の仏教徒は、僧院を中心とする伝統的規範に対して批判的であった。

（ゴンブリッチ＆オベーセーカラ　二〇〇二：二三四）

ゴンブリッチとオベーセーカラによれば、こうした特徴をもつプロテスタント仏教は、都市部の新興中間層の倫理として定着し、それゆえに都市化の進展、世俗教育の普及とともに社会に浸透していった。そしてその結果、出家者の社会的影響力が低下しつつあるとしている。たとえばプロテスタント仏教の浸透に伴い、在家者の教義解説者や瞑想指導者が登場するようになった。こうした「説教することで教理を保持する義務と瞑想する義務……は、伝統的には比丘だけの特権であった。だが今では、この両方を在家が侵害しているのである」（ゴンブリッチ＆オベーセーカラ　二〇〇二：三四六―三四七）。つまりここで示されているのは、〈近代化↓プロテスタント仏教の普及↓出家者の周縁化〉という認識である。

それに対しボンド（G. Bond）は、アメリカの宗教学者ベラー（R. Bellah）の議論を援用しつつ、スリランカ仏教の変容を、①一九世紀末から二〇世紀初頭にかけての「改革主義（Reformism）」の勃興、②二〇世紀半ば以降の改革主義から「新伝統主義（Neo traditionalism）」への転換、という形で描き出している。ここで改革主義とは、在家者自身が主体的に仏教と関わることを奨励するという、プロテスタント仏教的な態度を指す。一方で新伝統主義とは、改革主義的な立場を踏襲しつつも伝統仏教の忠実な復興を目指し、それゆえに出家者の重要性を認めるという特徴がある（Bond 1988: 34）。

ボンドによれば、こうした改革主義から新伝統主義への転換の契機は、一九五六年のブッダ・ジャヤンティ（国を挙げたブッダ入滅二五〇〇年祭）を頂点としたナショナリズムの勃興にある。その過程でスリランカ仏教徒のアイデンティティの要としての仏教は、より規範的に捉えられるようになったというわけである（Bond 1988: 82-83, 113-115）。一言でいえば、ナショナリズムの高まりにおける「伝統の創造」（cf.ホブズボウム&レンジャー編　一九九二）ともいうべき気運の中で、改革主義的なプロテスタント仏教は次第にその勢力を失い、新伝統主義に取って代わられたがゆえに、出家者はいわば伝統の象徴として重視されているという議論である。

## ②タイ仏教研究

このようにスリランカにおける近代化が、伝統的な宗教的権威である出家者に与える影響という問題については、ゴンブリッチとオベーセーカラとボンドの間に、認識の違いがみられる。しかしいずれの議論も、こうした変化に出家者自身がどのように対応しているかという点については、十分な議論が行われていない[15]。この点について、より豊富な議論の蓄積があるのが、タイ仏教研究である。

タイ仏教研究の文脈では、上述したゴンブリッチとオベーセーカラに近い認識、つまり在家者がより主体的に仏教と関わろうとする動きが、出家者の周縁化を促しているという認識が支配的である。タイでは一九七〇年代以降、都市化や教育水準の向上といった変化に伴い、都市部の新興中間層を中心として、「新仏教運動（New Buddhist movement）」と呼ばれるような、新しい仏教実践の興隆が指摘されている（cf. Jackson 1989; Taylor 2008）。

具体的には、①輪廻転生や地獄・天国といった概念を心理学的概念として読みなおす独自の教義解釈に基づき、膨大な著作を通じて在家者でも涅槃は可能であるという言説を提示したプッタタート（Phutthathat）長老（一九〇六～一九九三）（伊藤　一九九七、Ito 2012; Jackson 2003）、②メディア戦略やイベントの開催といったマーケティングの手法を用いて、独特な瞑想法を普及させたタンマガーイ（Thammakai　タマカーイと表記されることもある）寺（矢野　二〇〇六、Mackenzie 2007など）、③奢侈の否定といった禁欲的な生活スタイルと、社会的実践・勤労といった世俗内活動を強調することによって、日常倫理的な修行を在家者として行うという道筋を示したサンティ・アソーク（Santi Asok）などである（福島　一九九三など）。いずれもバンコクを中心とした都市住民の支持を獲得し、社会現象と呼びうる運動となっている。

これらの運動は、一見、出家者主導の運動であるようにみえる。しかしこれらの運動を主導した出家者たちは、いずれも既存サンガの枠組みからは外れている。この点について田辺は次のように述べる。

タイでは仏教サンガが保守的で強固であるがゆえに、サンガ内部から、あるいはそれと対立しながら、新仏教運動と総称されるさまざまな改革運動や仏教実践の世俗的大衆化が活発となってきた。……これらの新仏教運動の勃興は世界システムの再編成過程のなかで複雑に分化する階級的、あるいは集団的な経験やアイデンティティの多様化を反映するものである。またそれは仏教サンガの正統性が掘り崩されていることも暗示している。

（田辺　一九九五：一八）

このようにタイにおいては、在家者の主体的な仏教実践の興隆の中で、既存サンガは批判の対象となり、周縁化されているという状況がある。それゆえに福島真人が以下に述べているように、サンガは徐々に衰退していく可能性がある。

都市における、いわば「宗教マーケット」の戦いでは、かつてのサンガによる圧倒的な寡占体制に対する、意味の消費者による市場開放と宗教的な自由市場体制への圧力が高まりつつある……。こうした宗教市場動向に敏感に反応したタマカーイ運動ですら、その合理主義的な傾向によって、そのターゲットは中の上の階層に限られ、そのマーケットを都市下層民に拡げることができない。その意味では、サンガがこうした競争に対抗できるための自己革新を行って、新たな宗教産業、あるいは「『意味』のデパート」として蘇らないかぎり、かつての社会主義経済や近年のＩＢＭのように、長期的衰退の道を辿らざるをえなくなるかも知れない。

（福島　一九九三：四一二）

それではサンガは、こうした市場的な環境をどのように生き抜くことができるのか。この点についてタイについての先行研究では、出家者による世俗的サービスの活性化が指摘されている。第一に、社会福祉的なサービスの提供がある。たとえばタイ村落部では一九八〇年代以降、農村の貧困対策や自立支援、森林保護活動などに従事する出家者がみられるようになる（岡部　二〇一四、櫻井　二〇〇八、西川・野田編　二〇〇一など）。また都市部では、急激な都市化や人口集中によって生じた、スラムの形成、家庭崩壊、エイズ患者の増加といった諸問題に出家者が取り組んでいる事例が紹介されている（野田　二〇〇一：一八七―二〇一）。こうした出家者やその活動は、研究者によって「開発僧・環境僧」や「社会参加仏教（Engaged Buddhism）」（cf.ムコパディヤーヤ 二〇〇五、Queen & King eds. 1996）などと呼ばれ、出家者と社会の新たな関係を象徴する動きとして注目を集めている。

第二に、現世利益的・商業的なサービスの提供がある。たとえばタイ都市部においては、護符（お守り）などの呪物の「商品化」——現世利益に効果のあるとされる呪物が高額で取引される状況——がみられ、こうした呪物の制作によって莫大な財をなしている僧院もある。また、「葬式それ自体がビッグビジネスとなっており、僧侶は葬式業者と癒着して多額の資金を得るようになっている」（野田 二〇〇一：一七六）。さらに、出家者が仏像や儀礼祭具を貸し出したり、僧院の敷地の一部を駐車場にしたりするといった事例も報告されている（林 二〇〇五：六五—六七）。

以上のように、スリランカやタイを事例とする先行研究においては、近代化のプロセスの中で、出家者の社会的影響力は弱まりつつあるという見方が支配的である。また特にタイ研究の文脈では、「民営化」や「市場化」といった新たな環境において、出家者による世俗的なサービスの活性化が指摘されている。これは一般信徒の多様なニーズに応えることによって生き残りを模索しようとする、出家者の生存戦略として捉えることが可能だろう。しかしその一方で、律に規定された出家者は、ある種の変わりにくさを抱えている。実際、タイにおいては、布施の強要が社会問題となったり、呪物の「商品化」傾向については「黄衣ビジネス」といった批判が常套句化したりしているという状況がある（cf.林 一九九七：九〇—九二）。したがってこうした出家者による世俗的サービスが、どこまで可能なのか疑念が残る。また先行研究では、新しく動態的な現象にばかり焦点が当たる傾向があるため、このように世俗的サービスに従事する出家者が、どれくらい一般的なのか判断しにくい。この問題を克服するためには、出家者たちが、財の必要という経済的現実にどのように対処しているのかという問題を、より具体的に、そしてより包括的に検討する必要があるだろう。

## 4　出家生活の地域的多様性

最後に紹介しておきたいのは、これまでのモデル化志向の研究――共生モデルや振り子モデル――によって等閑視されてきたような、地域に深く根付いた出家生活の実態に迫ろうとする一連の研究である。林行夫によれば、一九九〇年代以降、冷戦の集結によって調査可能地域が格段に増えたことで、パーリ仏典と出家主義を共通項としながらも、異なる社会経験がもたらす多様な実践形態が明らかになるとともに、既存モデルが理念および制度の均質的な局面に限って概念化されたものであったことを暴くことになった（林　二〇〇四：一四六―一四七、二〇〇九：六―八）。

歴史的王権ないし王都の仏教が、ひとつの「範型」として当該地域の社会文化的な中心をなしてきたことは史実である。しかし、それはすべての仏教徒社会を代表するものではない。柳田國男がいうような「史外史」にあっては、王都という強力な光線の外縁、あるいはそこから遠ざかる政治空間で、出家者の師弟関係や儀礼をはじめとする実践が集落や地域の履歴、民族間関係を刻印しつつ、多様な仏教徒社会を築いてきた。……歴史的王権と近代の国民国家は、パーリ三蔵経典の整備やサンガ法の制定、教義知識の統一などを通じて多様な実践の主体をその版図内に囲い込む流れをみせる一方で、その「天蓋」の下では、国家や地域を越えて移動する人びと、社会変容のただなかにおかれた人々がそれぞれの実践を培ってきた。（林　二〇〇九ａ：九―一〇）

上述したように、「共生モデル」においては王によるサンガ管理が、サンガの存立に重要な役割を果たしていたとされる。そしてこうした世俗権力によるサンガの管理統制は、王国から近代国民国家への転換を契機として、ますます強化されている。つまり二〇世紀以降、上座仏教徒社会においては、中央集権的な国家サンガ組織が成立する。このような国家サンガ組織形成はまず、植民地化を免れ、王権が維持されたタイにおいて始められた。つまり時の王ラーマ五世は、一九〇二年に「サンガ統治法」を制定し、タイ国境内のすべての出家者・僧院を包摂する中央集権的なタイ・サンガの構築を図る。それは、それまで独自性・自律性を有していた地方のサンガを統合し、タイ・サンガの中央機関が末端の僧院や出家者までも監督できる体制の整備を目指したものであった（村上　二〇一一：二二六）。こうして誕生した近代的な国家サンガ組織という枠組みは、ミャンマー、カンボジア、ラオスにおいても、植民地期を経た独立以降、次々に成立していく。

それに対し林は、こうした制度の隙間にあって、制度の影響を受けながらも、地域的な実践を活性化させている側面に注目し、これを「境域」（林編　二〇〇九）という概念によって問題化している。こうした研究プログラムにおいては、出家者の仏教実践もまた、制度から自律的な、それゆえに多様なものとして捉えられる。つまり実際の出家生活は、「（一）世俗社会に依拠せざるをえない出家仏教の存立構造、（二）文字よりも口承によるパーリ聖典や仏教知識のあり方、そして、それらの一帰結として生じる、（三）身体観や師弟関係の社会的展開」（林　二〇〇九a：一二）といった要因によって、多様であるとされる。

一点目は、上座仏教の出家者とは、一般の在家者がその母体であるということを指す。つまり出家生活は、世俗社会での人々の経験・慣習に根ざしているがゆえに、その土地の慣習に合わせて変化・多様化しうる。二点目は、パーリ仏典は口承によって伝えられてきたという性格があり、そのため地域、民族、社会階層などに応じて、多様な仏教知識が産出されているという事実を指す。そして三点目は、律をはじめとする仏教知識は、身体に「鋳込む」ことによって獲得され、それゆえにそうした知識は師弟関係の中で、「なまもの」として継承されていくものであるため、師弟関係の系譜において多様化するという状況を指す（林二〇〇九a：一二―一三）。

こうした視点は、上座仏教サンガの歴史が、無数の派閥に彩られたものであることを思い起こさせる[16]。つまり上座仏教徒社会では伝統的に、出家の際の師弟関係を基礎として、無数の派閥が形成されてきた。弟子たちは、自分の僧院を構えるようになってからも師の指導を仰ぎ、また弟子であることを自認する。それゆえに派閥は僧院連合体という性格をもち、律の解釈や守り方、仏典の誦唱や瞑想の方法などにおいて、他とは異なる特徴をもつ。

それではなぜ、こうした違いが出てくるのか。前述した林の指摘にもあるように、近年の研究はその大きな要因として、パーリ仏典が長らく口承文化の中にあったことを指摘している（cf. Collins 1990, 1992）。たとえばブラックバーン（A. Blackburn）は、「正式な仏典（formal canon）」と「実践的仏典（practical canon）」を区別した上で、王朝期のスリランカで出家生活の基礎となっていたのは、師僧・先輩僧から口承によって伝えられる「実践的仏典」で、文字に書かれた「正式な仏典」は、ほとんど用いられていなかったとする（Blackburn 2001）。「実践的仏典」に基礎を置くがゆえに、師弟関係の中で、自然発生的に派閥の違いが生まれるというわけである。森祖道の用語を借りるならば、「戒統（律の系統）」（森　二〇一一：七二）によって差異化されたまとまりであるといえるだろう。

同様の状況がミャンマー王朝期、一八世紀以降に激化したサンガ内の派閥闘争、具体的には「偏袒派（M：htoun gain:）」と「通肩派（M：youn gain:）」という対立にも現れている[17]。これは僧院の外に出る際に、右肩を露出した袈裟の着衣法（偏袒式）でもよいと主張する律改革派と、両肩をおおった伝統的な着衣法（通肩式）でなければならないとする律遵守派の間の対立である。この争いについてプランク（P. Pranke）は、一見些細にみえる「偏袒派」

と「通肩派」の対立は、サンガの正統性・清浄性の基礎が、師資相承の伝統にあるか仏典にあるか――つまり「実践的仏典」か「正式な仏典」か――をめぐる争いであったとしている（Prank 2004）。

この枠組みを援用するならば、近代的な国家サンガ組織の成立に代表される近代以降の変化は、「正式な仏典」の強化として捉えることができる。しかし出家生活の基盤には、そうした制度に包摂されない「実践的仏典」に基づく伝統がある。それどころか、国家単位でのサンガの管理統制が強化されるにつれて、こうした伝統は逆に活性化しているという状況が指摘されている。それゆえに出家生活は地域の文脈に応じて無限に多様化しうるという議論である。

このように「境域」研究は、世俗権力に対するサンガの自律性の強さと、それに由来する出家生活の多様性を強調している。その一方で、そこから逆説的に浮上してくるのは、サンガの自己管理という問題である。律遵守の生活とは、決して国家制度が定めるような一義的なものではない。しかしその理解や守り方が多様であるとはいえ、出家生活が律に規定されていることには変わりはない。つまり出家者たちは、それぞれの律を生きている。それは最終的には、世俗権力による管理外に展開する領域、つまり自己管理の領域である。それでは出家者たちは、律遵守の出家生活を実際にどのように構築しようとしているのか。実態に即した分析が求められているといえよう。

## 第三節　本書の概要

### 1　本書の目的・方法・構成

以上、律という厳しい経済倫理に規定された出家生活が、現実にどのように成立しているかという問題について、先行研究の議論を整理した。第一に共生モデルは、サンガという出家者集団が、在家者との共生関係において維持されているという理念的なモデルを提示している。第二に振り子モデルは、こうしたサンガと在家者の関係には、潜在的な矛盾が存在しており、それゆえに現実の出家生活は揺れ動くものとして捉えている。第三に、社会変動という問題に注目している近年の研究は、近代化の中で出家者は衰退もしくは大きな変化の局面にいると指摘している。そして第四に、地域に根ざした仏教実践に注目している近年の研究は、国家制度に対する出家者の自律性とそれに由来する出家生活の多様性を指摘している。

ただしこれらの研究は、いわば社会（在家者）の側から出家者を捉えようとするものであり、出家者自身の視点に立つものではない。もちろん、出家生活の民族誌と呼びうるような成果も存在している（生野　一九七五、青木　一九七九など）。これらの研究は研究者自身の出家経験を基礎として、僧院における諸儀礼、托鉢などの日常生活、在家者との付き合い方、僧院の組織構造や人間関係、僧院の一年、建物の配置などについての詳細なデータを提示している。しかしたとえば青木保が次のように述べているように、出家生活を規定している経済倫理（律）の位置づけについては、素朴な理解にとどまっている。

> パーティモッカ（波羅提木叉《はらだいもくしゃ》、出家者の生活規則を集めた二二七項目からなる条文集のこと――引用者注）は厳として存在し、僧の生活は整然としたものである。……便法はなきにしもあらずだが、戒律はゆるぎもなく守られているといわねばならない。タイのサンガはその点決して乱れることはない。非行僧の噂や、しでかした事件が巷間を賑わすことはままあるけれども、一般に戒律の遵守という面では見事なものであるといってよい。
> （青木　一九七九：一七七―一七八）

こうした出家者研究の停滞の背景として考えられるのは、人類学的な仏教研究にみられる、ある種の偏向である。そもそも人類学的な仏教研究は、先行する近代仏教学の成果を踏まえると同時に、それと差異化する形で始まった[18]。たとえばその研究志向は、リーチ（E. Leach）による「実践宗教（practical religion）」という概念に鮮やかに示されている。つまりリーチによれば、確立した教義をもつ制度宗教（キリスト教、イスラーム、仏教など）を対象とした研究は、文献学的な教義研究に偏っている。しかし実際に実践されている宗教（実践宗教）は、教義としての宗教、つまり「哲学宗教（philosophical religion）」と大きく異なるとし、「一般信徒（ordinary churchgoer）」の生活の中に、現に生きている宗教を研究対象とするべきであると提唱した（Leach 1968）。

教義ではなく、実践を研究する。いいかえれば、仏教徒の生き方を研究する。これが人類学的な仏教研究の重要な特徴の一つであるといってよい。ただしこうした文脈においては一般信徒である在家者の、教義とは異質な、あるいは新しく動態的な仏教実践に焦点があたる一方、宗教的専門家である出家者は、それゆえに教義仏教の担い手とみなされ、周縁化されるという傾向を生んでいる。出家者はいわば教義に規定された存在であり、その実践は仏教学の成果を参照すれば事足りるというわけである。

しかし出家者の仏教実践は教義どおりではない。その一方で、「境域」研究が指摘しているように、地域的な事情によってのみ規定されているわけでもない。ここまで繰り返しみてきたとおり、出家者として生きるということ自体が、そもそも教義的理想と経済的現実の根深いジレンマを孕んでいる。したがって出家生活の実態を把握するためには、こうしたジレンマに、ほかならぬ出家者自身がどのように対応しているのか、その試行錯誤の諸相を明らかにする必要がある。

そこで本書では、こうした試行錯誤を問題化するために、出家生活を構成している次のような二つの問題に注目する。一つは財の獲得方法という問題である。前述したように、出家者は自ら財を獲得することを禁じられているため、在家者の布施に依拠して生活する必要がある。しかし布施というのは結局のところ、布施者の自発的な善意に基づくものであるから、十分に得られるとは限らない。それでは出家者は実際に、財をどのように獲得しているのか。もう一つは、財の所有・使用方法という問題である。出家者は財の所有・使用方法についても、大幅な制約が課せられている。具体的には規定量や期間を超えて物品を所有してはならない、金銭を受領・使用してはならないといった制約である。しかしこうした制約は、出家者の現実適応能力を著しく損なうものである。それでは出家者は実際に、どのように財を所有・使用しているのか。

この二つの問題は、密接に関連し合いながらも、独立した領域を構成している。つまり前者において問題になるのは、出家者と社会の関係性である。一方、後者で問題になるのは、僧院組織のあり方、いいかえれば僧院組織内部における出家者同士、および出家者と在家者の関係性である。出家者として生きるとは、社会から財を獲得し、その財を、僧院組織を基本単位として所有・使用することにほかならない。これらの問題を、現代ミャンマーを事例として分析することによって、教義（律）と実践（出家生活）の複雑で動態的な関係を明らかにすることが本書の目的である。

次に本書の構成について説明しておこう。二部から構成されている本書は、前述した①財の獲得、②財の所有・使用という二つの問題を軸として、教義的理想と経済的現実のジレンマへの対応を、いわば両側から描き出すという構成になっている【表1-1】。

第一部では、経済的現実への対処という問題に注目する。つまり現代ミャンマーという経済的現実を、出家者たちがいかに生き抜いているか、それが出家生活のあり方をどのように形づくっているかを検討する。それによって

【表1-1】本書の構成

| | 第一部：経済的現実への対処 | 第二部：教義的理想の追求 |
|---|---|---|
| 研究対象の概要 | 第二章 | 第五章 |
| 財の獲得という問題 | 第三章 | 第六章 |
| 財の所有・使用という問題 | 第四章 | 第七章 |

律の制約を受けながらも、巧みに、そして時に問題を抱えながら、その実践を紡いでいる出家者たちの実態を明らかにする。

まず第二章では、第一部の分析対象であるミャンマー・サンガについて、その歴史と構造を確認する。ミャンマー・サンガは歴史上、そして現在も、無数の派閥によって構成されている。しかし出家者のライフコースを検討すると、都市の大教学僧院を結節点とした度重なる移動が、出家者同士のつながりと教学的な同質性をもたらしており、したがって分析対象としてミャンマー・サンガというまとまりを想定できるということを指摘する。

次に第三章では、出家者が社会との関係をいかに調整し、財をどのように獲得しているかという問題について、ミャンマー最大都市ヤンゴン（Yangon）を事例として検討する。具体的には、①布施を呼び寄せる出家者の特徴、②都市僧院の布施調達活動の実態、③都市部における在家仏教徒組織の役割を分析することによって、「都市の生き方」を浮かび上がらせる。

最後に第四章では、出家者が財をどのように所有・使用しているのかという問題について、僧院組織の実態と問題を分析する。そして僧院組織は、管財人としての在家者の存在を不可欠のものとするがゆえに、出家生活の清浄性や安定性が、在家者の量や質によって左右されてしまうという問題があることを指摘する。

このように経済的現実への対処という問題に焦点をあてた第一部に対し、第二部では教義的理想の追求という問題に注目する。具体的には、律の厳守を標榜している二つの僧院を事例として、教義的理想をどのように追求しているのか、そしてそれがどのような展開をたどっているのかという問題について、よりミクロなレベルから検討する。

はじめに第五章では、分析対象である二つの僧院（X僧院とY僧院）について、その設立背景について確認する。そしてこれらの僧院が、律厳守を標榜して森に拠点を構える「森の僧院」であること、そして僧院設立に布施者である都市住民の意向が深く関与していることを指摘した上で、こうした試みが植民地期以来の仏教改革運動――①シュエジン派の仏教改革運動、②在家仏教徒組織の仏教改革運動――に根ざしていると論じる。

次に第六章では、これらの「森の僧院」が、社会から離れるという文字どおりの意味における「出家」を実現するために、社会との関係をいかに調整しているかという問題を、人類学における贈与論を参照しつつ検討する。そして「森の僧院」は、単に社会から空間的に離れるだけでなく、「与える」／「受け取る」ことを拒否することによって世俗、つまり贈与交換の世界を超えようとしており、それが都市住民の帰依を受けて一定の成功を収めていることを指摘する。

最後に第七章では、律に則った形で財を所有・使用するために行われた、在家者に僧院財産の管理をすべて委ねるという僧院組織改革の実態と問題を分析する。そしてこうした組織改革が、出家生活の清浄性と安定性に寄与している一方で、それが在家者による出家者管理につながるがゆえに、その正統性をめぐって、二つの僧院の間で対応が分かれていることを指摘する。

以上の議論を踏まえ、第八章では結論と展望を述べる。つまり出家者を定義づけている律は、ある場合には所与の条件となって、出家者のライフコース（第二章）、都市僧院の規模・分布や布施調達活動（第三章）、僧院の組織形態（第四章）を方向づけている一方で、またある場合には、それ自体が目指すべき対象となって（第五章）、「出家」の挑戦（第六章）や僧院組織改革（第七章）など、教義へと近づこうとする実践を生み出すというように、教義（律）と実践（出家生活）の関係は複雑で動態的なものであることを示す。その上で、現代ミャンマーにおける出家者の行方という問題について考察を加える。

本書で検討するのは、あくまでも現代ミャンマーという特定の時間と空間を生きる出家者の姿にすぎない。しかしそれは同時に、出家者としていかに生きることができるか、という普遍的な問いに対する、地域的な文脈に基づく一つの応答として捉えることができる。つまり本書は、現代ミャンマーを事例としながらも、出家生活に内在するロジックを浮き彫りにすることを志向している。

この点に関連して、近年、仏教学の立場から、律の分析――どのような規則があるのか、そうした規則はどのような経緯で制定されたのか――を通して、古代インドの出家生活の実態に迫ろうとする研究が現れている（佐々木一九九九、二〇〇〇、ショペン　二〇〇〇、Schopen 1997, 2004など）。本書で試みるのは、こうした出家者研究にも接合しうるような一般性をもつものとしての、いいかえれば、仏教学と人類学の間に広がる空隙を架橋しうるような出家生活の民族誌である。それゆえにその成果は、単にミャンマー仏教研究のみならず、サンガの歴史的展開を解明する上でも、重要な意義をもつと考える。そしてそれは、出家者を重要な結節点としてきた仏教徒社会の来し方行く末を考える上でも、重要なデータとなるだろう。

## 2　調査および調査地の概要

本書の論述は、二〇〇六年三月から二〇〇九年九月にかけて、断続的に合計一年八カ月間行ったミャンマーでの現地調査によって得られたデータに基づいている。

ミャンマーでは一九六二年以降、二〇一一年にいたるまでの長期にわたり、軍人による政治支配が続いた。その間、多少の変動はあるものの、外国人による現地での調査研究は大きく制約されてきた。筆者がミャンマーでの調査をはじめた二〇〇六年当時も、柔軟路線をとっていたウー・キンニュン（U Khin Nyunt）首相の更迭（二〇〇四年一〇月）、ヤンゴン（Yangon）からネーピードー（Naypyidaw）への首都移転（二〇〇五年一一月開始）等の影響で、現地の研究機関への滞在許可を得ることができなかった。そこで筆者は、観光客、瞑想修行者、日本語教師、出家者として短期滞在を繰り返しながら調査を行った。

また、二〇〇七年九月には、出家者による大規模な反政府デモが発生した。これは民主化運動の弾圧や経済的困窮などで大きな不満を抱える民衆の声を代弁する形で出家者が立ち上がったものである。デモに参加した出家者は、最終的に全国で二～三万人に達したといわれており、「覆鉢」と呼ばれる宗教的なボイコットにまで発展した。これは軍政関係者からの布施を拒否すること、つまり「軍政不支持」を表明することを意味し、軍政の正統性を大きく揺るがすものとなった。しかしそれゆえに軍政は出家者の管理統制を強めることとなり、軍による僧院の襲撃、出家者の拘束が相次ぎ、デモ終結後も出家者への厳しい監視が続いた。ある意味で、出家者についての調査がやりにくい時期であったといえるだろう。

こうした調査時のコンテクストは、筆者の調査方法や内容（対象）を大きく規定している。第一に、主要な調査期間中は、日本語教師として働いていたため、調査地は日帰りが可能な最大都市ヤンゴンおよびその郊外に限られている。もっとも、第二章で述べるように、大多数の出家者たちは村落部出身であり、また都市部の大僧院を遍歴する傾向にあるため、インタビューを通してヤンゴン以外の状況を知ることはできた。しかし筆者自身が全国をくまなくめぐって調査をしたわけではない。その意味で本書は、ヤンゴンを通してみたミャンマーの出家者世界についての研究である。

第二に、同様の制約のため、一部の例外（筆者の出家中）を除いて、調査は訪問調査を基本としている。その分、インタビューが可能とあれば、僧院でも、在家仏教徒組織でも、個人宅でも、どこへでも行った。そのため、調査は全体的にパッチワーク的であり、狭く深くというよりも、広く浅くといった方が適当である。だからこそみえてきた世界がある一方で、だからこそみえていない世界もあるだろう。

第三に、調査に際しては、政治的話題は一切避けざるをえなかった。前述したデモや、二〇一二年以降活発化している出家者を中心とした反ムスリム運動など、ミャンマーにおける政教関係という問題は、研究者のみならず一般的な関心も高い。しかし政治問題についての調査は、筆者はもちろん、調査協力者にもリスクの高いものであった。また筆者の関心も、それとは別のところにあった。つまり、こうした政治的活動を含め、出家者のあらゆる活動を覆っているような出家生活の日常に興味があった。そのため現代ミャンマーにおける政治と宗教という問題についてはは本書でほとんど議論していないことをあらかじめ断っておく。

最後に、ミャンマーの概要について説明しておきたい。ミャンマーは東南アジア西北端に位置し、七管区[19]（M：tain:, 二〇一一年以降 tain:dei tha gyi: へと名称変更）と七州（M：pyi ne）から構成されている連邦国家である（**【図1―4】**）。人口は約五九〇〇万人（二〇〇九年の推計値）、面積は約六七・七万平方キロメートル（日本の約一・八倍）である。

中央部の管区地域は、エーヤーワディー川流域の平原地帯となっており、人口の約七〇パーセントを占めるビルマ族が多く居住している。周縁の州地域は山岳地帯であり、少数民族が多く居住している。シャン（Shan）、ヤカイン（Rakhine）、モン（Mon）など、各州にはそれぞれの地域に住む主要な民族名が付けられている[20]。信徒の内訳

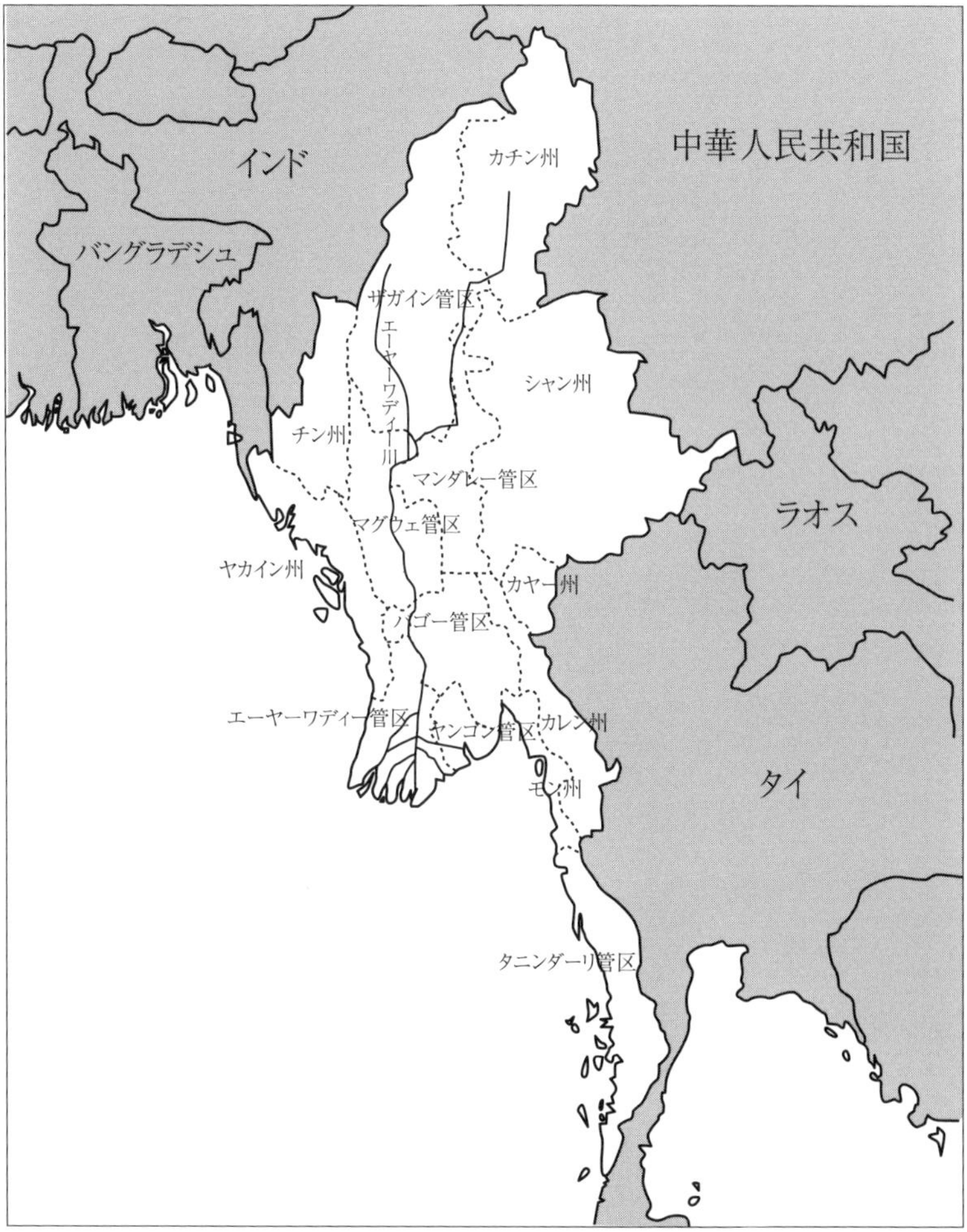


【図1－4】ミャンマーの地図

をみると、ビルマ族のほとんどが、そして少数民族も四〇～五〇パーセントが上座仏教徒であり、全体として人口の約八〇～九〇パーセントが上座仏教徒であると推定されている(21)。

このようにミャンマーは主要な上座仏教徒社会の一つであり、第二章でみるように出家者数・僧院数では最大規模を誇る。ただし前述したようにミャンマーでは、長らく、現地調査がやりにくい状況が続いている。そのため、その重要性に比するだけの研究が十分に行われていないというのが現状である。したがってミャンマー仏教の現状に関する一次的なデータを提供することも、本書の一つの貢献になりうると考えている。

## 註

（1）ウェーバーが分析の対象とした宗教とは、ウェーバーのいう「世界宗教」（儒教、ヒンドゥー教、仏教、キリスト教、イスラーム）とユダヤ教である。その成果は、『宗教社会学論集（全三巻）』（Weber 1920-1921）に収められた諸論文、つまり「プロテスタンティズムの倫理と資本主義の精神」「儒教と道教」「ヒンドゥー教と仏教」「古代ユダヤ教」などとして現れている。ただしイスラームとキリスト教に関しては、ウェーバーの死去により未完に終わっている。

（2）馬場紀寿（二〇〇八）によれば、現在、上座仏教徒社会で用いられているパーリ仏典は、ブッダの入滅後一〇〇〇年近く経った五世紀に、スリランカで確定された。もっともブッダの死後まもなく編纂されたといわれている初期仏典は、すでに紀元前三世紀にはスリランカに伝えられたという伝承がある。しかし初期仏典は、時代を下る過程で、新たに制作されたり、改編が加えられたりしており、したがって相互に矛盾するものも少なくなかったようだ。そこで五世紀前半にスリランカで活躍した学僧ブッダゴーサ（Buddhaghosa）長老が、こうした仏典群を首尾一貫した形で編集し、「ブッダの教え」として確定したのがパーリ仏典である。こうして誕生したパーリ仏典は、スリランカを起源として、東南アジア大陸部に広がり、現在にいたっている。

（3）①正見（正しい見解）、②正思（正しい思惟）、③正語（正しい言葉）、④正業（正しい行い）、⑤正命（正しい生活）、⑥正精進（正しい努力）、⑦正念（正しい思念）、⑧正定（正しい精神統一）の八つをいう（中村ほか編　二〇〇二：八二八―八二九）。

（4）八斎戒とは在家者が普段守るべき五戒に、⑥午後に食事をとらない、⑦歌舞音曲を楽しまず、化粧や装飾品で身を飾らない、⑧大きい寝台や高い寝台に寝ないという三項目を加えたものである。

（5）正しくない職業とは、不殺生戒と不飲酒戒を破るような、武器の売買、生きものの売買、肉の売買、酒の売買、毒の売買である（中村　一九五九：一〇八）。

（6）この点において、仏教学者の中村元や芹川博通は、在家者の経済倫理をウェーバーの分析によるプロテスタンティズムの倫理と比較し、それに勝るとも劣らない合理性を見出している（中村　一九五九：八一、芹川　一九八七：一九五）。

（7）律が示されている律蔵は、経蔵・論蔵と並んで、パーリ仏典の一画を構成する。「経（P：sutta）」とは、上座仏教の理想、修行方法、人間や世界のあり方などについてのブッダの教え、つまり「仏法（P：dhamma）」を、物語形式で平易に示したものである。「論（P：abhidhamma）」とは、ブッダの死後、出家者たちがブッダの教え、つまり仏法を分析・考察し、理論的に整えたものである。こうした経や論は、出家者／在家者双方に適用されるものである。それに対し、律は出家者にのみ適用される教えである。

（8）波羅提木叉は罰則の軽重によって、波羅夷、僧残、不定、尼薩耆波逸提、波逸提、波羅提々舎尼、衆学、滅諍の八種類で構成されている。こうした律の諸規定は、出家者として不適切な行動をする者が現れるたびに、ブッダがその行動を禁止したり訂正したりする「随犯随制」という形で制定されていったとされる。

（9）このように律は、在家者が守るべき戒（五戒など）とは性質が異なる。つまり戒とは「〜しない」という形で表しうる、自らの言動に対する戒めである。殺生や盗みなど、欲望や怒りに駆られた非道徳的な言動を避ける、そのような言動をしないように自らを戒める、というのが戒の原義であり、決して外部から強制されるものではない。それに対し、律は出家者が守らなければならない義務である。

（10）仏典にみられる比丘出家式および沙弥出家式については佐々木（一九九九：第三・四章）に詳しい。ミャンマーにおける出家儀礼の実態に関しては、ウェープッラ（一九七八、一九八六）、生野善應（一九七五：五五―九〇）に詳しい。

（11）ここでいう金銀とは、金銀宝石のほか、貨幣として世間で通用するものすべてを指す。現代の文脈では、特に貨幣が問題となるので、以下、金銭と記す。

（12）「尼薩耆波逸提（P：nissaggiya pācittiya）」とは、袈裟や鉢や金銭などを不適切な方法で入手したり、規定以上の分量を所有したりした場合の罪で、犯した比丘は他の比丘の前で懺悔をし、罪に触れた財を放棄しなければならない。それゆえに漢訳では「捨堕」と訳される。

（13）ストレンスキ（I. Strenski）による簡潔な整理によれば、「土着化」とは、出家者が在家者と以下のような関係を取り結ぶことを意味する。つまり、①在家者の近くに住むこと、②在家者と儀礼的な関係をもつこと、③世俗社会と親族・地位・カーストといった社会関係で結びつくこと、④世俗権力との関係を結ぶこと、⑤世俗社会と経済的な関係を結ぶこと（出家者が大地主になるなど）である（Strenski 1983：465-466）。

（14）ウェーバーはキリスト教を事例として、宗教勢力を、①行政化・官僚化した教会的・祭司的な側面と、②教会・祭司に対抗する形で世俗を拒否する修道士的な側面に分類している（ウェーバー　一九六二：五五九）。

（15）近年のスリランカ仏教研究は、長期に及んだ内戦と仏教の関係についての論考が支配的となっている（Abeysekara 2002; Bartholomeusz 2002; Deegalle, Mahinda（ed.）2006; Grant 2009; Seneviratne 1999; Tambiah 1992など）。主要な問いは、非暴力を説く仏教を信仰する者が多い国で、なぜこれだけ内戦が悪化したかという問題である。

（16）ここでいう派閥とは、これまで研究者たちによって、「宗派」「教派」「sect」「faction」「branch」など多様に表現されてきた。しかし大乗仏教の宗派や、カトリックのセクトのように、依拠する聖典や教義自体に違いがあるわけではない。そこで本書では派閥という一般的な表現を用いることにする。

（17）ミャンマーでは派閥は一般的に「M：gaiṅ」と呼ばれている。これは、衆・組合・群などを意味するパーリ語の

「gana」を語源とする。また、パーリ語で部・部派・部類を意味する「P：nikāya」という用語が用いられる場合もある。

(18)　一九世紀に始まった近代仏教学の主要な関心は、仏教の歴史的展開、特に初期の教義の内容とその変遷を、文献学的手法によって解明することにある（cf.下田　二〇〇一、二〇〇二a、二〇〇二b）。

(19)　新名称については、地域や地方域といった訳語が当てられている場合もあるが、本書では管区という訳語を維持する。

(20)　一九八三年のセンサス（MHRA 1986）によれば、主要民族の内訳は、ビルマ族（Bamar　六九・〇パーセント）、シャン族（Shan　八・五パーセント）、カレン族（Kayin　六・二パーセント）、ヤカイン族（Rakhine　四・五パーセント）、モン族（Mon　二・四パーセント）、チン族（Chin　二・二パーセント）、カチン族（Kachin　一・四パーセント）となっている。ただし当然のことながらこうした「民族」の名付け／名乗りは政治的な問題であり、固定的・実体的なものではない。ミャンマーにおける民族表象の政治性に関しては高谷（二〇〇八）を参照のこと。

(21)　一九八三年のセンサス（MHRA 1986）によれば、各宗教の人口比は仏教徒（八九・四パーセント）、キリスト教徒（四・九パーセント）、ムスリム（三・九パーセント）、精霊信仰（一・二パーセント）、ヒンドゥー教徒（〇・五パーセント）、その他（〇・一パーセント）となっている。ただしこの中には中国人が信仰している中国仏教も含まれている上に、この統計は非仏教徒の割合を低く見積もっているとみられている。たとえばムスリム人口は少なくとも全人口の一〇パーセントほどいると推測されている（cf.斎藤　二〇一〇：五―七）。したがって、約九〇パーセントというのは最大限の数値であると考えた方がよい。

# 第一部 経済的現実への対処

# 第二章　ミャンマー・サンガの歴史と構造

## はじめに

第一部では、現代ミャンマーという経済的現実に、律に規定された出家者がいかに対応しているか、そしてそれが出家生活のあり方をどのように形づくっているか、という問題を検討する。そのための準備として本章では、第一部の考察対象であるミャンマー・サンガについて、先行研究と現地調査で得られたデータを元に、その歴史と構造を俯瞰的に描写する。ただし本章では単にミャンマー・サンガについての概説を行うのではなく、ミャンマー・サンガという集合についての新しい見方を提示したいと考えている。

ミャンマー・サンガとは、その名のとおり、一義的にはミャンマーという国家単位で組織化されたサンガを意味する。第一章でみたように、近年の「境域」研究は、国家単位で規定されたサンガ組織が世俗権力による「上からの」創造物であり、その意味で表層的・形式的なまとまりにすぎないと主張している。同様のことは、現在のミャンマー・サンガについてもいえる。それどころか、後述するようにミャンマーにおいては単に地域的な多様性がみられるばかりでなく、国家サンガ組織が複数の派閥の存在を公認している点で、ミャンマー・サンガは他国の国家サンガ組織以上に虚構的であるといえる。それではなぜそのような事態になっているのか。本章ではまず、ミャンマー・サンガの歴史を振り返る（第一節）。その一方で、こうしたミャンマー・サンガという集合を個々の出家者のレベルから、いわば「下から」捉え直すと、度重なる移動――本章ではこれを「教学の巡礼」と呼ぶ――が、アンダーソン（B. Anderson）のいう「想像の共同体」（アンダーソン 一九九七）を彷彿とさせるような、派閥の境界や地域的多様性を超えたつながりと同質性をもたらしているという側面が浮かび上がってくる。そこで本章の後半部分では、出家者のライフコースに注目しながら、制度的な枠組みとは異なるミャンマー・サンガの構造を描く（第二節）。こうした作業を通じて、ミャンマー・サンガという集合の二面性を示したい。

## 第一節　ミャンマー・サンガの歴史

### 1　ミャンマー史の概要

国家という単位によって規定されるミャンマー・サンガというまとまりは、どのように制度化されてきたのか。はじめに、ミャンマーにおける国家サンガ組織の変遷について、ミャンマー歴史研究の成果を整理しておきたい。

ミャンマーの歴史は、①王朝期、②植民地期、③独立後に区分できる。王朝期は幾多の王国の興亡によって特徴づけられる時代である。代表的な王国は、バガン（Bagan）朝（一〇四四～一二八七）、第一次・第二次タウングー（Toungoo）朝（一四八六～一七五二）、コンバウン（Konbaung）朝（一七五二～一八八五）である。これらの王国はビルマ族中心の王国だったが、それ以外にも上ミャンマー（エーヤーワディー川上流域）にはシャン系の諸王国、下ミャンマー（エーヤーワディー川下流域）には南海岸部を中心にモン族の王国、西海岸部のヤカイン族の王国など、多くの王国・民族がせめぎ合う状況であった。

次の植民地期は、ミャンマーが植民地支配を受けていた時代である。コンバウン朝は三次にわたる英緬戦争の結果、一八五二年に下ミャンマーを、一八八六年には上ミャンマーを併合され、イギリス領インドの一部となった。しかし一九二〇年代以降、「自治」「独立」を目指すナショナリズム運動が活発化すると、一九三七年にインドからの分離が認められる。その後、日本占領期を経て、最終的に一九四八年に完全独立を果たす。

最後の独立後とは、独立から現在までの時代を指す。初代首相となったウー・ヌ（U Nu, 一九〇七～一九九五）は、議会制民主主義のもとで新しい国家の運営に乗り出したが、仏教の政治利用などで政治の混乱を招いた。そのような状況を打開すべく、一九六二年に国軍司令官のウー・ネーウィン（U Ne Win, 一九一〇～二〇〇二）がクーデターで全権を掌握し、軍事政権が始まった。一九七四年に形式的に民政移管されたが、一九八八年の民主化運動を機に、国軍が再びクーデターで政治の表舞台に現れ、軍人による「国家法秩序回復評議会（ＳＬＯＲＣ）」（一九九七年に「国家平和発展評議会（ＳＰＤＣ）」へと名称を変更）が二〇年以上にわたり政治を主導した。しかしその後二〇一〇年一一月に総選挙が行われ、それを受けて二〇一一年三月にウー・テインセイン（U Thein Sein）大統領率いる新政府が発足し、ＳＰＤＣからの民政移管が実行された。以降、新政府は積極的に対外開放・民主化を推し進めており、その動向に注目が集まっている。

そこで国家サンガ組織の変遷は、①国家サンガ組織の成立（王朝期）、②国家サンガ組織の瓦解（植民地期）、③国家サンガ組織の復活（独立後）という流れとして整理することができる（**【図2-1】**）。以下、それぞれの概要をみてみよう。

| | ミャンマー史の流れ | 世俗権力によるサンガ管理の変遷 |
|---|---|---|
| 王朝期 | 1044～1287：バガン王朝 | 王によるサンガ管理の始まり⇔限定的 |
| | 1486～1752：第１次・第２次タウングー朝 | |
| | 1752～1885：コンバウン朝 | 18世紀末～：ボードパヤー王の「トゥダンマ改革」 |
| | 1852：イギリスによる下ミャンマー併合 | 1853～1878：ミンドン王による国家サンガ組織の整備 |
| 植民地期 | 1886：イギリスによる上ミャンマー併合 | 政府の宗教不介入政策に伴う国家サンガ組織の瓦解⇔サンガの自己浄化（①政治僧、②派閥の強化） |
| | 1937：英領インドから分離、自治領に | |
| | 1942～1945：日本占領期 | |
| | 1948：ビルマ連邦として独立 | |
| 独立後 | 1948～1962：ウー・ヌ政権 | 1980：中央集権的な国家サンガ組織の成立⇔公式・非公式の派閥の存在 |
| | 1962～1988：ウー・ネーウィン政権 | |
| | 1988～2011：SLORC／SPDC 政権 | |
| | 2011～：ウー・テインセイン政権 | |

【図２－１】世俗権力によるサンガ管理の変遷

## 2　王朝期：国家サンガ組織の成立

ミャンマーにおける国家サンガ組織の端緒は王朝期にみられる。インドに起源をもつ仏教は、四～五世紀頃にミャンマー各地に伝来したと考えられている。しかしそれは上座仏教だけではなく、大乗仏教、密教、ヒンドゥー教など、インド文明の諸要素が混交したものであったようだ[1]。そのような宗教混交の状況から、王朝期を通じて次第に上座仏教が卓越していく。この点についてミャンマーの王統史や仏教史書[2]は、バガン朝の王たちによる宗教界の再編によって、今日まで連なるスリランカ大寺派系統の上座仏教が導入された様子を伝えている[3]。しかしその一方で、ミャンマーにおいては一八世紀後半にいたるまで、王によるサンガ管理は極めて限定的なものであったことが指摘されている[4]。

こうした不十分なサンガ管理のあり方を克服しようしたのが、一九世紀初頭に王朝期最大の版図を実現したボードパヤー（Bodawpaya）王（在位一七八二～一八一九）である。ボードパヤー王はその強大な権力を背景として、

「トゥダンマ（Thudhamma）改革」（Pranke 2004）と呼ばれる〈仏教改革＝国家サンガ組織形成〉を強力に推し進めた[5]。このトゥダンマ改革は、以下の二点においてミャンマー仏教史上の画期であったといえる。第一に、サンガの正統性を判断する基準として、聖典主義を導入した点にある。つまりパーリ仏典に基づいているか否か、あるいはブラックバーンの用語（第一章参照）を借りるならば、「実践的仏典」ではなく「正式な仏典」に基づいているか否かによってサンガの清浄／不浄を区別し、パーリ仏典に習熟することを正統サンガの条件とした。第二に、ミャンマー史上初めて中央集権的な国家サンガ組織が成立した点にある。具体的には一七八六年、ボードパヤー王は王都アマラプーラ（Amarapūra）に仏教浄化委員会を設置し、「サンガ主[6]（M：thatha.na bayin）」を中心に一二名の長老を委員に定め、全国のサンガの管理にあたらせた[7]（Than Tun 1986：134-135）。

以上のように、ボードパヤー王治世において実施されたトゥダンマ改革は、①聖典主義の導入、②国家サンガ組織の整備という二点において、それ以前の王たちによるサンガ管理とは一線を画するものであった。しかし、強力な王権を実現したボードパヤー王であっても、王都外部の地方サンガに対する支配を貫徹することはできなかった。こうした状況を克服し、ミャンマーにおける国家サンガ組織を完成させたといえるのがミンドン（Mindon）王（在位一八五三〜一八七八）である。ミンドン王が王位に就いたのは、一九世紀半ば、イギリスによる下ミャンマー併合の直後であった。ミンドン王は、こうした植民地化の圧力に対抗し、失墜した王権の権威を立て直すために「仏法王」の理想を強く追求した。具体的には、ミャンマー仏教史上最大の布施者といわれるほど多くの仏教支援事業を展開し（Braun 2008：48）、名実共に王国全体の仏教の守護者となったばかりでなく、サンガ管理に関しても、トゥダンマ委員会という既存の制度的枠組みを利用してその徹底を試みた。

このようにミャンマーにおける国家サンガ組織は、ミンドン王において一つの完成形をみた。しかしその一方で、ミンドン王および国家サンガ組織（トゥダンマ委員会）がサンガ管理を強めるにつれ、その支配から逃れるように、国家サンガ組織から独立しようとする動きが相次ぐことにもなった（Mendelson 1975: 101–102）。たとえば「シュエジン（Shwegyin）派」「ドワーラ（Dwara）派」「フンゲットウィン（Hngettwin）派」など、現在まで続くミャンマーの主要派閥の起源はミンドン王期にある（cf. Thun Tun 1981–1985）。これらの派閥に共通する特徴は律厳守を標榜していた点にある。律厳守の派閥にとって、自分たちを管理・支配しうるのはブッダの定めた律のみであり、王や国家サンガ組織ではない。つまり王によるサンガ管理には正統性がない。したがってそうした派閥はトゥダンマ委員会の統制から離れ、自律的な活動を続けたのである。

## 3　植民地期：国家サンガ組織の瓦解

こうした国家サンガ組織の枠組みは、しかし、イギリスがミャンマー全土を植民地化した一八八六年以降、急速に形骸化していく。その背景には、イギリス植民地政府の宗教不介入政策がある。これは国民の多数が信仰する仏教に対し、弾圧することもなければ、支援することもない、つまり関与を避けるという立場である[8]。こうした状況において、サンガ内部から自己浄化の試みが登場することになる。それは具体的には、①政治活動と②派閥の強化という、ある意味で対照的な形であらわれた（Mendelson 1975: 195–196）。

まず政治活動とは、植民地政府に直接対抗する方法である。オウッタマ長老[9]（U Ottama, 一八七九～一九三九）をはじめとする「政治僧（political monks）」は、王とサンガの共生関係を軸とした前植民地的な上座仏教国家を復活させることを目的として反英闘争運動を展開した[10]。こうした活動は、サンガや一般信徒の間に燻っていた反イギリス感情の受け皿となり、仏教を基礎とした初期のナショナリズム運動（一九二〇年代前半）を牽引した（Smith 1965 ch.3)。しかし出家者の政治活動は、サンガの自己浄化という観点からみると、成果の乏しいものであった。第一に、サンガの堕落を食い止めることを目的としていた政治僧の活動は、それ自体が律違反として批判の対象となるというジレンマに陥った。第二に、サンガ主を中心としたサンガ浄化の枠組みづくりを目的としていた政治僧の活動は、かえって植民地政府がサンガ統制に乗り出す事態を招くこととなった(11)。

一方、自己浄化のもう一つの試みである派閥の強化とは、政治活動のように全体に訴えかける方法ではなく、律を守る生活をしようと決意した出家者たちが、派閥を強化してその内側に閉じこもるという自己防衛的な方法である。前述したように、シュエジン派、ドワーラ派、フンゲットウィン派といった現在まで続く主要な派閥は一九世紀半ば以降、ミンドン王がサンガ管理を強めるにつれ、その支配から逃れるような形で登場した。こうした派閥は二〇世紀に入ると、植民地という新しい環境に適応するために、組織的な枠組みや派閥としての自己意識を高めていく。それは一言でいえば、それまで国家サンガ組織に対してサンガ主が担っていた役割を、より小規模な派閥という枠組みにおいて実現するものであった(12)(Mendelson 1975: 112–114)。このように植民地期をとおして、派閥の強化と固定化が進展することになった。

## 4　独立後：国家サンガ組織の復活

それに対し独立後、再び世俗権力がミャンマー人の手に戻ると、国家によるサンガ管理の試みもまた、復活することになる。特に一九六二年にクーデターによって成立したウー・ネーウィン政権は、タイを模範とした近代的な国家サンガ組織の設立に積極的に取り組んだ。その背景には、ウー・ヌ政権期に勢力を拡大した政治僧の影響力を牽制しようとする狙いがあったといえる。しかしその試みは、政教分離政策を打ち出すウー・ネーウィン政権に対

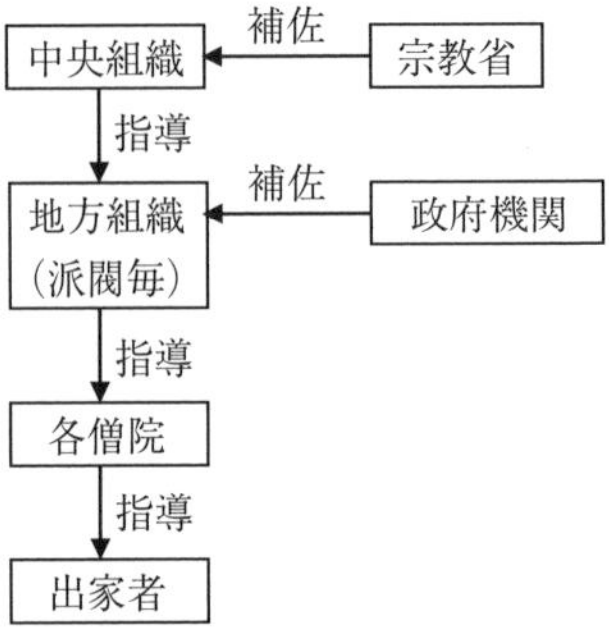


【図2－2】国家サンガ組織（1980年～）

して強い警戒感を抱くサンガ側の強い反発にあい、なかなか実現しなかった。したがって独立後も長らく、政府は国内の僧院数や出家者数すら、正確に把握できない状態であった。

こうした状況が打破され、当時のウー・ネーウィン政権の強い働きかけのもと、国家サンガ組織が成立したのは一九八〇年のことである[13]。現行の国家サンガ組織の構成は【図2-2】のとおりである。中央組織のトップは、四七名の長老によって構成される「国家サンガ大長老委員会（M：naingando than.ga. ma.hanaya.ka. a.phwei.)」である[14]。この委員会は、国家サンガ組織の憲法にあたる「サンガ組織基本規則[15]（M:than.ga a.phweia.si: a.kyeigan si:myin:)」や、法律にあたる「サンガ組織手続き（M：than.ga a.phweia.si: louʔhtoun:louʔni: mya:)」に基づいて、地方組織の指導を行う。またその運用の際に生じた問題に具体的に対処するために、「指令書（M：hnyun kya: hlwa)」を適宜発行する。地方組織は、①「州／管区（第一章参照）」、②「郡（M:myou.ne)」、③「地区／村落区（M:yaʔkweʔ/kyei:ywa ouʔsu.)」という三つのレベルからなる。

こうして制度化された現在の国家サンガ組織の基本的機能は、国内の僧院・出家者の実態を把握し、そのあり方を管理することにある。具体的には以下の二つの特徴に整理できる。第一に、国内の僧院・出家者の把握という機能がある。国内の僧院・出家者を管理するためには、どこにどれくらいの僧院があり、それぞれの僧院が何人の出家者によって成り立っているのかという実態を把握することが不可欠である。そこで国家サンガ組織は各僧院に対し、毎年「雨安居僧籍表[16]（M：wazo thanga sayin:)」の提出を義務づけている。また各出家者は出家者の身分証にあたる「僧籍登録証（M：thatha.nawin hma'tan:）」の所持を義務づけられることとなった。こうした制度の導入によって、現在は国内の出家者・僧院数の把握が可能になっている。

第二に国家サンガ組織は、宗教裁判を開催するという機能をもっている。これは出家者に関する問題を世俗の法ではなく、律に依拠して判決を下す制度である[17]。出家者に関する問題とは、①出家者同士、あるいは出家者と在家者の民事訴訟的問題、主要には僧院財産（土地や建物）の所有・管理権をめぐる争い、②出家者の犯罪（律違反行為）、主要には性交・盗み・殺人・妄語（悟りを開いたなど、特別な出家者であるという嘘をつくこと）といったサンガ追放の大罪についての刑事訴訟的問題[18]、③教義の正統性についての問題に大別できる。教義の正統性に関する審議があることからもわかるように、国家サンガ組織は、「仏法（M：danma.）」と「非法（M：a.danma.）」、すなわち正統・異端の最終決定権をもつ[19]。

このように国家サンガ組織とは、サンガを国家の中央集権的な体制に組み込み、管理することを目的としたものであった。ただしこうした上からの管理に対するサンガの反発は強く、そのためサンガに世俗権力が直接介入するのではなく、サンガ自身によってサンガの問題を解決すること、つまりサンガの自主管理という原則がとられている（小島　二〇〇九：七八―七九）。それゆえに実際は、国家サンガ組織を通したサンガ管理は不十分なものである。

その顕著な現れは、サンガ内における公式・非公式の派閥の存在にうかがうことができる。まず、公認された派閥の存在がある。つまり国家サンガ組織の成立に合わせて、それまで国内に無数に存在していた派閥はすべて解消され、在来の最大派閥であるトゥダンマ派に統合されるはずであった[20]。しかし一部の派閥（シュエジン派やドワーラ派など合計八派）は「特別派閥（M：thi:cha: gain:）」として公認されることになり、地方組織レベルでの自律を認められている[21]（【図2-2】）。また、トゥダンマ派に統合されることとなった無数の派閥もまた、非公式的な形で派閥の枠組みを維持している場合が多い[22]。

このように国家サンガ組織という制度面に注目することによってみえてくるのは、ミャンマー・サンガという集合が、表層的・形式的なものにすぎないということである。その一方で、出家者のライフコースをみてみると、度重なる移動が派閥の境界を凌駕しており、それが制度的な側面とは別次元でミャンマー・サンガにある種のつながりと同質性をもたらしていることがわかる。そこで次に、出家者のライフコースに注目してミャンマー・サンガの構造を描いてみたい。

## 第二節　ミャンマー・サンガの構造

### 1　出家者の種類

はじめに、ミャンマー・サンガの現状について、統計資料から読み取れることを整理しておこう。他の上座仏教徒社会と同じく、ミャンマーの出家者は、①「比丘《びく》（P: bhikkhu）」と②「沙弥《しゃみ》（P: sāmaṇera）」に区別される。ミャンマー語では比丘は「ポンジー（M: poun:gyi:）」や「ヤハン（M: ya.han:）」、沙弥は「コーイン（M: kouyin）」とも呼ばれる。比丘とは、律を授けられた正式な出家者である。二〇歳以上の男性であること、病を患っていないこと、借金をしていないこと、父母の許可を得ていることなどの条件を満たす者だけが比丘になることができる。一方、沙弥とは見習いの出家者を意味する。未だ律を授けられていないが、十沙弥戒[23]を守り、比丘に準じた生活を送ることが求められる。そして二〇歳になったら、受具足戒式を経て、正式な出家者、つまり比丘になる。なお、現在の上座仏教徒社会においては、制度上の比丘尼の継承はすでに途絶えており、正式な出家者は男性に限られている。

**【表２－１】主要上座仏教国の人口（仏教徒割合）・出家者（比丘／沙弥）・僧院数**

| 国名 | 人口（仏教徒の割合） | 出家者 | 比丘 | 沙弥 | 僧院 | 統計年 |
| --- | --- | --- | --- | --- | --- | --- |
| タイ | 約6,400万（約95％） | 321,604 | 251,997 | 69,607 | 35,616 | 2008年 |
| ミャンマー | 約5,900万（約89％） | 544,710 | 252,716 | 291,994 | 58,345 | 2009年 |
| スリランカ | 約2,000万（約70％） | 39,106 | 17,718 | 21,388 | 10,131 | 2006年 |
| カンボジア | 約1,380万（約95％） | 57,350 | 24,929 | 32,421 | 4,237 | 2007年 |
| ラオス | 約560万（約67％） | 19,795 | 8,055 | 11,740 | 4,140 | 2005年 |

＊出典　タイ（村上 2011：213）、ミャンマー（全国版「雨安居僧籍表」(2009))、スリランカ（橘堂 2012：21）、カンボジア（小林・吉田 2011：273）、ラオス（吉田 2009：786）より筆者作成。

しかし在家という立場ながら、事実上の出家生活を送る女性修行者たちが存在し、ミャンマーでは「ティーラシン（M：thila.hsin）」と呼ばれている。(24)

出家者・僧院数について、他の主要上座仏教国と比較すると【表２－１】のようになる。この表をみるとわかるように、ミャンマーは出家者数・僧院数ともに、主要上座仏教国の中でも最大となっている。ミャンマーには一時出家の慣行があり、その数は膨大である。たとえば「沙弥出家式（M：hsinpyu）」は通過儀礼的な意味合いをもっており、仏教徒の男子であれば短期間でも僧院生活を送ることが望まれ、多く実行されている。(25)また近年は「一時比丘（M：donda.ba.yahan:）」となる成人男性も増えつつある。しかしこうした一時沙弥出家／一時比丘出家は雨安居以外に行われることが一般的で、かつ、その期間も数日から長くて数週間程度であるため、雨安居僧籍表に記載されることはほとんどない。(26)したがって統計資料に現れている出家者は少なくとも一年以上出家している出家者であると考えてよい。

統計がとられるようになった一九八〇年以降の比丘・沙弥数の変遷は【図２－３】のとおりである。一九九〇年から二〇〇六年にかけての全人口増加率が一三九パーセント（四〇七八万人→五六五二万人）であるのに対し（推計値、CSO 2008）、同時期の出家者人口増加率は一五六パーセント（比丘一七四パーセント：一四万一五二〇人→二四万六六六三人／沙弥一四四パーセント：二

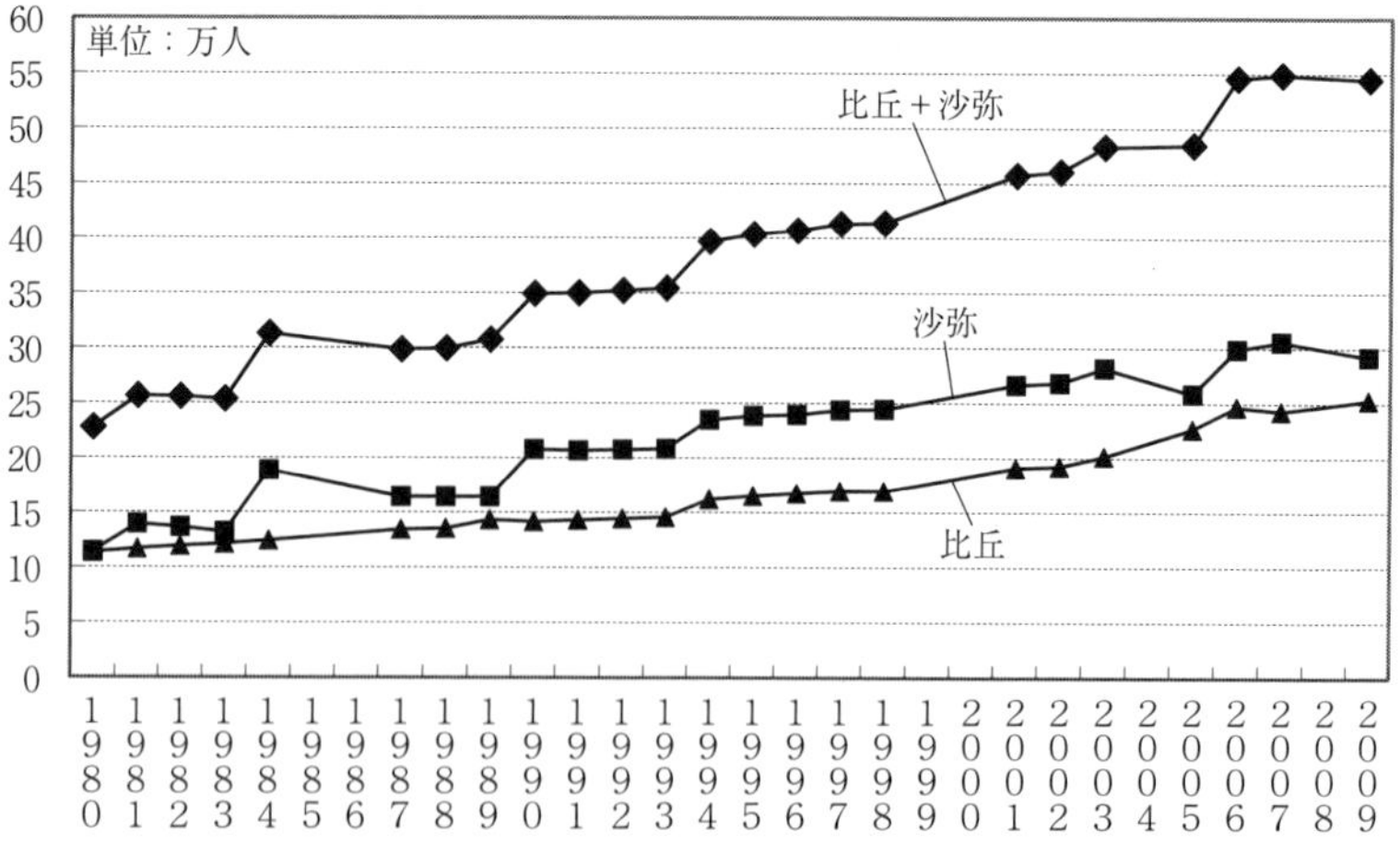


**【図2-3】ミャンマーの比丘・沙弥数の変遷**

＊出典　1980年～1984年に関しては Tin Maung Maung Than（1988: 44）、1987年～1998年に関しては飯國（2002: 136）、2001年以降については全国版「雨安居僧籍表」（各年）を参照して筆者作成（一部欠損）。

○万七六四一人→二九万九〇七七人）となっている。つまりミャンマーにおいては人口増加率を上回るペースで出家者人口が増えているといえる。

次にミャンマーにおける出家者の区分についてみてみよう。まず、ミャンマーでは沙弥と比丘の立場（在家者からの尊敬のされ方など）には雲泥の差がある。さらに同じ比丘であっても、出家した年齢によって、①「若年出家比丘（M：ngephyu）」と②「成年・老年出家比丘（M：to:dweʔ）」に区分される。若年出家比丘は、青少年期に沙弥出家し、二〇歳になったらそのまま比丘出家するような比丘である。一方、成年・老年出家比丘は、青少年期は在家者として過ごし（一時沙弥出家は別）、二〇歳以降、または世帯をもってから比丘出家するような比丘である。

統計資料から推察するに、比丘全体に占める割合は、若年出家比丘の方が多い。たとえば【図2-4】は、比丘出家した年齢を示したものである。あくまでも目安であるが、一九～二一歳で比丘出家している者（網掛け部

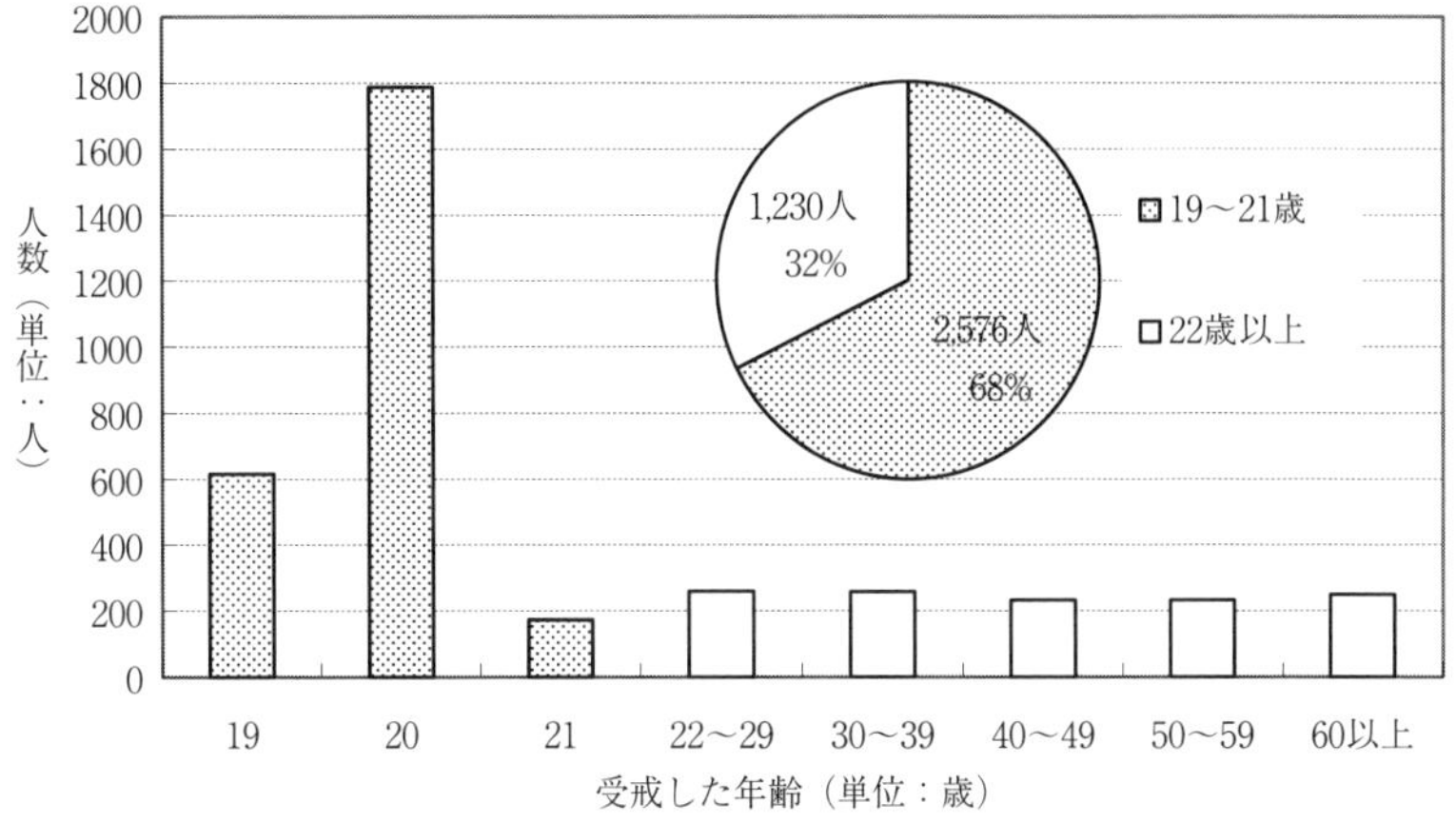


**【図２－４】比丘出家年齢の分布**

＊出典　ヤンゴン管区インセイン郡、南オッカラパ郡、北オッカラパ郡の「雨安居僧籍表」（2006年）より筆者作成（データ総計3,806人）。

分）は若年出家比丘、それ以上で比丘出家しているものは成年・老年出家比丘として区別できる[27]。これをみてもわかるとおり、約七割が若年出家比丘で、残りの約三割が成年・老年出家比丘となっている。教学（仏典学習）や瞑想指導など、様々な側面でミャンマー・サンガを牽引している（そしてそのようにみなされている）のは、こうしたいわば「出家者中の出家者」である若年出家比丘たちである。そこで次に、若年出家比丘に焦点をあてて、出家者のライフコースを辿ってみたい。

## 2　出家者のライフコース

### ①村落部出身者の多さ

出家者のライフコースの特徴として第一に指摘しておきたいのは、その多くが村落部出身であるということである。スパイロ（M. Spiro）は一九六〇年代初めの状況について、「ビルマの出家者に関する、最も興味深い社会学的な特徴は、彼らの大部分が、あるいはほとんどすべてといっていいくらい、地方出身であるという点である」（Spiro 1970: 324）と述べて

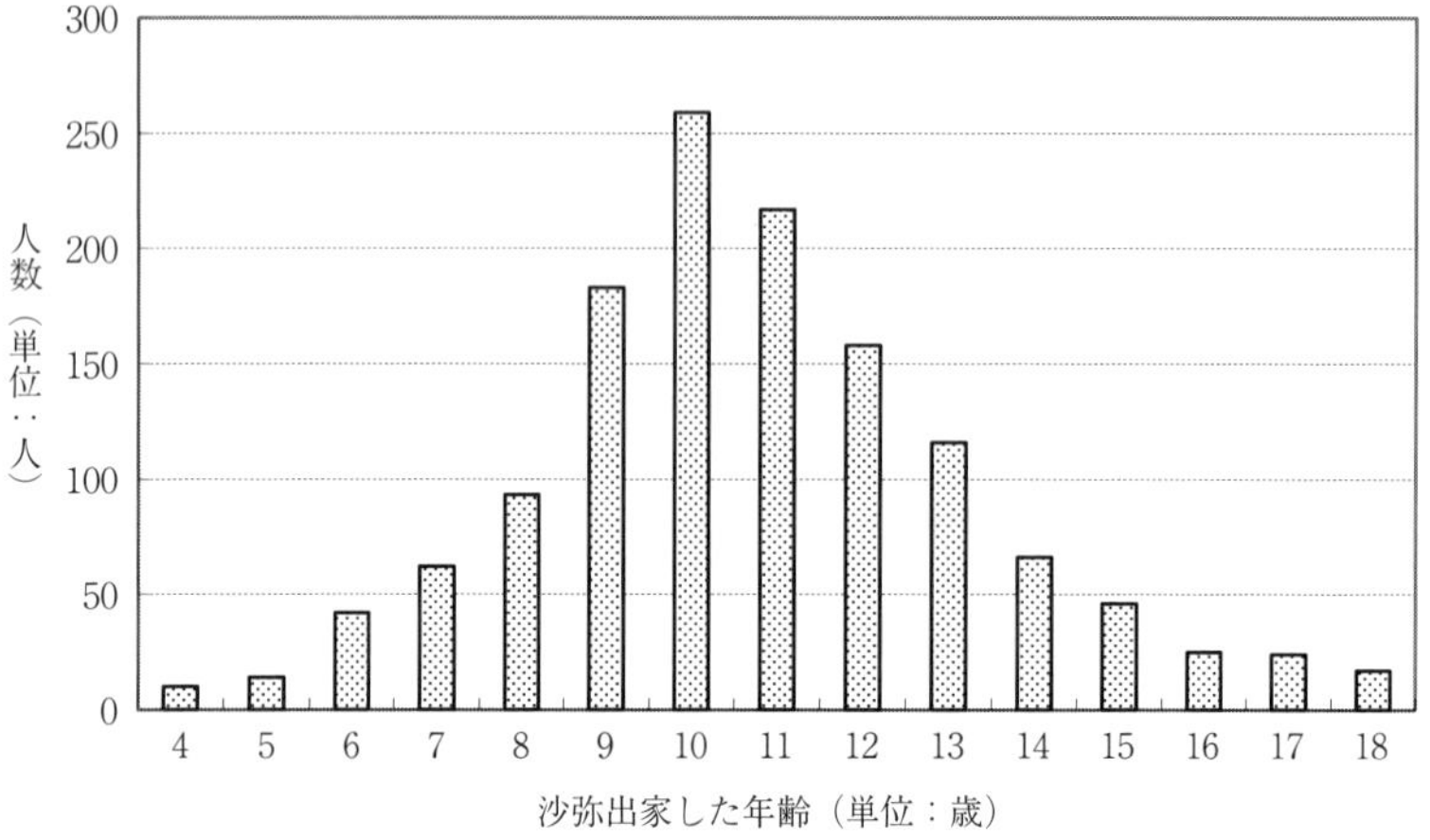


**【図2-5】沙弥出家年齢の分布**

＊出典　ヤンゴン管区インセイン郡、南オッカラパ郡、北オッカラパ郡の「雨安居僧籍表」（2006年）より筆者作成（データ総計1,332人）。

いるが、その状況は現在でも変わっていない。

その背景には、村落部の経済発展の遅れがある。ミャンマーにおいては、都市部と村落部の間に大きな経済格差が存在している。人口分布をみると、一九八三年のセンサスでは全人口の七五・二パーセントが村落部に居住しているとされ、現在でも七割以上が村落部に住み続けていると推定されている（藤田　二〇〇八：四二）。しかし村落部においては、教育機会が乏しい。ミャンマーの村には、小学校はあっても中学校以上がない場合がほとんどであり、遠方の町にある中学校や高校に通うためには、場合によっては寮に住み込む必要がある。また制服や教科書を準備する必要がある。こうしたことは現金収入に乏しい村落部では容易ではない。したがって公立学校に通えないような村人、さらにいえば自前の農地を持たないような貧しい村人の子供たちが、出家者の主要な供給源となっている[28]。また興味深いことに、こうした子供たちは、国軍や反政府ゲリラの主要な供給源ともなっている。「出家者になるか、軍人になるか」という二択は、村の貧しい子供たちが経験する選択である[29]。【図2-5】は長期間、沙弥生活を送っている出家者たちが、何歳のときに沙弥出家したかを示している。これをみてもわかるように、沙弥出家する年齢は小学校卒業にあたる一〇歳前後に集中している（平均一〇・七歳）。

## ②教学の重要性

第二に、教学の重要性が挙げられる。沙弥出家後は、一〇代から二〇代前半くらいまで、教学中心の生活を送ることが一般的である。第一章でも触れたように、出家者の修行形態は、「教学（P：pariyatti）」と「体験的修行（P：paṭipatti）」に区別される。教学とは、パーリ仏典に集約されるブッダの教えについて学習することを指す。仏教に対する理論的なアプローチといってよい。一方、体験的修行とは、教学によって学んだ理論を実行に移すこと、主要には瞑想を指す。そして教学と体験的修行によって、無常・苦・無我という真理を体験的に理解すること（P：paṭivedha）が、出家修行のプロセスであるとされている。したがって教学と体験的修行は出家者にとってどちらも不可欠なものである。

しかし上座仏教徒社会においては伝統的に、体験的修行よりも教学が重視されてきた。それをうかがえる象徴的な出来事として、紀元前一世紀のスリランカで生じた論争を挙げることができる。この論争は、仏教の根本が教学にあるのか体験的修行にあるのかを主題としたものであった。そして論争の結果、「教学がなければ体験的修行はない」という結論に達し、パーリ仏典の学習および保全こそが仏教存続の要であるとされたという（Rahula 1956）。「教学がなければ体験的修行はない」というのは、仏典をすべて網羅しなければ瞑想修行できない、ということを意味するわけではない。しかし体験的修行だけでは、仏教の普及・伝達という観点からは都合が悪い。なぜなら瞑想によって得た体験知は自己完結的であり、それだけでは、仏教の教えを体系的に説くのは不可能だからである。

【写真2－1】教学僧院の講堂

【写真2－2】教学僧院での授業の様子

「教学がなければ体験的修行はない」というのは、仏教を知識として学び、伝える術がなければ、いずれ体験的修行も廃れてしまうということを示している。

ここに、仏教の守護者としての出家者の役割が浮かび上がってくる。つまり出家者とは単に自らの救いを目指すだけの存在ではない。仏教の専門家として仏教教義に習熟し、それを後世につなげられる存在でなければならない。

したがって、上座仏教の出家者は基本的に学僧志向であり、その傾向はミャンマーでも強い。つまり基礎的な教学を身につけることが、出家者として一人前になるための必要条件となっている。

そのための教育機関となっているのが、「教学僧院（M：sathindai?）」と呼ばれる高等教育機関である。もっとも、若い出家者に対する仏典教育は、多かれ少なかれどの僧院でも行われている。しかし教学僧院の場合、教育カリキュラムやレベル別の授業などが整備されており、教学に専念する環境が整っているという点において、他の一般的な僧院とは異なっている。つまり教学僧院において教学の研鑽を積むというのが、若い出家者の生活の特徴である。

ただし現在のミャンマーでは、こうした仏典学習は、各種の仏教試験の勉強をすることと、ほぼ同義になっている。ここでいう仏教試験とは、仏典やパーリ語の知識を問う試験のことであり、「宗教省（M：Thatha.nayei: Wungyihtana)」主催の各種試験――初・中・上級からなる「基本試験（M：pa.hta.ma.byan sameibwe:)」や「仏教講師試験（M：danmasa.ri.ya. sameibwe:)」など――が一般的である。また民間の在家仏教徒組織が主催する試験も存在している。(30)

以前は教学に励むとしても、必ずしも仏教試験を受けるわけではなかったという。したがって教学に秀でた長老であっても、試験合格の資格をもっていない場合もある。(31) しかし現在は、出家者として自立してやっていく（自分の僧院を構えるなど）ためには、仏教試験に合格することは不可欠になっている。一般的に、村落部で僧院を構えるためには基本試験中級以上、都市部では基本試験上級以上に合格することが必要であるといわれている。たとえば【表2-2】は、受験者数が最も多い政府主催の基本試験と仏教講師試験に関して、一九七〇年と二〇〇六年の受験者数を比較したものである。これをみると仏教試験の受験者数は、全体で七倍以上も増えていることがわかる

【表２－２】政府系仏教試験の受験者数の推移

| | 1970年 | 2006年 |
|---|---|---|
| 初級試験 | 4,090 | 24,695 |
| 中級試験 | 2,392 | 20,192 |
| 上級試験 | 1,894 | 16,701 |
| 講師試験 | 1,410 | 15,223 |

＊出典　生野（1975：196）および宗教省資料（TW 2006a，2006b）より筆者作成。

【表２－３】政府系仏教試験の合格率（2006年）

| | 申込数 | 受験者数 | 合格者数 | 合格率 |
|---|---|---|---|---|
| 初級試験 | 28,664 | 24,695 | 9,823 | 39.8% |
| 中級試験 | 22,897 | 20,192 | 6,941 | 34.4% |
| 上級試験 | 19,361 | 16,701 | 4,669 | 28.0% |
| 講師試験 | 17,894 | 15,223 | 936 | 6.1% |

＊出典　宗教省資料（TW 2006a，2006b）より筆者作成。

だろう。

また各試験の合格率（二〇〇六年）は【表２－３】のようになっている。試験は合格すれば次の段階に進めるようになっているが、講師試験合格までたどり着くのは、全出家者の百人に一人程度だといわれている。出家者として生きていくためには、仏教試験という厳しい関門を通過していかなければならない。そのために若い出家者たちは、試験勉強にすべてを捧げた生活を送るのである。そして基礎的な教学が一通り終わると、さらに専門的な教学に進んだり、瞑想修行を行ったりするなど、それぞれの興味・関心に応じて多様な道を歩む。そして機会に応じて自分の僧院を構え後進を育てるということとなる。(32)

## 3　移動がもたらすつながりと同質性

以上のようなライフコースの最も重要な特徴は、若い出家者たちの移動性の高さである。この場合の移動とは、帰郷や旅行といった短期の移動ではなく、滞在する僧院を移り変えることを意味する。こうした移動は、特に仏典学習期に目立っている。たとえば【表２－４】は、ヤンゴンの「国家仏教学大学(33)（M：naingando pa.ri.yaʔti. thatha.na teʔka.tho）」の学生五〇人に対して行ったアンケート結果である。これをみると、大学に入学するまで、数年単位で僧院を移動していることがわかる。こうした若い出家者たちの移動性の高さを別の角度から示しているのが、【図2-6】である。これをみると都市部（ヤンゴン）には一〇代から二〇代にかけての若い出家者が多いこと、そしてこれらの若い出家者たちの多くが、この一年間に移動していることがわかる。

それではなぜ若い出家者たちは、移動を繰り返すのか。その理由は教学僧院毎に、教学のレベル（初級〜上級）、得意分野（律・経・論）、生活環境の良さなどに違いがあるからである。したがって若い出家者たちは、自分の望む授業や生活環境を提供してくれる教学僧院を探して、あるいは師僧の助言にしたがって、複数の教学僧院を渡り歩くのである。そこでこうした移動を、ここでは「教学の巡礼」と呼んでみたい。

**【表2-4】ヤンゴン国家仏教学大学の学生の移動状況**

| | |
|---|---|
| アンケート回答時の平均年齢 | 24.8歳 |
| 沙弥出家の平均年齢 | 12.1歳 |
| 大学入学前に滞在した平均僧院数 | 4.3僧院 |
| 1僧院あたりの平均滞在年数 | 3.3年 |

＊出典　筆者が行ったアンケート（データ総計50人、2007年3月実施）。

このように出家者たちは、教学僧院を結節点として移動を繰り返す。そして俯瞰的にみるとこうした「教学の巡礼」には、①村落部から都市部へ、②州（少数民族地域）から管区（ビルマ族の地域）へというように、一定のパターンが存在している。なぜなら教学僧院の分布には偏りがあるからである。たとえば【図2-7】は、出家者数が一〇〇人を超えるような大教学僧院の分布を示したものである。これをみるとわかるように、ミャンマーの教学僧院は、管区地域の都市部に集中している。

教学僧院が都市部に多いのは、多数の学生を抱える教学僧院を運営するためには、水や電気といったインフラのほか、多くの運営コストがかかるからである。こうしたコストを賄えるのは、都市部しかない。また、管区地域に教学僧院が多いのは、仏教試験がミャンマー語で行われるため、ミャンマー語の習得が不可欠であるからである。このような教学僧院の分布のゆえに、若い出家者たちは、①村落部から都

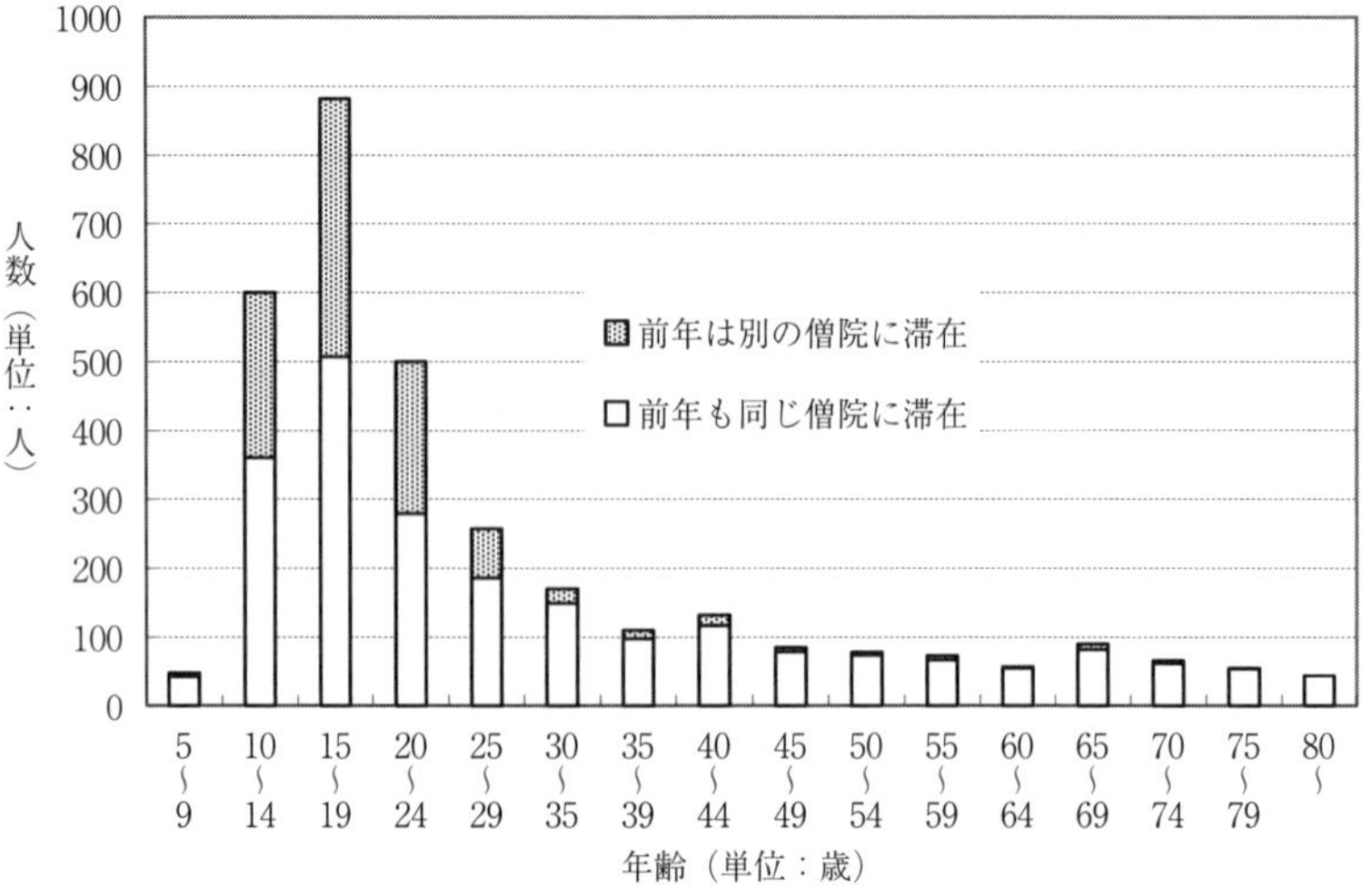


**【図2－6】ヤンゴンにおける出家者の年齢分布および移動状況**

＊出典　ヤンゴン管区インセイン郡の「雨安居僧籍表」(2006年）より筆者作成（データ総計3,247人)。

市部へ、②州から管区へと集まるという大きな流れができあがっている。

そこで重要なのは、こうした移動は派閥（公式・非公式）の枠組みを超えているということである。教学僧院では通常、学生がどの派閥に所属しているかは問題にしない。学生の側も、いい教学僧院があれば、自分の所属している派閥でなくとも、そこで学びたいと考える。したがってミャンマーでは、教学僧院が異なる派閥の出家者を受け入れること、あるいは逆に、出家者が異なる派閥の教学僧院に滞在することは極めて一般的となっている。

その結果、教学僧院においては、異なる派閥同士の出家者が「同じ釜の飯を食う」ことになる。こうした生活を若い頃から続けている内に、派閥意識は弱まることになる[34]。つまり教学僧院には、派閥を超えた出家者のつながりをもたらす機能があるといえる[35]。この点について、ヤンゴンの僧院で住職を務めているトゥダンマ派に属する四〇代の比丘は、次のように語る。

| 都市名（州・管区名） | 僧院数 |
|---|---|
| ヤンゴン（ヤンゴン） | 89 |
| マンダレー（マンダレー） | 54 |
| モンユワ（ザガイン） | 13 |
| タウンジー（シャン） | 10 |
| バゴー（バゴー） | 7 |
| メイッティーラ（マンダレー） | 6 |
| ヒンダダー（エーヤーワディー） | 6 |
| ザガイン（ザガイン） | 5 |
| マグウェ（マグウェ） | 5 |
| タウングー（バゴー） | 5 |
| パテイン（エーヤーワディー） | 4 |
| ジョービンガウッ（バゴー） | 4 |
| パコック（マグウェ） | 4 |
| モーラミャイン（モン） | 4 |
| その他 | 64 |
| 全国 | 280 |

**【図2-7】出家者数100人以上の教学僧院の分布（都市毎、2007年）**
＊出典　宗教省資料（TW 2007a）より筆者作成。

> 昔は、派閥間に対抗意識があった。たとえば自分の出身地であるザガイン（Sagaing）管区のモンユワ（Monywa）町では、在家者が施食の機会にトゥダンマ派の出家者とシュエジン派の出家者を一緒に呼んでも、同じテーブルに座ることはなかった。またトゥダンマ派の僧院が主催する儀礼には、シュエジン派が参加することはなかった。しかし自分の世代は、そうした対抗意識は弱い。教学僧院で出会った友人がたくさんいるからだ。

　このように出家者のライフコースに注目することによってみえてくるのは、管区地域の都市部にある教学僧院を結節点とした「教学の巡礼」が、制度的な枠組みとは別の次元で、ミャンマー・サンガというつながり意識と、教学的な同質性をもたらしているということである。このように形成されたミャンマー・サンガは、ある意味で、イメージとして心に描かれた「想像の共同体」（アンダーソン　一九九七）であるといえる。アンダーソンはそのナショナリズム論の中で、単なる行政単位が次第に祖国と考えられるようになる理由の一つとして、「少数の出版語」の登場と、限られた行政単位を遍歴する役人の「巡礼の旅」が重要な役割を担ったと指摘している（アンダーソン　一九九七：八四―八五、一〇二―一〇五）。ミャンマーの出家者たちも、出家者として自立するために、教学僧院を渡り歩きながら、ミャンマー語を習得し仏教試験の勉強に励む。それによって、つながり意識と教学的な同質性を自然と身につけていくのである。(36)

## まとめ

以上、本章ではミャンマー・サンガの歴史と構造について概観した。この検討からもわかるように、ミャンマー・サンガという集合は、制度面からみるか、実態面からみるかによって、その見え方は大きく異なる。

第一に、制度面からみると、ミャンマー・サンガという集合（国家サンガ組織）は、世俗権力によっていわば「上から」形成されたものである。しかし出家者たちはこうした組織に属しながらも決して束縛されているわけではない。その証拠に、内部には公式・非公式の無数の派閥が存在している。その意味で「境域」研究が主張しているように、タイ・サンガやカンボジア・サンガと同列にあるミャンマー・サンガというまとまりは、表層的・形式的なものにすぎない。

しかし第二に、個々の出家者のレベルから、つまり「下から」捉え直すと、管区地域の都市部にある教学僧院を結節点として、派閥を越えてつながっている出家者たちのまとまりがみえてくる。それは全国に網の目状に広がるネットワークであり、多様性を保ちながらも、教学的な同質性――その中には律に対する規範的な理解も含まれる――をもたらしている。こうしたネットワークは、国境を越えて広がりうるものである。しかし移動のしやすさという点において、国境を一つの区切りとしているという側面もあり、それゆえに国家サンガ組織という中身のない形式に、ミャンマー・サンガという内実を与えているといえる。本書、特に第一部が分析対象としているのは、こうしたまとまりをもった集合としてのミャンマー・サンガである。

国家サンガ組織が成立した一九八〇年以降も頻発している、出家者による反政府的なデモ活動や、反ムスリム運動は、こうしたミャンマー・サンガの二面性を象徴する出来事であるといえよう。つまりこれらの運動は、政府および国家サンガ組織によるサンガ管理の限界を露呈しているだけでなく、ミャンマー・サンガ・ナショナリズムの発現としても捉えることができる。「同胞」を傷つける（と彼らが考える）存在は、たとえそれが政府であろうがムスリムであろうが、許さない。それゆえにこうした運動は都市部から全国へと波及する傾向にあるのである。

また、このようなミャンマー・サンガの萌芽は、現代に特有のものではなく、王朝期にまで遡りうる可能性がある。前述したように先行研究では、歴代王の影響力は限定されたものであり、各地域においてはサンガの自律性が保たれているとする。確かに政治的な影響力は限定的なものであったかもしれない。しかし経済的・文化的な影響力はどうだったであろうか。教育制度や試験制度の整備は王朝期からみられる。つまり歴代王たちは教学を振興し、王都の大教学僧院を経済的に支援するのが常であった。そうした大僧院の求心力は地方にまで波及し、それによって何らかのネットワークが形成されていたかもしれない。それは制度に注目していてはみえてこない、ミャンマー・サンガのもう一つの歴史である。もっとも、現在の都市僧院は、かつての王都の僧院のように、世俗権力という大パトロンに支援されているわけではない。ではなぜ、都市僧院は現在でも中心性を帯びることができるのか。次章では、都市僧院の経済基盤という問題を含め、都市における出家者のあり方を検討してみたい。

**註**

（1）ミャンマーへの仏教伝来に関する諸伝説に関しては池田（一九九五）に詳しい。

（2）王統史：『大王統史（Maha Yazawindawgyi）』（一八世紀前半）、『玻璃王宮大王統史（Hmannan Maha Yazawindawgyi）』（一九世紀前半）など。仏教史書：『Vamsadipani』（一七九九年、Pranke 2004）、『Thathanalinkara-sadan』（一八三一年、池田　二〇〇七）、『Sāsanavaṃsappadīpikā』（一八六一年、生野　一九八〇）など。

（3）ただし王統史や仏教史書は一八世紀以降に編纂されたものであるため、そのまま史実として捉えることはできない。近年、碑文などの史料を用いた研究が進展したことによって、バガン朝期に上座仏教サンガが排他的に確立したのかについては、様々な疑問が呈されている（伊東　二〇〇一、Than Tun 1959a, 1959b）。

（4）その理由としては、①「仏法王」としての王の役割は、誤った律の解釈や守り方をしているサンガを浄化することにあるが、実際には王にはサンガの清浄／不浄を区別することはできず、したがって王によるサンガの浄化とは、王の好みや気まぐれ、あるいは政治的な思惑によって左右される傾向にあったこと（Ferguson 1975: 187-188）、②銀河系政体やマンダラ政体と呼ばれるような大小様々な王国がせめぎ合う状況においては、地方サンガおよびそれを支援する在地の有力者に対する介入は大きなリスクがあったため、ミャンマーの歴代王たちは、地方サンガに介入する権利はもっていてもそれを実行することはなかった（Charney 2006: 36; Mendelson 1975: 57-58）といった諸点が挙げられる。

（5）その名前の由来は、通肩派の一派であった「トゥダンマ派」が主導的な役割を担ったことによる（Pranke 2004）。ミャンマーにおける一連の仏教史書を編纂したのもトゥダンマ派の高僧たちである。チャーニー（M. Charney）は、こうした仏教史書が編纂された当時の政治状況と編纂者の意図を分析することによって、上ミャンマー、チンドウィン（Chindwin）川下流域の一地方を拠点としていた小さな出家者集団であったトゥダンマ派が、パーリ仏典についての知識や文献生産能力を武器とすることによって、国家の中枢を占める存在へと変貌していく過程を描いている（Charney 2006）。

（6）サンガ主とは王がサンガ組織のトップとして選抜した長老のことを指す。それに対応する存在はバガン朝期から確認されるが、その役割は主に王の教育係、相談役程度のものであったらしい。それに対し、ボードパヤー王によって制度化されたサンガ主は、王権の強制力を背景として、全国のサンガを管理統制する権力を有する存在であった。

（7）この委員会は、トゥダンマ派の出家者が占めたことからトゥダンマ委員会と呼ばれる。トゥダンマ委員会は、出家者の登録、律違反僧の処罰、サンガの財産管理、サンガ内の争いの調停、王宮とサンガの連絡事項の処理などにあたった（奥平　一九九四ａ：九七）。

（8）このような立場をとった背景には、インドでの対ヒンドゥー教徒政策の失敗があった。つまり一九世紀前半、インドにおけるイギリス植民地政府は、国民の多数が信仰するヒンドゥー教の重要性を認め、ヒンドゥー僧院の管理・保護などの支援を積極的に行った。しかしこれがかえって宗教問題への介入と受け取られ、ヒンドゥー教徒の反発を招いたため、最終的に宗教不干渉政策をとった。そしてこれが新しい植民地となったミャンマーにも導入されたのである（Smith 1965：39-43）。

（9）一八七八年、当時すでにイギリス植民地となっていたヤカイン族の名家に生まれたオウッタマ長老は、他の出家者同様、若くして沙弥出家し、二〇歳で比丘出家している。しかし一五歳でのカルカッタ留学、二〇歳から二五歳までのオックスフォード大学留学をはじめ、生涯を通して欧米やインド、日本といった諸外国を歴訪し、そこで得た知見を活かしてミャンマーのナショナリズム運動の契機をつくったという点で、異色の出家者であった（cf.大岩一九四三ａ、一九四三ｂ）。

（10）たとえばオウッタマ長老の指導のもと、青年出家者たちが中心となり一九二一年に設立された「全サンガ団体総

（11）評議会（GCSS）」は、サンガにおける律の弛緩への対応を最優先事項として取り上げ、サンガ主制度の復活を要求したほか、外国製品不買運動など反英的な抵抗を行った（Mendelson 1975：203-206）。

（12）たとえば一九三五年以降、サンガの問題はトゥダンマ委員会ではなく、世俗の裁判で処理されるようになった（Mendelson 1975: 191-193; Smith 1965：52-57）。

（13）たとえばカービン（J. Carbine）は、分立した中で最大派閥であったシュエジン派を事例として、次第に組織的な枠組みや派閥としての自己意識を強化していく過程を描き出している（Carbine 2004：19-34）。

（14）その経緯および特徴については、生野（一九八二）、奥平（一九九四a）、小島（二〇〇五a、二〇〇九）、土佐（二〇一一）、平木（一九九五）、Tin Maung Maung Than（1988, 1993）など、多くの先行研究が存在している。詳しくはこれらの研究を参照のこと。

（15）この委員会は三グループに分かれて、四カ月交代で業務にあたる。任期中は宗教省と同じ敷地内にある建物に居住し、宗教省との協働で業務を進める。

（16）小島（二〇〇五b）に全文が訳出されている。

（17）雨安居僧籍表とは、各僧院に止住する出家者の名簿を意味する。「雨安居（M：wa）」――雨季にあたるワーゾー（Wazo）月（七月頃）からダディンジュッ（Thadingyut）月（一〇月頃）までの約三カ月間――の期間中は、出家者は長期の外出を律によって禁じられているため、すべての出家者はどこかの僧院に属することになる。そこで国家サンガ組織は、雨安居入りのワーゾー月になると、各僧院に対してその年に当該僧院で雨安居を過ごす予定の出家者の名前、年齢、法臘（出家してからの年齢）などを記入して提出することを義務づけている。

（18）審議は「①郡→②州・管区→③国家」の三審制である。地方レベル（①郡、②州・管区）の審議は派閥毎が基本だが、異なる派閥間や出家者と在家者の争いなどは国家レベルの裁判で審議される。

（19）実際の審議のほとんどは性交（女犯）の問題となっている。国の刑法に触れる場合は世俗裁判での審議となる。

（19）ミャンマー国内で出版される仏教関係の書籍はすべて検閲されている。「非法」の判決が下った場合、当事者は該当する教義・思想を公に出版したり説法したりすることが禁じられ、それに従わない場合は強制還俗や逮捕されることになる。一九八〇年から一九九八年までに一一の教義に「非法」の判定が下っている（小島　二〇〇五ａ：四二）。

(20)　トゥダンマ派という名称は、王朝期のトゥダンマ委員会に由来し、トゥダンマ委員会によって管轄されていた出家者たちを意味する。しかし植民地期にトゥダンマ委員会が機能しなくなって以降、名目的な存在となった（小島　二〇〇九：八四）。現在ではトゥダンマ派は、特別派閥以外という残余的な括りとなっている。

(21)　各派閥の名称およびそこに属する出家者数の割合（一九九四年時点）は、以下のようになっている（TW 1996：付表）。①トゥダンマ（Thudhamma）派（八八・五パーセント）、②シュエジン（Shwegyin）派（八・二パーセント）、③マハードワーラ（Maha-Dwara）派（一・二パーセント）、④ウエルウン（Weluwun）派（〇・七パーセント）、⑤ムーラードワーラ（Mula-Dwara）派（〇・六パーセント）、⑥フンゲットウイン（Hngettwin）派（〇・三パーセント）、⑦マハーイン（Mahayin）派（〇・二パーセント）、⑧ガナウィモウッガドー（Ganavimut-Gado）派（〇・二パーセント）、⑨アナウッチャウンドワーラ（Anaukchaung-Dwaya）派（〇・一パーセント）。各派閥の概要については、Mendelson（1975）, Ikuno（1987）に詳しい。

(22)　これらの派閥は、「自恣（P：pavāraṇā）」儀礼——雨安居の最終日にあたるダディンジュッ月（一〇月頃）の満月の日に出家者が一堂に集い、律違反の有無について相互に確認しあう反省会的な儀礼のこと——が、派閥としてのまとまりを確認するための重要な儀礼となっていることから、一般的に自恣派閥と呼ばれている。

(23)　①殺生をしない、②盗みをしない、③一切の性行為をしない、④嘘をつかない、⑤酒を飲まない、⑥午後に食事をとらない、⑦歌舞音曲を楽しまない、⑧化粧や装飾品で身を飾らない、⑨大きい寝台や高い寝台に寝ない、⑩金銭を受領・使用しない。

(24)　ティーラシンは半僧半俗という性格ゆえに、男性出家者と同じように分析することは不可能である。したがって本書の射程からは外している。ティーラシンについては飯國（二〇一〇）、川並（二〇〇二）、Jordt（1988）, Kawanami（1990, 1991, 2007）に詳しい。また一九九〇年代半ば以降、スリランカとタイでは、比丘尼復興の試みが展開されている（伊藤　二〇〇九、Abeysekara 1999; Cheng 2007など）。

(25) 一方、女子は穿耳式（ピアスをあける）を受ける慣習があるが、近年では一時的にティーラシンとなる場合も増えてきている。

(26) タイでも一時出家は多いが、ミャンマーと異なり雨安居期間中の一時出家（特に比丘）が多い。したがって雨安居前後では出家者数が大きく異なる（cf.矢野　二〇〇六：九―一〇）。ミャンマーとタイの出家慣行の違いについては高谷（一九八二）や林（二〇一一）に詳しい。

(27) パーリ仏典によれば、二〇歳という年数は、母胎内に結生してから出生するまでの一〇カ月を含むので、一九歳二カ月で比丘になることが可能である。このルールは現在でも生きていて、ミャンマーにおいては一九歳の誕生日を過ぎれば比丘になる資格があるとされている（生野　一九七五：一六七）。現在では、比丘出家する場合は、ほとんどの場合は一九歳または二〇歳であるが、諸事情から二一歳にずれ込むことも多い。もちろん、二一歳で初めて出家する場合もありうるが、統計データからはそのどちらかを判断することはできない。

(28) ミャンマーの最貧困層は、推定で農村地帯人口の三～四割を占めるとみられる、土地なしの農業労働者層である（藤田　二〇〇八：四二）。

(29) 一方で、成年・老年出家比丘には、都市部出身者も相対的に多い。一般的に、若年出家が親や家族の意向であるのに対し、成年・老年出家は本人の意向であるといわれている。

(30) ミャンマーの仏教試験については生野（一九七五：一八六―一九九）に詳しい。

(31) パーリ仏典の研究と仏教試験の勉強は、厳密にいうと異なる。仏教試験の勉強は、各試験で指定されている図書を丸暗記することが基本となる。たとえば「論（P：abhidhamma）」の試験勉強は、論蔵を読まずに、「ティンジョー（Thinjo）」と呼ばれる『アビダンマッタサンガハ（P：Abhidhammatthasangaha）』という論蔵の註釈書や、さらにその復註書である「ディーガージョー（Tikajaw）」と呼ばれる『アビダンマッタヴィバーヴァニーディーカー（P：Abhidhammatthavibhāvanīṭīkā）』を用いて済ます場合がほとんどである。したがって試験勉強に奔走する出家者たちが、パーリ仏典を開くこともしない状況を危惧する長老も多い。

(32) ただし長期間、沙弥として生活している者のすべてがそのまま比丘出家するわけではない。正確な数値は不明だが、沙弥の四〜五割程度が比丘出家前に還俗しているとみられる。ある比丘へのインタビューによると、沙弥の還俗は一六〜一九歳に多い。若者は家族にとっても貴重な労働力であり、家族の農作業を手伝うために、親の希望で還俗する場合が多いという。一方で、比丘出家以降の還俗は相対的に少ない。特に「法臘（M：wa　出家年数）」が多く、一〇法臘以上の「長老（M:hsa.yado）」と呼ばれるようになった比丘の還俗はめずらしい。

（33）　近代的教育・研究手法を取り入れて創設されたミャンマーにおける仏教学教育・研究の最高学府のこと（奥平二〇〇五：三三）。基本試験上級合格者以上が、入学試験の受験資格がある。ヤンゴンとマンダレーの二カ所にある。

（34）　もっとも、派閥意識の低下を促す要因は他にも考えうる。たとえばスパイロ（M. Spiro）は、「派閥へのリクルートは競争的でも宣教的な努力に基づいているわけでもない。典型的には、沙弥は自分の村の比丘がメンバーである派閥で出家する」（Spiro 1970：319）と指摘しているが、この状況は現在でも変わっていない。つまり派閥への所属はそもそも自動的・偶然的に決まるものであり、自覚的なものではない。それゆえに世代交代が進むにつれて、派閥意識が低下する傾向がみられる。

（35）　同様の状況が近年、都市部の「瞑想センター（M：yei'tha）」を結節点としてもみられる。第三章でみるように、独立後に都市部を中心に増加した瞑想センターは、在家者だけでなく、出家者の瞑想修行も容易にしている。そこでこれらの瞑想センターもまた、多様な派閥から出家者を受け入れるという点で、教学僧院と同じく、派閥を平準化する機能をもっている。

（36）　この点について、中国・ミャンマーの国境地域で調査を行った小島敬裕は、一九七〇年代以降、交通網の整備に伴い、国境地域からミャンマー中央部の教学僧院へと移動する流れが顕著になっていると指摘している（小島　二〇一四：二七〇）。もちろん、こうしたネットワークに参与しないケースもありうる。たとえばミャンマー・タイ国境地域のクーン派は、タイの出家者たちとの結びつきの方が強く、ミャンマーの仏教試験も受験しない（小島二〇〇九：一一三―一一六）。

# 第三章　都市を生きる出家者たち

## はじめに

出家者は律によって経済活動・生産活動を禁じられている。つまり自ら財を獲得する手段を奪われている。そのため出家生活に必要な財を、在家者からの布施に依拠して獲得する必要がある。しかし布施とは結局、在家者の自発的な善意に基づくものであるから、十分な財が得られるとは限らない。ここに出家生活の難しさの一つがある。こうした難しさは、近代化と総称されるような社会変動の中で、さらに増幅している。なぜなら近代化に伴い、国家という巨大なパトロンは喪失・縮小し、また、一般信徒との関係も揺らいでいるからである。その影響は、特に都市部において顕著である。それではこうした「民営化」や「市場化」といったマクロな変化の中で、都市部の出家者たちはどのように財を獲得しているのか。いいかえれば、出家者は現代都市社会をどのように生きているのか。

第一章でみたように、この問題についてスリランカやタイを事例とする先行研究では、出家者による世俗的サービスの拡大が指摘されている。こうした動向は、一般信徒の多様なニーズに応えることによって生き残りを模索しようとする、出家者の生存戦略として捉えることが可能だろう。しかしその一方で、律に規定された出家者は、ある種の変わりにくさを抱えている。また先行研究では、新しく動態的な現象にばかり焦点が当たる傾向があるため、このように世俗的サービスに従事する出家者が、どれくらい一般的なのか判断できない。これらの問題を克服するためには、都市を生きる出家者たちが、財の必要という経済的現実にどのように対処しているのかという日々の暮らしぶりを、より具体的に、そしてより包括的に検討する必要がある。

そこで本章ではこの問題を、ミャンマー最大都市ヤンゴンを事例として検討する。その際、本章では特に、「僧院」――特定の地域的限界（界、P: sīma, M: thein）にいる出家者たちによって構成され、生活・修行・日課を共にする共住集団――という単位に照準を合わせる。なぜなら出家者は個人ではなく、僧院という単位で生活しているからである。つまり都市僧院はヤンゴンにおいてどのように経済基盤を構築しているか。これが本章の問いである。

本章の構成は以下のとおりである。まずミャンマーにおける、国家によるサンガ支援の変遷を整理する。そして他の上座仏教徒社会と同じく、ミャンマーでも植民地期以降、サンガの「民営化」プロセスが進展していることを示す（第一節）。次に本章の分析対象であるヤンゴンにおける僧院の現況について確認する。そしてヤンゴンの地理的拡大・経済的発展とともに、ヤンゴンには多くの僧院が集積している一方で、その分布には偏りがみられることを示す（第二節）。

次に、ヤンゴンにおいてはどのような出家者が人気なのか、いいかえれば「市場価値」が高いのかという問題を検討する。市場的な環境であるヤンゴンにおいては、僧院に居住している出家者の人気・不人気が、その僧院の布施調達力の大きさを左右する要因となっている。この点についてヤンゴンでは、世俗的サービスを行う出家者よりも、出家者としての修行に専念するような「出家者らしい出家者」の方が、都市住民から広範な支持を獲得していることを指摘する（第三節）。

ただしたとえ人気がある出家者がいるからといって、それだけで必要十分の布施が自然と集まってくるような僧院はごく一部である。そこで最後に、都市僧院はどのように経済基盤を構築しているのかという問題について、都市僧院にみられる自発的な布施調達活動の実態を分析する。また、植民地期に登場した在家仏教徒組織の仏教支援活動が、都市部では施食協会という形でより広範に展開しており、それが都市僧院の生存を支えるセーフティーネット的な役割を果たしていることを明らかにする（第四節）。

## 第一節　ミャンマーにおけるサンガの「民営化」プロセス

ミャンマー、特に都市部におけるサンガの経済基盤という問題を考える上で、最も重要なマクロ社会学的な変化が、サンガの「民営化」プロセスである。そこでまず、その実態を確認しておきたい。

他の上座仏教徒社会と同じくミャンマーにおいても、王が長らくサンガにとって最大のパトロンであった。詳細は不明だが、ミャンマーの仏教史書には、歴代の王たちが個人的に帰依する高僧に僧院や称号を布施し、出家者の生活必需品である「四資具（M: piʔsi: leiba: 衣食住薬）」に関して全面的な責任を負っている姿が描かれている。また、クトゥードー・パゴダ（Kuthodaw Pagoda）建設（一八六八年）、シュエダゴン・パゴダ（Shwedagon Pagoda）への傘奉納（一八七一年）、第五回仏典結集開催（一八七二年）といった各種の仏教支援事業で有名なミンドン王（第二章参照）は、①僧院の建設・修復、②日常的な衣食の支援、③教学振興（＝仏教試験開催）など、サンガ支援にも積極的に取り組んでいたとされる。たとえばミンドン王は一八七八年時点で、毎月約四〇〇トンの米を、王都マンダレー（Mandalay）およびその周辺の一六五九僧院（僧一万五三四六人）に布施していたという記録がある（Hla

Hla Mon 2006; Myo Myint 1987)。こうしたミンドン王の布施により、マンダレーは仏教の中心地として栄えていた。

しかしこうした状況は、ミャンマーがイギリスに植民地化されると一変する。ミンドン王の後継者であるティーボー（Thibaw）王（在位一八七八～一八八五）を廃して新たに世俗権力を掌握したイギリス植民地政府は、第二章でみたように宗教不介入政策をとり、仏教への関与を避けた。その影響は、王の布施への依存度が高かった旧王都マンダレーおよびその周辺で特に深刻だった。たとえばミンドン王とティーボー王によって建てられた仏教施設は、一九〇〇年頃までにほとんど消失したといわれている（Woodward 1988）。

それに対し独立後、世俗権力がミャンマー人の手に戻ると、国家による仏教支援もまた復活することとなる。たとえば独立政府（ウー・ヌ政権）の仏教に対する立場は、一九五一年の宗教大臣の演説に明確に表れている。そこでは植民地化は仏教に対して、①サンガの分裂、②サンガと在家者の疎遠化、③教育の世俗化、④サンガ組織の衰退といった悪影響を与えたこと、そして独立を達成した現在、危機に陥った仏教を保護し、その復興に努めることは政府の責務であるという認識が示されている（Houtman 1990: 56–57）。

こうした方針のもと、ウー・ヌ政権（一九四八～一九六二、一時中断あり）は数々の仏教振興事業を実行した。具体的には政府内に「仏教評議会（ＢＳＣ）」を設立し、宗教省と協力しながら、パーリ語大学および仏教講師法（一九五〇年）、サンガ裁判所法（一九五一年）、パーリ語教育組織法（一九五二年）、仏教国教化推進法（一九六一年）の制定、第六回仏典結集開催（一九五四～一九五六年）などである（生野　一九七五：二二一―二二三）。こうしたウー・ヌの政治的態度について、サーキスヤンス（E. Sarkisyanz）は、「仏教社会主義（Buddhist Socialism）」と評している。それはマルクス主義のように物質的な幸福の平等ではなく、仏教に基づいた精神的な幸福の平等を目指すものであった。つまり「仏教社会主義」とは、理想の「仏法王」の姿を近代的な装いのもとで追求しようとしたものに他ならなかった（Sarkisyanz 1965：210-228）。しかしそれは非仏教徒を含む国民国家建設という課題とぶつかり、国政の混乱を招いた。したがって一九六二年のクーデターによって実権を握ったウー・ネーウィン政権（一九六二〜一九八八）は、政教分離の方針を打ち出し、ウー・ヌ期の仏教支援政策を悉く廃止していく。

それに対し一九九〇年以降、ＳＬＯＲＣ／ＳＰＤＣ政権（軍事政権）は、ウー・ネーウィン政権の世俗主義の立場から、再びウー・ヌ政権のような仏教保護主義へと一見、回帰しているようにみえる。その背景には、ＳＬＯＲＣ／ＳＰＤＣ政権の正統性という問題がある。つまりＳＬＯＲＣ／ＳＰＤＣ政権はそもそも、一九八八年に生じた反ウー・ネーウィン政権の大規模な民主化運動の混乱を武力で抑える形で登場した、暫定的な政権にすぎなかった。しかし一九九〇年の総選挙において、ドー・アウンサンスーチー（Daw Aung San Suu kyi, 一九四五〜）率いる「国民民主連盟（ＮＬＤ）」が圧勝すると、ＳＬＯＲＣ／ＳＰＤＣ政権は政権移譲を拒否し実権を握り続けた。このようにＳＬＯＲＣ／ＳＰＤＣ政権は、成立当初から支配の正統性という問題を抱えていた。

そこで正統性を獲得するために試みられたのが、「仏法王」のイメージを利用した支配の正統化であった。つまり歴代王の功績をたたえるモニュメント・博物館の建設、王宮の復元によって「仏法王」のイメージを喚起しつつ、パゴダ（仏塔）の建設・修復事業を推進することによって、そうした「仏法王」の系譜に自らを位置づけようとした（Philip & Mercer 1999：41）。こうした文脈において、高僧への称号の授与といったサンガ支援も活発化する。具体的には、それまで三種類（学僧二種、三蔵法師一種）だった出家者の称号が、一九九一年に一三種類（教学指導三種、瞑想指導三種、説法三種、仏教布教四種）に拡充され、毎年、受賞者を表彰する大規模な儀礼が宗教省によって開催されるようになった。

また、政府高官がパゴダ建設を視察したり、各種の布施儀礼に出席したりする様子は、国営テレビ・新聞・ラジオ・雑誌などの各種メディアによって、毎日のように伝えられ、「仏法王」というイメージが盛んに喧伝されている。しかし非仏教徒を含む国民国家建設という課題があるため、かつての王たちやウー・ヌ政権のように国家予算を投入できるわけではない。この点について宗教省高官にインタビューしたところ、現在、予算を使っているのは、国家サンガ組織の運営、試験合格者や称号授与者への褒賞、国境地域での布教活動の補助だけであるとのことだった。それ以外の仏教支援事業の財源は、①公務員からの半強制的徴収、②名誉・利権と引き換えに一般信徒から布施を募る、といった仕方で確保されている（Jordt 2007; Schober 1997）。したがってその派手な印象とは裏腹に、実際の支援規模は限定的なものにとどまっている（cf. Matthews 1993）。

このようにミャンマーでは植民地化を契機として、都市部を中心にサンガの「民営化」が進行し、また独立後も、非仏教徒を含む国民国家建設という課題の中で、世俗権力（政府）によるサンガ支援は不十分なものにとどまっているといえる。したがって都市部のサンガは、都市住民との関わりの中で、つまり市場的な環境の中で、経済基盤を構築する必要がある。それでは都市部のサンガは生活に必要な財をどのように獲得しているのか。以下、最大都市ヤンゴンの状況を分析していこう。

## 第二節　ヤンゴンの僧院概要

### 1　ヤンゴンの歴史

前述したように、本章の対象は、出家者個人ではなく、出家者の共住集団としての僧院である。そこでまず、ヤンゴンにはどのような僧院があるのか、その現況を確認してみたい。そもそもヤンゴンとはどのような都市なのか。

| | | | |
|---|---|---|---|
| ①商業中心地（6郡） | ⑧サンジャウン | ⑮タケタ | ㉒シュエピター |
| ②バズンダウン | ⑨バハン | ⑯ヤンキン | ㉓ダゴンセイッカン |
| ③アローン | ⑩タームウェ | ⑰南オッカラパ | ㉔南ダゴン |
| ④ダゴン | ⑪カマユッ | ⑱北オッカラパ | ㉕北ダゴン |
| ⑤ミンガラータウンニュン | ⑫ティンガンジュン | ⑲インセイン | ㉖東ダゴン |
| ⑥ドーボン | ⑬フライン | ⑳ミンガラードン | ㉗セイッチーカナウント |
| ⑦チーミンダイン | ⑭マヤンゴン | ㉑フラインターヤー | ㉘ダラー |

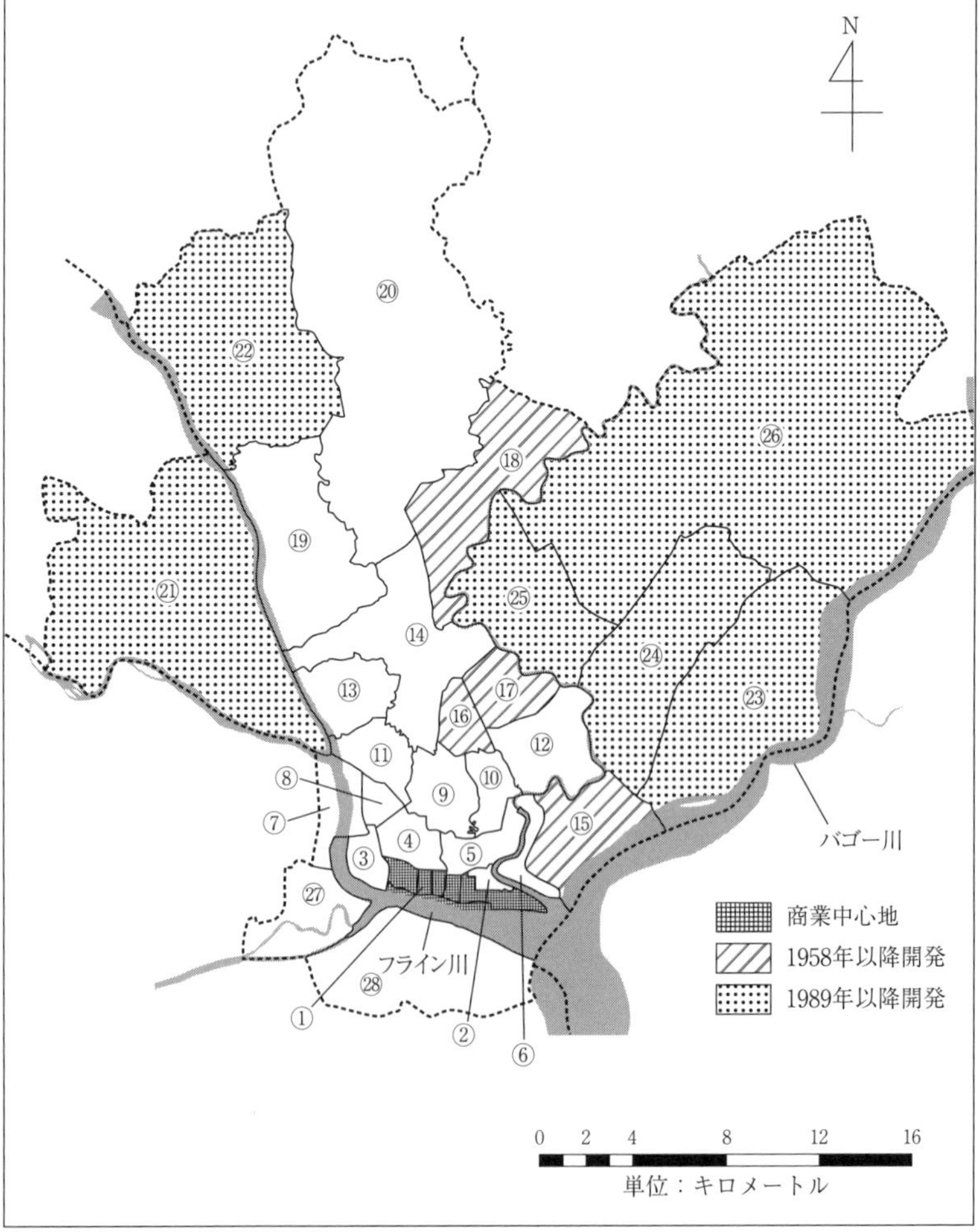


【図3－1】ヤンゴンの地図

ヤンゴンは、中央平原部の西方を流れるエーヤーワディー川の支流（フライン Hlaing 川）と、東方を流れるスィッタウン（Sittaung）川の支流（バゴー Bago 川）が合流する場所にある【図3-1】。この二つの支流はヤンゴン河となってマルタバン（Martaban）湾へと流れ込んでいる。つまりヤンゴンは外洋と中央平原部を連結する交通の要衝に位置する。

ただし、ヤンゴンが交易拠点として経済的に繁栄するのはそれほど古い話ではない。一八世紀中頃までこの地はモン族の漁村ダゴン（Dagon）として知られ、シュエダゴン・パゴダの門前として祭礼の時期などには巡礼者でにぎわったものの、政治的経済的な中心となることはなかった。同地が交易拠点としての中心性を帯び始めるのは、コンバウン朝の創始者アラウンパヤー（Alaungpaya）王が一七五五年にミャンマー中央部統一のための戦勝を祈念し、同地を「ヤンゴン（敵が尽きる）」と改称してからのことである（長田　二〇〇六：七―八）。

その後、一八五二年の第二次英緬戦争によって下ミャンマーがイギリスに併合されると、戦争によって壊滅したヤンゴンは、植民地都市ラングーン（Rangoon）として再建される。その都市計画によって、約二平方キロメートルという小さな碁盤目状の町がフライン川に沿って誕生した（地図中①）（ナン・ミャ・ケー・カイン　二〇〇〇：一五四）。この領域は現在でもヤンゴンの「商業中心地（M:myou.de:）」となっている。

そしてイギリス植民地政府が、エーヤーワディー川下流域デルタ地帯を開発し、大穀倉地帯へと変貌させると、ラングーンは米輸出経済の要として急速な発展を遂げることとなる（長田　二〇〇六：一一）。ラングーンの人口は、誕生した当時はわずか三万六〇〇〇人程度であったが、一二〇年後にはほぼ一〇万人、独立直前の一九四一年には五〇万人になった（ナン・ミャ・ケー・カイン　二〇〇〇：一五四）。こうした人口増加の大部分は、膨大なインド人移民の流入の結果であり、したがってラングーンはインド人街とでも呼びうる様相を呈していた。

こうした状況は一九四八年の独立を契機に一変する。独立と同時に多くのインド人移民が帰国した一方、村落部からラングーンへと人口が流入した[1]。その結果、住民構成を大幅に変えながら、ラングーンは東西二つの川に囲まれた領域を北方へと拡大していく。ただしこうした人口流入はラングーンの工業化というプル要因ではなく、共産主義者と少数民族の反乱による地方村落部の治安の悪化というプッシュ要因によるものだった。したがってラングーンにはスラムが形成されるようになり、その改善策として政府は一九五八～一九六〇年に衛星住宅地区（地図中⑮～⑱）をつくり、スラム地区の人々をそこに強制的に移住させた[2]（ナン・ミャ・ケー・カイン　二〇〇〇：一五五）。

その後ウー・ネーウィン政権期（一九六二～一九八八）に入ると、ビルマ式社会主義路線による経済停滞の影響で、都市のインフラ整備が遅れ、都市化は大きく停滞する。また国内移動、特にラングーンへの流入が厳しく制限されたほか、経済の国有化に伴い、経済手段を奪われた中国・インド系移民が一〇万人規模で国外に流出したこともあり、人口増加率も低かった（西澤　二〇〇〇：一七）。

ラングーンが再び都市としての活気を取り戻すのは、都市の名称を再びラングーンからヤンゴンへと変更したＳＬＯＲＣ／ＳＰＤＣ政権期（一九九〇～二〇一一）に入ってからである。積極的な市場経済化と対外開放政策による経済成長によって、再び高い人口増加率を記録するようになる。ミャンマー入国管理省の推計によれば、一九八〇年時点で二三〇万人であったヤンゴンの人口は、二〇〇八年時点で六六〇万人まで増加している。また一九八九年以降、政府は新しい衛星住宅地区の開発に着手し（地図中㉑～㉖）、その結果、一九八三年時点で約三五〇平方キロメートルであったヤンゴンの都市域は、現在は約七七〇平方キロメートル（東京都二三区の約一・二倍）にまで拡大している[3]。

一九九〇年以降、ヤンゴンの開発を担っているのは「ヤンゴン都市開発委員会（ＹＣＤＣ）」である[4]。この組織は、

【表3-1】ヤンゴンにおける僧院規模の分布

| 規模（人） | 1～10 | 11～20 | 21～30 | 31～40 | 41～50 | 51～60 | 61～70 |
|---|---|---|---|---|---|---|---|
| 僧院数 | 1,381 | 550 | 216 | 97 | 25 | 65 | 53 |
| 規模（人） | 71～80 | 81～90 | 91～100 | 101～110 | 111～120 | 121～130 | 131～140 |
| 僧院数 | 39 | 26 | 10 | 15 | 16 | 9 | 7 |
| 規模（人） | 141～150 | 151～200 | 201～300 | 301～400 | 457 | 660 | 1,205 |
| 僧院数 | 7 | 10 | 10 | 3 | 1 | 1 | 1 |

＊出典　ヤンゴン管区「雨安居僧籍表」（2003年）より筆者作成
（データ総計2,542僧院、1僧院は人数不明）。

①州／管区（第一章参照）、②「県（M:kha.yain）」、③「郡（M:myou.ne）」、④「地区／村落区（M：yaʔkweʔ/kyei:ywa ouʔsu.）」という地方行政組織とは別個のもので、都市としてのヤンゴンはヤンゴン管区にある四つの県をまたぐ形で、三三の郡から成立している。ミャンマー第二の都市であるマンダレーも同様の形態である。そこで混乱を避けるため、以下では「ヤンゴン」「マンダレー」と表記する場合には都市を意味することとし、管区に言及する場合には「ヤンゴン管区」「マンダレー管区」と表記することにする。

## 2　僧院の集積

それではヤンゴンには現在、どれくらいの僧院があるのだろうか。二〇〇九年現在、ヤンゴンには二九四〇僧院あり、そこで五万三七七六人の出家者（比丘三万一四二三人、沙弥二万二三五三人）が生活している（全国版「雨安居僧籍表」二〇〇九年）。ただし一口に僧院といっても、その規模は様々である。【表3-1】はヤンゴンにある二五四二僧院（二〇〇三年時点）の僧院規模の分布を示したものである。たとえば出家者数が一～一〇人の僧院は、一三八一僧院あることを示している。これをみてもわかるように、ヤンゴンにある大多数（全体の約八五パーセント）の僧院は、出家者数三〇人以下の小規模・中規模僧院となっている。あくまでも目安であるが、出家者数が三〇人を超えるような大僧院のほとんどは、出家者の高等教育機関である教学僧院であるといってよい。第二章でみたように、一〇代から二〇代にかけての若い出家者は、仏教教義・仏典を学び、各種の仏教試験の受験勉強をするのが一般的である。そのための教育機関となっているのがこうした教学僧院であり、都市部の教学僧院は出家者ネットワークのいわば心臓部としての役割を果たしている。

さて、ヤンゴンの僧院の設立年については正確なことはわからない。しかしその多くは、ミャンマーの独立後、ヤンゴンの地理的拡大・経済的発展に伴い設立されたものであると思われる。近年の変化に限定していえば、二〇〇三年時点で二五四二僧院だったのが、二〇〇九年現在は二九四〇僧院まで増加している（全国版「雨安居僧籍表」二〇〇三年および二〇〇九年）。つまり六年間に三九八僧院が増えた計算になる。これは同期間のヤンゴン管区全体の増加分の九〇パーセント近くを占める。また約一一六パーセントという増加率は、ミャンマー全体の僧院数の増加率一〇九パーセントを大きく上回っている。その背景として指摘できるのは、新たに自分の僧院を構える際、都市部に構えたがる出家者が多いということである。

それではなぜ出家者たちは都市部に僧院を構えたがるのだろうか。出家者たちへのインタビューから推察するに、その理由は第一に、人口が多く経済規模も大きい都市部は潜在的な布施の規模が大きく、したがってより快適な生活を送ったり、村落部では不可能な活動（教学僧院など）を行ったりしうるからである。第二に、村の僧院につきまとう、ある種の「しがらみ」から脱することができるからである。たとえばヤンゴンの国家仏教学大学（第二章参照）で修士号を獲得し、現在は大学で教員補助をしているシャン州出身のある比丘（三三歳）は次のように語る。

村の比丘にはいろいろな仕事がある。たとえば年中行事や冠婚葬祭など、村の行事に参加する必要がある。それから村の子供たち（沙弥を含む）の世話がある。子供たちにミャンマー語の読み書きや仏教の基礎を教えるほか、町の教学僧院や政府の学校へ送り出す。ほかにも、村人のための雑多な用事がある。村人の相談を聞いたり、伝統的な薬を処方したりする。村人がテレビを買いたいときは比丘に頼む。村人の中には町に出たことがない者もいて、テレビの買い方がわからないからだ。町に用事があるときは、村の代表として比丘が行くことが多い。村人は比丘を頼る。だから村に住む限り、比丘は村人の問題を自分の問題として考え、村人のために活動しなければならない。

このように村の僧院は、村人のための「よろず屋」的な役割を期待される。もちろん、村人に対するサービスを積極的に捉え、進んで村に入ろうとする出家者もいる。しかし、村では望むような出家生活が送れないと考える出家者も多く、その傾向は高学歴のエリート僧に顕著である。前述の比丘も、決して村の出家者を卑下しているわけではないと断った上で、自分は村ではなく都市に僧院を構えたいという希望を述べていた。

以上のように、多くの出家者たちが都市部に僧院を構えたがる背景には、村落部と比べたときの、①潜在的な布施の規模の大きさと、②自由度の高さがある。それゆえに都市という環境は、多くの出家者たちにとって村落部よりも魅力的な場所なのである。そして数ある都市の中でも、その歴史的経緯・経済規模・人口の多さから、最も可能性に満ちた都市が、最大都市ヤンゴンである。それゆえにヤンゴンには多くの僧院が集積していると考えられる。

### 3　僧院分布の偏り

その一方で、ヤンゴンに僧院を構えることは、それほど容易なことではない。村落部・都市部を問わず、出家者が自分の僧院を構える方法は、①既存の僧院を引き継ぐ、②新たに僧院を建設する、という二通りがある。最も手間がかからないのは、既存の僧院を引き継ぐことであるが、そうした機会は豊富にあるわけではない。そうなると新たに僧院を建設するしかないが、ヤンゴンのような都市部では、土地の入手自体が困難である。第一に、ヤンゴンの地価は高い。ミャンマーでは不動産と車が主要な投資対象となっており、特に都市部の不動産価格は常に上昇傾向にある。僧院を構えるためには土地が必要であり、そうした土地は出家者自らが購入するか、あるいは布施してもらう必要があるが、いずれにしろ多額の費用が必要となる。[5] 第二に、「宗教用地（M：thathana myei）」の認定という問題がある。ミャンマーでは、僧院など宗教施設として利用する土地は、宗教省によって宗教用地として認定されることによって、無税かつ半恒久的な権利が保障されることになっている。逆にいえば、民間利用するのは極めて困難になる。したがって僧院への土地の流出が続けば、都市空間はサンガに占有されかねない。それは都市の経済活動にとっては大きな障害となりうる。そのため行政側は、宗教用地の認定に慎重であり、特に都市部においてはなかなか新しい宗教用地が許可されないという状況になっている。[6]

このように一方では都市に進出しようとする出家者たち、もう一方ではそれを阻むような都市の経済的・政治的な条件がある。その結果、ヤンゴンにおいては既に宗教用地として認可されており、それゆえに無償で入手できるような土地に、僧院分布が偏るという現象がみられる。以下、その具体例として、①古い僧院の土地、②パゴダの土地、③政府が指定した土地についてみてみよう。

### ①古い僧院の土地

第一に、古くから（主に植民地期）ある僧院の土地に、新たに僧院が増加するという傾向がある。前述したよう

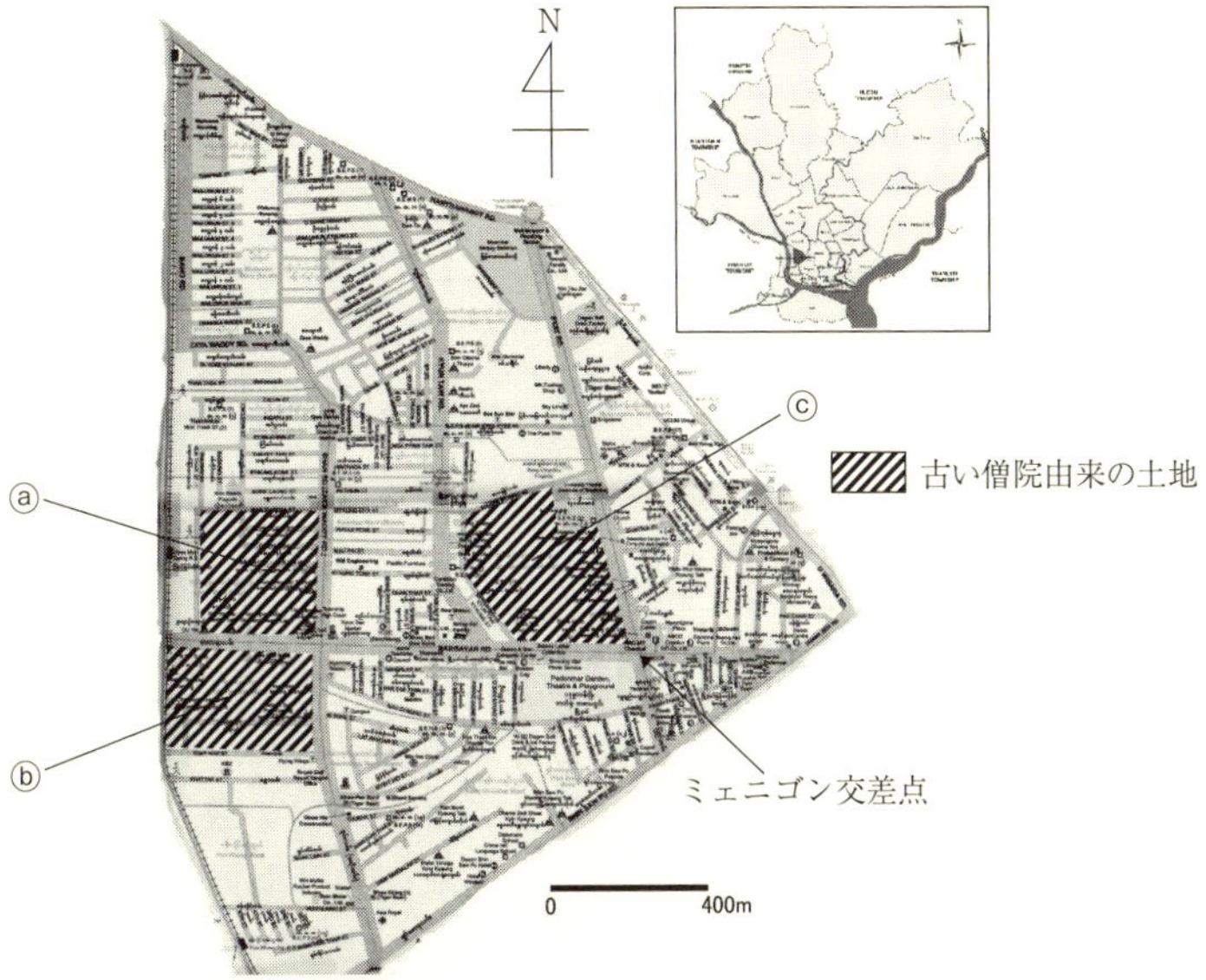


【図3-2】サンジャウン郡の僧院分布

＊出典　YCDC（2003）、ヤンゴン管区「雨安居僧籍表」（2003）を利用して筆者作成。

に、最初期のヤンゴンの都市域は、川沿いの僅かな領域にすぎず、その郊外には広い森が広がっていた。その時代には僧院用の土地を容易に、しかも広大に入手することができた。しかし都市域の拡大とともに、そうした土地は都市域に飲み込まれていくことになる。その結果、都市空間には巨大な空隙が出現することになる。こうした土地は宗教用地として認められ、道路敷設など都市整備の過程で一部を接収されることがあるとしても、基本的には出家者のものとなっている。商業中心地の北方に広がる市街地には、こうした土地が散見される。ここではその事例としてサンジャウン（Sanchaung）郡を取り上げてみたい【図3-2】。

現在のサンジャウン郡は完全に都市化されており、南北を走るピー（Pyi）通りと東西を走るバゲヤ（Bagaya）通りが交わるミェニゴン（Myenigon）交差点は、ヤンゴン屈指の繁華街の一つとなっている。しかしそのようなサンジャウン郡にも、一九世紀以来の古い僧院の土地に由来する、広大な宗教用地が広がっている。それが地図の斜線柄で示した部分である。たとえば道路を挟んで隣接している西側の土地ⓐⓑは、一八四五年にチーミンダイン（Kyimyindaing）の「地区長（M: myou. dhagyi:）」であった在家者が、僧院建設のために当時のターヤワディー（Tharrawaddy）王（在位一八三七〜一八四六）から宗教用地としての認可を受けたという記録が残っている。[7] サンジャウン郡には二〇〇三年時点で一二八僧院あるが、その内の一〇四僧院がこの土地に集中している。また中央部やや東寄りの土地ⓒもまた、古くから僧院だった土地で、[8] 二〇〇八年時点で一つの僧院と九つのティーラシン院（尼僧院）が存在している。

### ②パゴダの土地

第二に、歴史のある大パゴダの土地に僧院が集積するという傾向がある。「パゴダ（Pagoda）」とは仏塔を意味し、①聖遺物（仏歯・仏髪）を納めたもの、②ブッダの八種類の聖具を納めたもの、③大仏を安置したもの、④仏典を収めたものの四種がある[9]（生野　一九七五：四八）。ミャンマーでは、ブッダおよびパゴダはともにパヤー（M: paya.）と呼ばれており、パゴダはブッダの象徴として、あるいはブッダそのものとして信仰されている。日本においては僧院とパゴダは同じ敷地内にあることが多いが、ミャンマーにおいては、両者は空間的に分離しており、機能的にも全く異なる。つまり僧院が出家者の修行空間であるとすれば、パゴダは在家者の信仰空間として、在家者の様々な宗教的ニーズを満たす信仰空間となっている（生野　一九七五：四四、奥平　一九九四b、高谷　一九九三：一一七―一一八、Moore 2000）。

　ここで重要なのは、在家者にとって、パゴダは僧院と並んで主要な布施対象であるということである。それゆえに、歴史のある大パゴダは広大な土地を所有していることが多い。パゴダの土地は歴代王によって布施された宗教

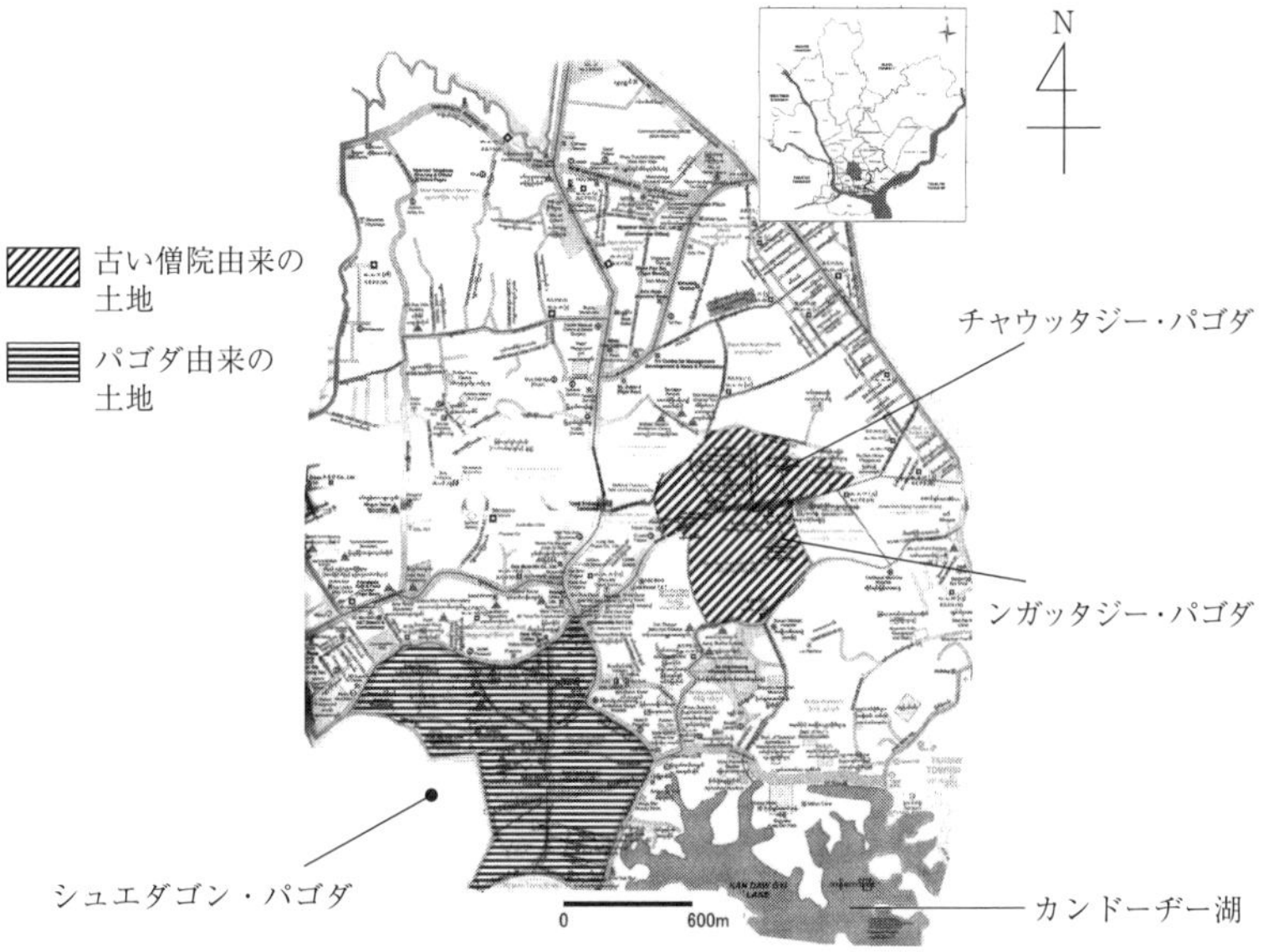


【図3-3】バハン郡の僧院分布
＊出典　YCDC（2003）、ヤンゴン管区「雨安居僧籍表」（2003）を利用して筆者作成。

用地であり、植民地化といった歴史の過程でその規模を縮小されているが、現在でも一定の規模を有している。そこでこうしたパゴダの土地は、僧院、在家仏教徒組織、仏具店、喫茶店などに無償もしくは有償で貸与されるのが一般的である。したがって都市域にあっても、歴史的な大パゴダの周辺には仏教的な空間が広がっている。その好例は、ミャンマー最大の聖地であるシュエダゴン・パゴダである。

【図3-3】はシュエダゴン・パゴダに隣接するバハン（Bahan）郡の僧院分布を示したものである。バハン郡にある二五二僧院中、一七三僧院（約七〇パーセント）が、地図の斜線柄と横線柄部分の土地に集中している。この内の横線柄部分が、シュエダゴン・パゴダの宗教用地を含む地区である[10]。現在、シュエダゴン・パゴダの境内および周辺には、多くの僧院のほか、仏具店や、在家仏教徒組織・省庁が管理する「講堂（M：danma.youn）」など、仏教関連施設が多く建ち並んでいる。なお、バハン郡にはン

【図3-4】シュエピター郡（左）と北オッカラパ郡（右）の僧院分布
＊出典　YCDC（2003）、ヤンゴン管区「雨安居僧籍表」（2003）を利用して筆者作成。

ガッタジー・パゴダ（Ngak Htat Gyi Pagoda）とチャウッタジー・パゴダ（Chauk Htat Gyi Pagoda）という有名な大仏が存在しているが、ここは前述したような一九世紀半ば以来の古い僧院の土地であり、これらのパゴダは二〇世紀に入ってから、むしろその僧院の土地を譲り受ける形で建てられている（cf. Tinnainto 2007）。

### ③政府が指定した土地

第三に、政府があらかじめ僧院用にあてがった土地に僧院が集積するという傾向がある。その事例は古くは植民地期からみられる。二〇〇三年時点で商業中心地には八一僧院あるが、その内の六六僧院（六七四人＝比丘四三三人、沙弥二四一人）が約三〇〇メートル四方の土地にまとまり、全体としてタイェットー（Tayettaw）僧院群という名前が付されている。僧院の門に記されている碑文によれば、この土地は元々マンゴー畑であったが、ターヤワディー王（前述、在位一八三七～一八四六）の時代に僧院が建てられた。そして一八五二年以降、都市開発の過程で立ち退きが必要になった五〇僧院に分配され、次第に現在のような姿になっていったようである。また一八五四年には、ヴィクトリア（Victoria）女王（在位一八三七～一九〇一）によって宗教用地の認定を受けたとされる。

同様の現象は、独立後、政府が衛星住宅地区を開発する際にも生じた。つまり政府は衛星住宅地区内にあらかじめ宗教用地を設定し、そこに都市開発の妨げになるような僧院を移動させたほか、残りの土地を希望する僧院に分配した。(11) たとえば【図3-4】は北オッカラパ（North Okkalapa）郡（一九六〇年代以降に開発）とシュエピターー（Shwepyithar）郡（一九九〇年代以降に開発）の僧院分布である。二〇〇三年時点で北オッカラパ郡の約八〇パーセント（一六二僧院／二〇五僧院）、シュエピター郡の約八一パーセント（一一六僧院／一四三僧院）が地図の縦柄部分の土地に集積している。

以上、ヤンゴンにある僧院の概要について確認した。規模が様々な多数の僧院が、分布に偏りをもちながら都市に存在していることがわかる。ただしヤンゴンに僧院を構えたところで、実際にそこで活動していけるかは別問題である。なぜなら都市部は村落部と比べて、固定的・安定的な布施を期待しにくい、市場的な環境だからである。それではヤンゴンの僧院は、その活動に必要な財をどのように獲得しているのか。以下、その実態と背景をみてみたい。

## 第三節　「市場価値」の高い出家者たち

### 1　世俗的サービスを提供する出家者たち

この問題を考える上でまず指摘しておきたいのは、僧院によって潜在的な布施調達力の大きさが異なるという点である。布施先が限定される村落部に対し、多くの僧院・出家者がいる都市部においては、在家者は布施先を自由に選ぶことができる。そこでその選択を左右する重要な要素となっているのが出家者の特徴である。この点について、たとえば日本においては、仏像・歴史的建造物・庭園など、僧院は種々の「見世物」を有している場合がある。こうした見世物はそれ自体が多くの人々を惹きつけ、それゆえに観光地となっている僧院も多い。その一方で、ミャンマーの僧院はこうした見世物に乏しい。その理由の一端は、僧院とパゴダの分離にあるだろう。つまり巡礼客・観光客を惹きつけるような見世物は、パゴダに集中しているのである。それでは都市部においてはどのような出家者が人気なのか。いいかえれば「市場価値」が高いのか。第一章でみたように、この点についてタイを事例とする先行研究では、出家者による現世利益や社会福祉といった世俗的サービスの活性化が指摘されている。ヤンゴンでも同様に、世俗的サービスを行う出家者に布施が集まるという側面がある。

### ①現世利益的サービス

まず、現世利益的なサービスについてみてみよう。ミャンマーでは伝統的に、出家者は「仏教的な知識（M：lo:kouʔta.ra pinnya)」と並び、「世俗的な知識（M：lo:ki pinnya)」の伝承・行使に関わってきた。世俗的な知識とは具体的には、①予言、前兆、夢などの解釈、②お守りの術、③占星術、④錬金術、⑤民間医療といった諸術を施すことを意味する（土佐　二〇〇〇：一三八）。こうした現世利益的なサービスは、急激な市場経済化が進んでいるヤンゴンにおいて、多くの都市住民に求められているという側面がある。そのため「世俗的な知識」の行使、特に各種の占いに長けた出家者のもとには、宗教の枠を超えて熱狂的な信者たちが集っている。こうした信者には事業を営む裕福な都市住民が多く、出家者の助言によって事業がうまくいった際には、莫大な額の返礼を行うことも珍しくない。したがって「ヤンゴンで最も裕福なのは占いをやっている僧院だ」などといわれる状況になっている。

しかしその一方で、こうした「世俗的な知識」を行使する出家者に対しては批判も多い。この点について土佐桂子は、一八世紀末以来の世俗権力によるサンガの浄化活動に伴い、出家者は「世俗的な知識」から切り離されていく傾向にあること、そしてその結果、「世俗的な知識」の行使はむしろ在家者の間で継承されるようになっており、それが現代ミャンマーにおける「ウェイザー（weikza）」信仰の活性化につながっていることを指摘している（土佐　二〇〇〇）。都市部における精霊信仰の活性化も、同じ文脈で捉えることができるだろう（cf.田村　一九九五）。精霊信仰とは、精霊のために祭祀を実施し供物を捧げるなど、精霊を慰撫することを根幹とする。慰撫された精霊は、その超自然的な力でもって、人間に対して様々な現世利益をもたらすとされる。そこで近年ヤンゴンでは、精霊と信者の間を取り持つ職業的な「霊媒（M:nagado）」の活躍が目立つようになっている（飯國　二〇一三）。

(12)

### ②社会福祉的サービス

次に、出家者による社会福祉的サービスについてみてみよう。一九九〇年代以降の急速な都市化は、様々な社会問題をもたらしている。その一方でミャンマーでは、行政による福祉サービスは不十分である場合が多く、また行政セクターに代わってこれらの活動を担いうる市民セクターも未成熟である。したがって社会福祉的なニーズは膨大に存在している。そこで都市部においては、こうしたニーズに対応しようとする動きもみられる。

ミャンマーにおいては、社会福祉活動を行う僧院は一般に「社会福祉僧院（M：pa.ra.hi.ta. kyaun:）」と呼ばれており、特に教育分野での「僧院学校（M：poun:dogyi:thin pinnyayei: kyaun:）」の活動が目立つ。一九九二年以降、僧院学校の卒業資格が公的な学歴として認められるようになったことに伴い、僧院学校は公立学校が未だない村落部や、貧しくて公立学校に通えない都市部の子供たちのニーズを受ける形で、増加傾向にある[13]。また僧院学校の中には、孤児院を兼ねたり、子供向けの仏教文化講座を開催したり、僧院内に無料の診療所を開設したりするものもある。二〇〇六年現在、全国に一三一三校（小学校一〇五五校、中学校二五六校、高校二校）あり、約二九万人の子供たちが教育を受けている[14]（CSO 2008）。この内、ヤンゴンには一〇五校あり、男子一万四〇八九人（内、沙弥三五〇八人）、女子九九五〇人（内、ティーラシン八三八人）が教育を受けている[15]（TW 2007c）。さらにヤンゴンでは近年、外国語やコンピューターといった実学を教えるような僧院塾、あるいは僧院カルチャーセンターとでも呼べるような僧院も現れてきている。

このようにヤンゴンにおいて僧院学校は、①貧しくて公立学校に通えない子供たちに教育機会を提供する機能、②孤児や貧しい子供たちの生活の面倒をみるという機能、③カルチャーセンター的な機能を有するものとなっている。ただし前述した現世利益的サービスとは異なり、僧院学校の利用者はそもそも貧しい家庭や孤児が多く、そこからの布施はほとんど期待できない。また、一部の例外を除き、政府による財政支援もない[16]。

そこでこうした僧院学校の最大の支援者となっているのは、国外の支援団体（ＮＧＯ、財団、ロータリークラブなど）や大使館などである。これらの諸機関は開発援助・人道支援という目的のもとで、ミャンマーにおいても福祉分野への支援を行っているが、僧院学校はその格好の対象となっているのである。したがってどの僧院学校を訪れても、その建物には国外の支援団体によって建てられた旨の記載がある。

その一方で、このように出家者の社会福祉的活動を評価するＮＧＯなど国外の支援団体の熱い視線とは裏腹に、都市住民の多くは、僧院の福祉活動を積極的に支援しようとしない。なぜなら社会福祉活動に携わる出家者は、世俗的な存在であるとみなされる傾向にあるからである。たとえばスパイロは一九五〇年代の状況について、「非宗教的な領域に対する布施は、功徳が少ないという観念があるため、道路建設、社会福祉、教育、公共医療といった社会サービスは物質的にも財政的にも見過ごされている」（Spiro 1970: 464）と述べているが、その傾向は後述するような都市住民の仏教への関心の増大とともに、さらに強まっているように思われる。

こうした国内外における評価軸のズレが、僧院学校の設立を促すと同時に、その持続的な運営を難しくしているという側面がある。たとえばヤンゴンで最大規模を誇る、シュエピター郡にある某僧院学校（学生数二一八五人、二〇〇六年時点）は、一二七人の在家教師に対して一人当たり一カ月に一万二〇〇〇チャット（約一二〇〇円）の給料を支払っているが、資金不足のため、しばしば未払いの状態に陥っている。こうした不足を補うため、学生の親たちに一カ月三〇〇チャット（約三〇円）の布施を求めたが、それですら応じられる家庭は少ないという。そのため住職は常に、資金集めに奔走する日々を送っている。またヤンゴン有数の繁華街をもつヤンゴン管区サンジャウン郡では、三つあった僧院学校の内の二つが、二〇〇〇年代に入ってから廃業している。こうした事情から、ミャンマーでは他の上座仏教徒社会と比べても、出家者の社会福祉活動は低調であるといえる。

## 2　「出家者らしい出家者」たち

以上のように、ヤンゴンにおいても出家者による世俗的サービスの活性化が観察される一方で、そこには根強い批判もみられる。それに対しこうした批判とちょうど表裏一体の関係にあるのが、「出家者らしい出家者」たちの人気である。

### ①修行者たち

まず、出家者としての生活・修行を着実に行っている出家者たちが人気であるといえる。第一に、これは都市部に限ることではないが、一般的に「法臘（M：wa　出家年数）」の多さが重要である。この点において、見習いにすぎない沙弥と、正式の出家者である比丘とでは、在家者から尊敬される度合いが格段に異なる。また同じ比丘でも、一〇法臘以上経過し「長老（M:hsa.yado）」と呼ばれるようになると、その度合いは一層高まる。

第二に、高い学位（仏教試験合格、国外大学の博士号など）・称号・国家サンガ組織の役職（国家サンガ大長老委員会のメンバーや地方組織のサンガ長など）をもっている出家者が人気である。たとえば仏教試験の最高峰とされるのは、一九四九年から政府が開催している「三蔵法師試験[17]（M：ti.pi.ta.ka.da.ra. ti.pi.ta.ka.ko:wi.da. yweihkyeyei: samei:bwe:）」であるが、初めての三蔵法師となったミングン長老（U Vicittasarabhivamsa, 一九一一～一九九三）など、合格者（二〇〇九年時点で一三名）は国民的な英雄として極めて大きな尊敬を受けている。こうした学位・称号・役職は、新聞・雑誌・看板などに出家者の名前が載せられる際には枕詞のように付与されており、都市住民に対して出家者としての自分の価値を最も簡潔に訴えることができる手段となっている。

第三に、以上のいわば「教学（P：pariyatti）」系の出家者だけでなく、「体験的修行（P：patipatti）」系の出家者も人気である。これは具体的には瞑想修行や、律遵守の厳格さによって判断される。こうした出家者たちの中には、その修行の成果によって、悟りの境地である「阿羅漢（P：arahan, M：ya.handa）」もしくはそれに準ずる悟りを得たと噂され、カリスマ的な人気を誇る者もいる[18]。このような厳格な修行者たちの中には、在家者の居住空間（村や町や都市）から離れた「森（阿蘭若、P：arañña, M：to:ya.）」を拠点とすることが多かったが、近年は瞑想センター（後述）の普及に伴い、ヤンゴンなど都市部にも増えつつある。

このように法臘が多く、教学や体験的修行に長けた出家者たちは潜在的に需要がある。その人気は、伝統的な功徳の観念に下支えされているといえるだろう。つまり出家者としての成果を出しているような出家者こそが、「福田」として布施するに相応しい存在であると考えられる傾向にある。さらにこうした出家者の中には、出家者ならではの知識と経験を生かし都市住民に対して仏教的なサービスを行い、それによって大いに人気を博しているような出家者たちも存在している。

### ②瞑想指導者たち

第一にヤンゴンには、在家者に瞑想指導を行うことによって、人気を博しているような出家者たちがいる。出家者がこうしたサービスを行うに至った背景には、「瞑想センター（M：yeiʔtha　英語表記ではYeikthaが一般的）」という新しい宗教組織の登場がある。瞑想センターとは、出家者・在家者を問わず、希望者がより気軽に瞑想を体験できる機会を提供することを目的とした組織である。伝統的な「瞑想僧院（M：ka.ma.htan: kyaun:）」が、少数の出家者たちが瞑想修行に専念するような僧院であり、通常は人里離れた森にあることが多いのに対し[19]、瞑想センターの特徴はその開放性と簡便性にある。つまり瞑想センターは通常は町中にあり、修行期間も数日からせいぜい数週間程度のものであることが多い。

こうした瞑想センターの原型は、植民地期からみられる[20]。しかしそれが広範に普及するようになったのは、独立後、国家的な仏教振興プロジェクトの一環として制度化されてからのことである。前述したように独立後に成立したウー・ヌ政権は、数々の仏教振興事業を実行したが、ウー・ヌはこうした公的な事業にとどまらず、私的な活動を通しても仏教振興に努めた。その手段となったのがサー・ウー・トゥイン[21]（Sir U Thwin, 一八七八～一九六六）や

【写真３−１】マハースィー瞑想センター設立式典の様子
＊提供　マハースィー瞑想センター資料館。

政府高官・貿易商・実業家と共に一九四七年に設立した「ブッダ・ターダナ・ヌガハ協会（ＢＴＮＡ）」である。ＢＴＮＡは前記のＢＳＣの設立（一九五〇年）を後押ししたほか、三蔵法師試験の実施（一九四九年〜）、山岳地域への仏教布教伝導団の派遣など、国家規模の仏教振興事業を計画・実行した。そしてミャンマー初の瞑想センターである「マハースィー瞑想センター（Mahasi Sasana Yeiktha）」も、こうしたＢＴＮＡの仏教振興事業の一環として一九四九年に設立されたものである（cf. ハウトマン　一九九五、Jordt 2001, 2007）。

　このマハースィー瞑想センターの設立を皮切りとして、その後、相次いで瞑想センターが設立されていく。たとえば一九五一年に、当時の財務長官で、サヤー・テッジー（Saya Thet Gyi, 一八七三〜一九四五、本章註（20）参照）から瞑想指導を受けたとされるウー・バキン（U Ba Khin, 一八九九〜一九七一）によってヤンゴンに「インターナショナル・メディテーション・センター（ＩＭＣ）」が設立される（原田　一九九七）。一九六二年にはモーゴウッ（Mogok）長老（U Vimala, 一八九九〜一九六二）の瞑想方法の普及を目的として、在家者のウー・タンダイン（U Than Daing）によってヤンゴンに「モーゴウッ瞑想センター（Mogok Vipassanā Yeiktha）」が設立されている。また、ウー・バキンから一四年間にわたる瞑想指導を受けた在家者のウー・ゴエンカ（U

Goenka, 一九二四〜）は、一九六九年にインドで瞑想センターを設立している。

このようにミャンマーにおける瞑想センター設立の動きは、出家者ではなく在家者、特に政財界のエリートたちの主導で始まった。つまり瞑想センターとは、独立後の仏教復興の機運の中で、主体的な仏教実践をしたいという在家者のニーズに、在家者自身が応える形で登場したものである。その意味で、第一章でみたようなスリランカのプロテスタント仏教やタイの新仏教運動に類する動向であるといえよう。しかしミャンマーの場合、瞑想センターは出家者を排除するものではなかった。それどころか多くの瞑想センターでは、瞑想指導者として、出家者を欠かせない存在として位置づけている。

たとえばマハースィー瞑想センターでは、当初から瞑想指導者として出家者を重視していた。つまり設立に際しては、瞑想指導者として、ミングン（Mingun）長老（U Narada, 一八七〇〜一九五五、本章註（20）参照）の弟子であったマハースィー（Mahasi）長老（U Sobhana, 一九〇四〜一九八二）を招致している。そしてマハースィー瞑想センターはその後、ヤンゴンの本部において瞑想指導僧を育成し、そうした瞑想指導僧を住職に据えるという、いわばフランチャイズ（のれん分け）方式によって分院を増やし、二〇〇六年時点で、国内四九四カ所（ヤンゴン管区には三一カ所）、国外三八カ所の分院をもつまでになっている（BTNA 2007）。またモーゴウッ瞑想センターは、在家者主導で分院を設立・運営し、そこにヤンゴンの本部で修行プログラムを修了した出家者を瞑想指導僧として定期的に派遣するという方法で、分院を拡大している。本部でのインタビューによれば、二〇〇六年時点で、国内四八二カ所、国外一カ所の分院があり、登録している瞑想指導僧は二〇四人いるとのことであった。

さらに、瞑想センターや瞑想僧院で瞑想修行を積んだ出家者が、自身の僧院で瞑想センターを設立するケースも増えている。中でもパーアウッ（Pa Auk）長老[22]（U Acinna, 一九三四〜）が一九八一年にモーラミャイン

（Mawlamyaing）町近郊において設立した「パーアウッ瞑想センター（Pa Auk Tawya kyaung）」は、マハースィーとモーゴウッという二大巨頭に挑む新興勢力として、その知名度を上げつつある。また、レディ（Ledi）長老（U Ñanadhaja, 一八四六～一九二三）、スンルン（Sunlun）長老[23]（U Kavi, 一八七七～一九五二）、テーイングー（Thee Inn Gu）長老[24]（U Okkaṭṭha, 一九一三～一九七三）の系譜をひく瞑想センターも、この部類に入れることができるだろう。これらの長老は、自身では瞑想センターを組織しなかったが、その瞑想方法を受け継いだ弟子の出家者たちが、各地で瞑想センターを開設している。その他、専門的な瞑想センターではなくとも、年に一回、新年（四月）の長期休暇などの機会に、在家者向けの短期瞑想コースを開催するような僧院も増えている。これらすべてを合わせると、相当数の出家者が都市部を中心に、瞑想指導者として活躍している様子がうかがえる。

もちろん、瞑想指導者は出家者だけではなく、在家者も存在している。たとえば前述のＩＭＣやウー・ゴエンカ系の瞑想センターにおいては、瞑想指導者はすべて在家者である。しかしこれらの在家型瞑想センターは、マハースィー瞑想センターやモーゴウッ瞑想センターのように分院を増やすことはできていない。その背景には、在家型の瞑想指導者の育成が難しいということがある。瞑想センターには出家者も在家者も修行にやってくる。しかし在家者には、正規のプログラムを修了するほどの時間の余裕がないことも多い。また仮に修了したとしても、指導者となるためにはある程度のパーリ語を含む教義的な知識も必要となってくる[25]。このような事情があるため、瞑想指導者の圧倒的多数は、在家者ではなく出家者となっている。

それでは瞑想サービスとは具体的にどのようなものなのか。ここではその一例を紹介しておきたい。ミャンマーの瞑想の基本的特徴は「ヴィパッサナー（観察）瞑想（P：vippasanā）」にある。これは心と体のありのままの姿を観察することによって、無常・苦・無我といった真理を体験的に理解するという瞑想で、涅槃に至るために不可欠

【写真3－2】出家者の説法を聞く修行者たち（マハースィー瞑想センター）

な瞑想であるとされている。どの瞑想センターであれ、ヴィパッサナー瞑想を主体としている点については変わらない。また依拠しているパーリ仏典もほぼ同じである(26)。しかしその具体的な方法については瞑想センターによって異なる。

第一に、「サマタ（集中）瞑想（P：samatha）」の位置づけ方に差がある。サマタ瞑想とは、特定の対象（四〇種類(27)）に心を止め、禅定（集中力）を養う瞑想を意味する。たとえばマハースィー瞑想センターでは、腹部のふくらみ・縮みを中心としながら、体の動き・感覚・心の状態・頭に浮かんだ概念の中で、一番はっきりしたものを言葉で確認（ラベリング）しながら観察することをメインとしている。そこで、腹部のふくらみ・縮みを観察することによって、ヴィパッサナー瞑想を行うために必要な集中力（瞬間定、P：kanika samadhi）を得られるので、特別にサマタ瞑想をする必要はない、という立場をとっている。それに対しパーアウッ瞑想センターでは、上座仏教の修行指南書である『清浄道論（P：Visuddhimagga）』に記載されているサマタ瞑想を習得しなければ、ヴィパッサナー瞑想には移行できない、という立場をとる(28)。

第二に、教義的な知識の位置づけ方に差がある。たとえばマ

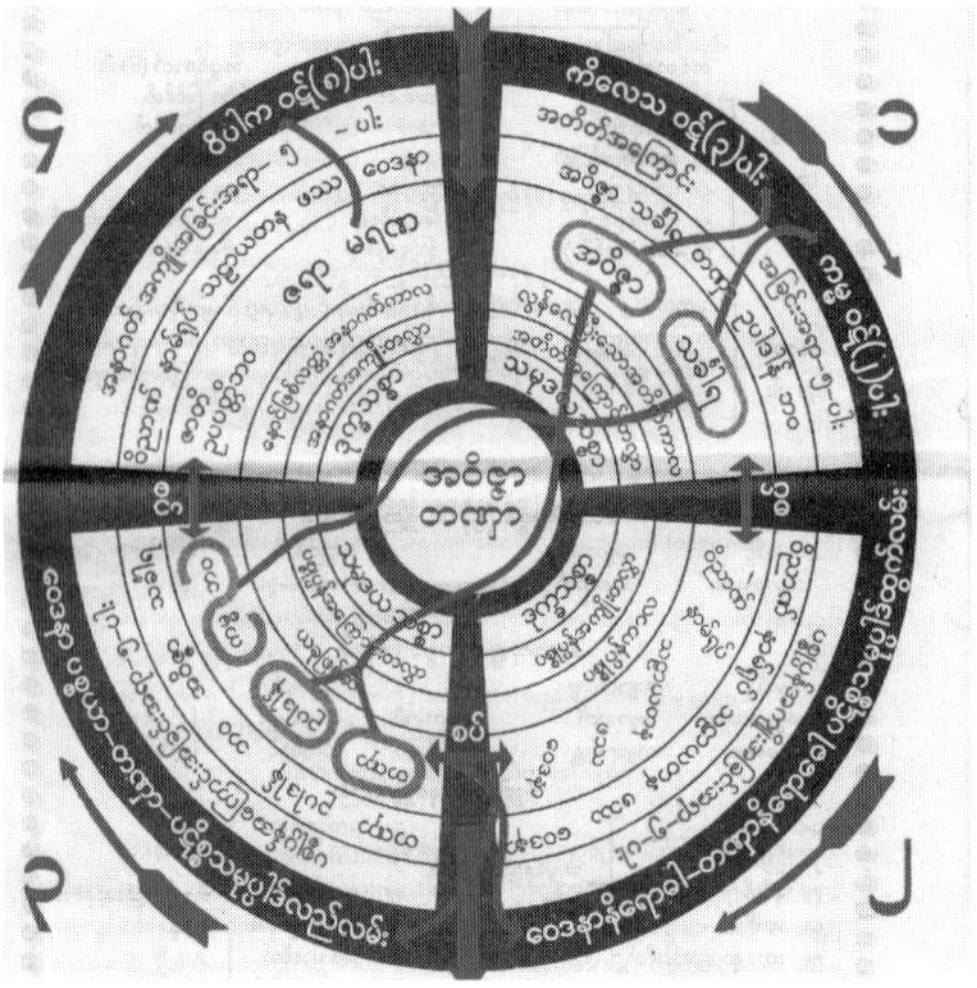

【写真3－3】モーゴウッ長老が図式化した「十二縁起」表

ハースィー瞑想センターでは、瞑想は各人が自分で経験していくべきものであり、経験する前に概念を学ぶことは瞑想の進展を妨げることになる、という立場をとっている。簡単にいえば、知識はかえって体験を邪魔するということである。したがってマハースィー瞑想センターでは瞑想に費やす時間が多く、その経験を瞑想指導者に報告しながら指導を受けるというインタビューを重視する。それに対しモーゴウッ瞑想センターでは、旅行に行くには旅行ガイドブックが必要であるように、瞑想する前に瞑想の目的や瞑想すべき対象を事前に学習しなければならない、という立場をとっている。そのガイドブックの役割を果たしているのが、モーゴウッ長老が図式化した「十二縁起（P：Paticcasamuppada）」【写真3－3】である。したがってモーゴウッ瞑想センターでは、瞑想時間と同等もしくはそれ以上の時間を、この「十二縁起」の学習に費やしている。

　こうした方針の違いは、要求される修行日数にも影響している。たとえばモーゴウッ瞑想センターでは、学習が基礎なので、瞑想コースは数日程度のものが多い。マハースィー瞑想センターでは二、三カ月程度の期間が一つの目安とされている。一方で、パーアウッ瞑想センターは、規定のプログラムを修了するためには一般的に数年以上かかるとされている。

### ③教義解説者たち

以上のように瞑想センターの登場によって、出家者は瞑想指導という新しい在家者向けサービスに従事することが可能となったといえる。これと密接な関係をもつのが、瞑想方法を含む教義をわかりやすく解説するというサービスである。もちろん、出家者が在家者に教義を説明するというのは新しいことではない。たとえば伝統的に、「説法（M：ta.ya:ho:）」という方法がある。現在でも布薩日をはじめとして、人生儀礼や年中儀礼といった機会に在家者たちは僧院に出向き、そこで出家者の説法を聞いている。

それに対して僧院という場所を離れ、大衆に向けて説法を行う出家者も存在している[29]。こうした大衆向けの説法は、現在では「説法会（M：ta.ya:bwe:）」という形でみることができる。説法会とは、特設ステージを組み、数日間にわたって日替わりで長老を招致し、公衆の面前で説法をしてもらう会のことである。主に屋外で行われるため、一一月から五月の乾季の夜に開催されることが一般的である。後述するような、パゴダ管理委員会や地区の施食協会など、各種の在家仏教徒組織が主催することが多い。説法会のパンフレットを作成している会社へのインタビューによると、こうした説法会は二〇〇五年から急激に増加し、現在（二〇〇八年時点）ではヤンゴンだけで一日に一〇～二〇カ所くらい開催されている。その内容は単純な教義解説にとどまらず、親子関係や恋人関係に言及したり、暗に政府批判をしたりと、在家者の生活に深く関わるテーマであることが多い[30]。

さらにこうした説法は、単に説法会だけでなく、各種の仏教メディアの発展に伴い、より広範に展開している。たとえば説法会の様子は録音・録画され、テープ／CD／VCD／DVDなどの形で大量に複製され、極めて安価（VCD一枚一五〇チャット〈約一五円～〉など）に出回っている。二〇〇〇年代後半からは、国営テレビで毎日録画放映されるようにもなった。

【写真３－４】説法会のステージ

【写真３－５】説法を収めたVCD（左）とDVD（右）

出版物というメディアを通じて教義解説を行う出家者も増加している。たとえば二〇〇〇年代以降、平易なミャンマー語で教義やヴィパッサナー瞑想について解説するような数十頁程度の説法本の出版も増加している(31)。こうした説法本もまた安価であり（数百チャット〈約数十円〉程度）、売れ行きも好調で、ベストセラーの上位を独占するという状況になっている(32)。さらに近年は在家仏教徒組織や宗教省が主催する在家者向けの仏典講座や子供向けの仏教文化講座も増加しており、こうした講座において講師を務める出家者も増えてきている。

このように各種の仏教メディアが普及した結果、教義解説のうまい出家者たちは、文字通りアイドル的な人気を博するようになっている。たとえば説法僧についていえば、トップクラスになると全国で年間二〇〇以上の説法会をこなし、毎回数百人から数千人の聴衆を集める。説法会会場には大型のプロジェクターが準備され、さながらコンサート会場のような様相を呈している。実際に、以前は歌手を招いてコンサートを催していたのをやめて、説法会を開催するようになったケースも多いそうである。こうした人気僧たちは、説法会だけで月に一〇〇〇万チャット（約一〇〇万円）以上の布施を獲得することも珍しくない。都市部でも平均月収が一〇万チャット（約一万円）に満たないことを考えると、驚くべき金額である。

【写真３－６】書店に並ぶ説法本

【写真３－７】在家者向けの仏典講座の様子

以上、ヤンゴンにおいて「出家者らしい出家者」たちが人気を博しているという様子を分析した。都市化や教育水準の向上といった変化に伴い、都市住民がより主体的な仏教実践（瞑想修行・教義学習）への関心を強めていく傾向は、上座仏教徒社会全般にみられる動向である。ただし第一章でみたように、スリランカやタイにおいては、こうした動向はむしろ、出家者を周縁化する傾向にある。ゆえに出家者は世俗的サービスを活性化させているという側面がある。それに対しヤンゴンではむしろ、出家者としての専門的な知識・経験が、都市住民から重宝され、それゆえにかえって、出家者の世俗的サービスは抑制されている。つまりヤンゴンでは、世俗的サービスを行う出家者よりも、出家者としての修行に専念するような「出家者らしい出家者」の方が、都市住民から広範な支持を獲得しているという状況がみられる。

## 第四節　都市僧院の経済基盤

### 1　都市僧院の布施調達活動

以上、ヤンゴンにおいて人気がある出家者の特徴について整理した。こうした特徴をもつ出家者がいるような僧院は、潜在的に布施調達力が高いといえる。つまり都市住民は、「雨安居衣布施式[33]（M：wazothingan: hseˀkaˀhludan: bwe:）」や、「カテイン衣布施式[34]（M：ma.habounka.htein hseˀkaˀhludan: bwe:）」といった僧院における年中儀礼のほか、在家者の人生儀礼（出生・沙弥出家または女子の穿耳式・結婚・葬式など）といった機会において、こうした出家者（僧院）を対象として布施を行う傾向にある。ただしたとえ人気がある出家者がいるからといって、それだけで必要十分の布施が自然と集まってくるような僧院はごく一部である。それでは都市僧院はどのようにその経済基盤を構築しているのか。この点についてはじめに紹介したいのは、都市僧院の布施調達活動である。都市僧院はただ受動的に布施がくるのを待っているだけの存在ではない。実際には様々な布施調達活動を行い、「四資具（M：piˀsi:leiba:、衣食住薬のこと）」をはじめとする生活必需品を確保している。以下、その実態についてみてみよう。

### ①「食」の調達方法

第一に、出家生活において最も重要なのは、日々の「食」の確保であり、その方法は①「托鉢（M：hsun:khan、鉢を携えて村や町の中を歩き、食料の施しを受けること）」、②僧院での調理、③在家者からの「招待食[35]（M：hsun: kaˀ hsun: sa:pin.）」に大別できる。ただし僧院で調理するためには食材を購入する必要があるし、また在家者からの招待食もいつも期待できるものではない。したがって托鉢は、出家者が主体的に食料を調達できる唯一の手段として、重要な意味をもっている。さらに托鉢は、都市住民との関係を築くためにも重要な手段となっている。つまり出家者は托鉢を通じて都市住民と接点をもち、そして托鉢を通じてその関係を深めることができるのである。この点についてある長老（五〇代、教学僧院住職）は、次のように述べる。

> 托鉢に行って十分な食事が得られなかったからといって、次の日は場所を変えるようではだめだ。毎日通い続ければ、在家者も準備しようという気持ちになる。托鉢というものは徐々に進展するものである。たとえば初めは施食を断られても、一〇日くらい経つと、一さじの白飯を布施するようになるかもしれない。さらに時間が経つとおかずも加わる。「家に来てください」と招待食の誘いがくるかもしれない。さらに食事以外にも四資具など必要なものを支援してくれるかもしれない。托鉢には「精進（P：viriya）」が必要である。

ただし一口に托鉢といっても、その方法は様々である。集団で行く「集団托鉢（M：tan: hsun:）」か、個人で行く「個人托鉢（M：daba: hsun:）」か、あるいは、あらかじめ托鉢に応じることを約束した家々を回る「訪問托鉢（M：htain hsun:）」か、そうではなく在家者の家の前で立ち止まり布施をしてくれるか様子をうかがう「立ち止まり托鉢（M：yaʔ hsun:）」か、といった違いである。僧院全体で托鉢を組織化する場合もあれば、個々人に任せる場合もある。また、托鉢に向かう時間帯も様々である（朝食前か後かなど）。ここで実際の托鉢の事例をいくつか紹介しておこう。

**〈事例3-1〉**S僧院（二〇〇八年八月訪問）

S僧院はヤンゴン管区タムウェ（Tamwe）郡にある教学僧院で、訪問時は比丘五〇人、沙弥九一人が生活していた。この僧院の名物は、住職をはじめ、僧院にいる出家者全員で行う集団托鉢（雨安居以外は毎日）である。托鉢コースは複数あり、コース周辺の住民には、事前に案内しておく。托鉢はまだ薄暗い四時三〇分に始まる。早朝にもかかわらず、家の前で多くの在家者たちが待ち受けている。出家者たちがその前を通ると、一人一人の鉢に白飯を入れていく。おかずがある場合は、付き添いの在家者が僧院から持参した弁当箱におかずを移す。S僧院の周辺は、食堂や喫茶店が多いため、施食の量も多いという。そのためもあって、出家者たちの鉢はすぐに白飯で一杯になる。そこで僧院のトラックが先回りして待機しており、鉢の白飯を大きなカゴに移せるようになっている。こうして出家者はまた空になった鉢をもって托鉢を続けるのである。

一見、非効率的なやり方ではあるが、住職によれば、一人一人の鉢に白飯を入れるということが、在家者にとっては大きな功徳になるのだという。この托鉢はコースにもよるが、大体一～一時間半ほどで終わる。僧院でも調理をするが、それによって一日で出家者たちが消費できる以上の食事を得ることができる。余った食事は、ヤンゴン郊外のタンリン（Thanlyin）郡へとトラックで運び、貧しい人々に分け与えている。

〈事例3-2〉U僧院（二〇〇八年二月訪問）
U僧院はヤンゴン管区ミンガラードン（Mingaladon）郡にある教学僧院である。訪問時に比丘一一人、沙弥三五

【写真3-8】集団托鉢

【写真3-9】個人による訪問托鉢

人の合計四六人が生活していた。設立は一九九六年と比較的新しい。元々水田だった土地を、U僧院の住職が知り合いの長老から譲り受けて僧院を建てたとのことだった。U僧院では毎日、朝と昼、僧院で調理をしている。食材は、在家者からの布施（米、豆、魚醤、油、野菜などの布施がある）を利用したり、僧院内の菜園で野菜を育てたりしている。足りなければ市場で購入する。しかしそれだけでは不十分なので、毎日僧院で組織して托鉢に出ている。

托鉢は八時一五分に出発する。若い沙弥たちは、三グループに分かれ、周辺の三つの地区を集団托鉢で回る。一方、年長の沙弥や比丘たちは、僧院から六キロほど離れた地区まで、僧院の車で向かい、そこで個々人に分かれてそれぞれ担当する家々に訪問托鉢の形式で回る。そしてそれが終わると再び車で僧院に戻る。わざわざ遠方まで行くのは、その地区には僧院が少なく、托鉢に応じてくれる家が多いからだという。住職によれば、こうした方法によって確保できる食事は六〇人分程度とのことで、それ以上の学生を受け入れるのは難しいとのことだった。

**〈事例3-3〉**　B僧院（二〇〇八年三月訪問）

ヤンゴン管区東ダゴン（East Dagon）郡にあるB僧院は、二〇〇五年に設立された新しい僧院である。訪問時点で、比丘六人、沙弥八人が滞在していた。比丘三人が教師として、沙弥たちに基礎的な仏教教育を行っていた。将来的には大きな教学僧院にしたいとのことだった。B僧院では毎日、住職以外の出家者たちが集団托鉢の形式で托鉢に出ており、それによって毎回一〇〇人分以上の食事を得ている。当然のことながら個人ではもちきれないので、リヤカーを引いて托鉢に出ている。余った食料は近隣にある孤児院を兼ねた僧院学校に布施している。托鉢が順調である理由について、住職は次のように説明する。

托鉢のルートは、曜日毎に変えている。毎日だと準備が大変だが、一週間に一度なら準備しやすい。また、托鉢に行くときには毎日、時間どおりに行くように注意している。僧院によっては、在家者の招待食がある場合や、あるいは雨安居には托鉢に出ない場合もあるが、そのように出家者が気まぐれだと、在家者の側も準備したくなくなるからである。

【写真 3-10】鉢の白飯をカゴに移す出家者たち（S 僧院）

【写真 3-11】施食を積んだ僧院のトラック（S 僧院）

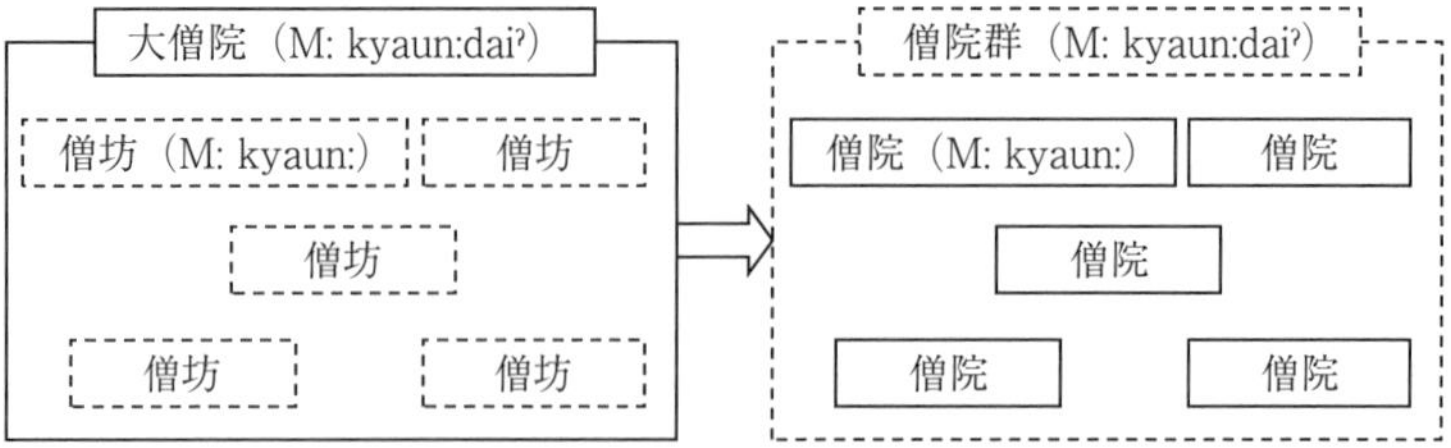


**【図3－5】大僧院（教学僧院）の解体**

以上は托鉢が上手くいっている事例である。その秘訣は集団托鉢であることと、規則正しさにあるといえよう。もっとも、托鉢に困難を抱えている僧院も少なくない。たとえば貧困地帯や僧院密集地帯に僧院が立地している場合は、托鉢場所を探して、バスを乗り継ぐなどしてかなり遠方まで行く必要がある。また近年は集合住宅化の進展によって、托鉢は以前よりも難しくなってきている。あるいは僧院規模も影響する。教学僧院のように、出家者数が多くなるほど食事の確保は難しくなる。

この点に関連して、大僧院（教学僧院）の解体という現象に言及しておきたい。都市部の大僧院には、時間の経過と共に、その内部の僧坊がそれぞれ自律的な僧院に変質し、教学僧院全体としてのまとまりが失われていくという傾向がみられる。その傾向は、古い教学僧院が多いマンダレーやパコック（Pakokku）において顕著であるが、ヤンゴンにおいても観察される。

こうした現象が生じる理由の一端は、出家者数が増えるにつれて、食事の世話を僧院が一括してみることができなくなることにある。そのような場合、食事の確保は各出家者が居住する僧坊単位に委ねられる。つまり僧坊毎に托鉢に行き、布施を獲得するようになる。そのような生活を送る内に、僧坊毎に信者がつくようになり、僧院全体の代替わりなどを契機として、こうした僧坊が僧院として自律化するのである。その結果、複数の僧坊からなる教学僧院は、複数の僧院からなる僧院群と呼ぶべき存在となる。ミャンマー語では、こうした僧院群は大僧院と同じく

「kyaun:daiʔ」と呼ばれ、そしてその内部の僧院も僧坊と同じく「kyaun:」と呼ばれる。したがって名称だけでは、どちらか区別がつかない場合もある[36]（【図3-5】）。このように食事の調達には適正規模が存在するといえよう。

### ②「衣」の調達方法

次に「衣」の調達方法に関してみてみよう。出家者は律に定められた「袈裟[37]（M: thingan:）」しか着用してはならない。ただし袈裟の調達はそれほど困難なものではない。なぜなら袈裟は、ヤンゴンにおいて最も一般的な布施となっているからである。前述したような僧院における年中行事や在家者の人生儀礼など、あらゆる布施の機会に袈裟が伴うといっても過言ではない。したがってヤンゴンにおいては、袈裟は供給過多となる傾向がある。住職や長老クラスになると、年間で数百着の袈裟の布施を受けることも珍しくない。こうした袈裟は、若い出家者や相対的に袈裟が少ない村落部へと再分配される。

しかし中には、実際の着用に耐えないような袈裟も少なくない。律に則った特殊な製法で、小片を縫い合わせて一枚の布に仕立ててつくる袈裟は、在家者の伝統的な衣装である「ロンジー（M: loungyi）」と比べても高価なものである。ヤンゴンにある有名な袈裟屋では、八〇〇〇～三万四〇〇〇チャット（約八〇〇～三四〇〇円）の袈裟を取り扱っていた（二〇〇八年当時）。袈裟の布施が増える雨安居衣布施式やカテイン衣布施式が近くなると袈裟の値段も上がる。平均月収が一〇万チャット（約一万円）に満たないミャンマーでは、決して安い買い物ではない。そのため袈裟屋へのインタビューによると、売れ筋は一万チャット（約一〇〇〇円）以下の袈裟であるという。しかしこうした袈裟は、生地が薄いため托鉢に行くと右肩・右脇のあたりがすぐに破れてしまう、通気性が悪いといった問題がある。

こうした「着られない袈裟」は、実際には在家者に知られないように転売されている。雨安居衣布施式やカテイン衣布施式が終わると、仲買人や袈裟屋が密かに僧院をまわり、余った袈裟を買い取っている。出家者が自分で売りに行く場合もある。たとえば一万チャット（約一〇〇〇円）の袈裟は、三〇〇〇～四〇〇〇チャット（約三〇〇～四〇〇円）程度で買い取られている。こうして買い取られた袈裟は、再び袈裟市場へと環流していき、出家者の元へと届くのである。(38)

このように袈裟の布施は、ある意味で非常に非効率的である。一万チャットの袈裟を三〇〇〇チャットで売るよりも、はじめから一万チャットの現金やその他の物品をもらった方がいい。しかし出家者の側から、「袈裟ではなく金銭で布施してほしい」であるとか、「袈裟はたくさんあるから米が欲しい」などとはいえない。在家者の功徳に関わる問題だからである。それゆえにヤンゴンの多くの僧院では、着られることのない大量の袈裟を甘んじて受け取っているという状況にある。

### ③「住」「薬」の調達方法

最後に、「住」「薬」の調達方法についてみてみよう。まず薬についていえば、ヤンゴンの病院では、出家者を無料で診察してくれるところが多い。また、僧院内に無料の診療所が開設されるケースも増えつつある。あるいは医師がボランティアで僧院をまわることもある。したがって軽い病気や怪我程度であれば、それほど問題にならない。問題になるのは、手術や高額な薬が必要となるような場合である。同様に「住」、つまり土地や建物の入手や建物の修復などもまた、多額の費用が必要となる。

こうした場合は、僧院に住み込む寺男・寺女や、あるいは僧院の支援者である在家者たちが「勧進人（M：

neiʔbanhsou)」となって、布施集めに奔走する。その方法は、①新聞・雑誌・看板などでの告知、②月割り方式や貯金箱方式での布施集め、③「バデーダー樹（M：ba.deithabin）」と呼ばれる基金の運用など多岐にわたる。第一に、新聞などでの告知は、功徳を積む機会を提供するという態度で行われる。たとえば食堂を新築するための新聞広告であれば、「A長老のA僧院で、現在、食堂として用いるための建物を建築中です。そのために布施することができます」という形式で提示される。第二に、月割り方式とは、希望者に年間でどれくらいの布施をしたいかを尋ね、それを月割りで毎月少しずつ布施していくという方法、貯金箱方式は、あらかじめ僧院が布施用の貯金箱を配り、一定期間後にそれを回収しにくるという方法である。どちらも、布施をしたいが、あいにく手持ちが少ないという在家者に配慮した仕組みとなっている。第三に、バデーダー樹基金とは、ミャンマーの説話においていわゆる「カネのなる木」のことを指すバデーダー樹に由来する基金で（cf. 池田　一九九五：一〇五）、元金をそのまま残して、利子だけを利用する（利率は二〇〇七年当時で一〇パーセント程度であった）という特徴がある。つまりバデーダー樹基金に布施をすれば、「永遠に布施をし続けることができる」という触れ込みで、近年、都市僧院ではこの制度を導入するところが増えてきている。

ただしこれらの方法をとったとしても、必要な布施が得られるとは限らない。そもそも在家者の手伝いを得られない場合もある。多くの都市僧院がこうした事態に直面している。その場合は僧院関係者に頼ることになる。出家者は通常、いくら困窮しようとも、自分から在家者に布施を頼むことはできない。しかし例外として認められているのが、こうした関係者である。

第一に、両親や親戚がいる。出家することによって、家族の一員ではなくなるが、家族の絆が失われるわけではない。第二に、出家したときの「師僧（M：u.pa.ze hsa.yado）」（多くの場合は出身村の僧院の住職）がいる。師僧と弟子の関係は、父と子の関係にたとえられるように、生涯にわたって強い結びつきをもつ。師僧には弟子の面倒をみる義務がある。それはしばしば財政的な支援にまで及ぶ。

第三に、「比丘の檀家（M：ya.han: da.ga）」と呼ばれる在家者がいる。「比丘の檀家」とは、比丘の日用品[39]をはじめ、様々な金銭的な支援をする責任をもつ在家者を指す。比丘の個人的なパトロンであるといってよい。比丘出家するときには、かならず「比丘の檀家」をみつけなければならない。したがって比丘であれば誰でも、一人以上の「比丘の檀家」を抱えている。それ以外にも在家者の希望があれば、形式的に受具足戒式を行うことによって、何人でも増やすことができる。実際には「比丘の檀家」は、前述した両親・親戚・師僧と重なることも多い。ただし貧困家庭出身の場合（そして実際に出家者の多くはそうである）、両親や親戚の支援には限界があるし、師僧も高齢であればいつまでも支援できるわけではない。そこでできるだけ両親・親戚・師僧以外の他人から「比丘の檀家」をみつけることが、出家生活を安定させるためには望ましいとされている[40]。

第四に、「四資具（衣食住薬）の檀家（M：piˀsi: lei:ba: da.ga）」と呼ばれる在家者がいる。「比丘の檀家」と同様に個人的なパトロンであるが、その責任は「比丘の檀家」ほど強くない。それゆえに「比丘の檀家」になる場合には、その度に形式的に受具足戒式を行う必要があるのに対し、「四資具の檀家」の場合は、在家者の側から「四資具が必要なときにはお知らせください」などといえば済む。

第五に、「僧院の檀家（M：kyaun: da.ga）」と呼ばれる在家者がいる。僧院に土地や建物の布施をした在家者のことを指す。このような在家者は、継続して、あるいは世代を跨いで、その僧院の四資具を世話するべきであるとされている。ただし一九五〇年代のヤンゴンの状況についてすでにメンデルソンが「建物の布施者が、世代を超えてその建物の面倒をみるという習慣は失われつつある」（Mendelson 1975：130）と述べているように、現在では僧院の布施は一回限りのものとなり、「僧院の檀家」としての義務を果たす在家者は少ない。また最近は土地や建物が高額であるため、「複数世帯で合同して（M:su.paun:）」布施を行うことが増えていることも影響している。

出家者が病気になったとき、建物の修築が必要になったとき、その他、布施が必要となる機会においては、こうした関係者たちに頼る。そして関係者の多くは、出家者の出身地域や出身民族の者たちである。つまり都市僧院の多くは、都市社会に生きながらも、同郷者や同民族の支援によってその経営を成り立たせている。その代わりに都市僧院は、村出身の出家者や、学業や仕事のために都市で生活したい村人の面倒をみる。あるいは住職が少数民族出身者であれば、その民族の支援を受け、その民族のために役立つ僧院となることが期待される。それによって都市部と村落部、あるいは管区地域と少数民族地域を結びつけるという役割を果たしているという側面がある。このように都市僧院は世俗的なヒト・モノ・カネの循環を促す結節点にもなっている。

## 2　セーフティーネットとしての在家仏教徒組織

以上、都市僧院の主体的な布施調達活動について概観した。こうした活動を通じて、都市僧院は市場的な環境を生き抜いているといえる。その一方でヤンゴンには、市場的な環境を緩和するような、ある種のセーフティーネットも存在している。それが次にみる在家仏教徒組織の活動である。

在家仏教徒組織の起源は、植民地期にある。ウッドワード（M. Woodward）によれば、一九世紀末の植民地化を契機とした王の廃位によって生じたのは、誰がどのようにサンガを支えるかという経済的な問題であった。王朝期においては、王による布施と国家プロジェクトの境界は曖昧であり、ゆえに税金を基にした国家財政がサンガを支える基盤となっていた。しかし植民地化によってこうしたシステムは崩壊する。王族や地方の藩王、あるいは商人といった一個人では、国家の代わりができない。したがって大規模な資金を調達しうる新しいサンガ支援システムをいかに構築できるかが重要な課題として浮上したのである（Woodward 1988: 78）。

この問題に関して、ウッドワード自身は、旧王都マンダレーにおける仏教施設の修繕事業に注目して、植民地期以降は、「仏法王」ではなくカリスマ的存在を主体とし、税金ではなく一般信徒の布施を財源とするという形で、新たな仏教支援システムが構築されたとする。たとえば仏教施設の荒廃が進んでいたマンダレーでは、一九〇七年以降、ウー・カンティ（U Khanti）という元出家者の隠遁者が、未来仏として人々の信仰を集め、一般信徒の自発的な布施を結集し、それによって仏教施設の大規模な修繕を実現したとされる（Woodward 1988: 87-88）。しかしカリスマとはそもそも個別的・突発的であるがゆえに、それを結節点とした仕組みがどこまで一般的であったかは疑わしい。より大局的にみれば、植民地期に登場した新しい仏教支援システムとしてより重要なのは、在家仏教徒組織の勃興であった。

この点についてターナー（A. Turner）は、一八九〇年代から一九一〇年頃にかけて、各地の都市部を中心に在家仏教徒組織が誕生し、新しい技術（新聞・雑誌・出版）を利用しつつ、仏教護持のための様々な活動を行うようになったことを指摘している（Turner 2009）。こうした在家仏教徒組織の中心的な担い手となったのは、新しい近代教育制度の下で育ち、都市部を中心とした経済発展に後押しされて登場した、植民地官僚、商人、知的専門家（弁護士、医者、教師など）といった新興中間層である（cf.根本　二〇〇二）。

彼らの多くは、植民地化が自分たちのかけがえのない伝統である仏教の存続を脅かしているという共通認識をもっていた。特に王の廃位は実際的な影響以上に、理念的な影響を与えた。つまり仏教の守護者であった王権の不在を仏教存続の危機であると受け止め、それゆえに自分たちが仏教の運命をにぎっているという強い使命感をもつようになった。そして出家者への物質的支援、仏教施設の修繕や聖遺物の保存、出家者のための仏教教理試験の開催など、王朝期において王が果たしていたサンガ支援に積極的に取り組むようになる。たとえば独自の仏教試験を開催した組織としてゼディインガナ・パリヤッティ・ヌガハ協会（Zediyingana Pariyatti Nuggaha Association、ヤンゴン、一八九四年〜）やパリヤッティ・タータナヒタ協会（Pariyatti Thāthanahita Association、マンダレー、一八九八年〜）、サンガへの食料支援を目的としたマルン市場米布施協会（Malunze Rice Donating Society、マンダレー、一八九六年〜）などがある(41)（cf. Turner 2009: 82-89）。

在家者の中には、布施するモノやカネがあり、布施したいという気持ちはあっても、布施に伴う労力の大きさから実行に移せないでいるような人々がいる。在家仏教徒組織の活動は、こうした在家者に布施の機会を積極的に提供し、気持ちと実行の狭間をうまく埋めることができたといえる。このように在家仏教徒組織の活動が画期的だったのは、組織的な活動によって一般信徒からの布施を集積し、個人では不可能な規模の仏教支援事業を行いうる仕組みをつくったところにある。その変化を図示すると【図3-6】のようになるだろう。

こうした在家仏教徒組織の活動は、独立後、さらに広範に展開していくことになる。前述したような、独立後の瞑想ブームを牽引している瞑想センターもその一例である。そして現在のヤンゴンにおいて、都市僧院のセーフティーネット的な役割を果たしているのが、都市の地区レベルで活動している「施食協会（M：hsun:laun: a.thin:）」である。ここではその事例として、ヤンゴン有数の繁華街であるフレーダン地区の施食協会の活動を紹介しておきたい。

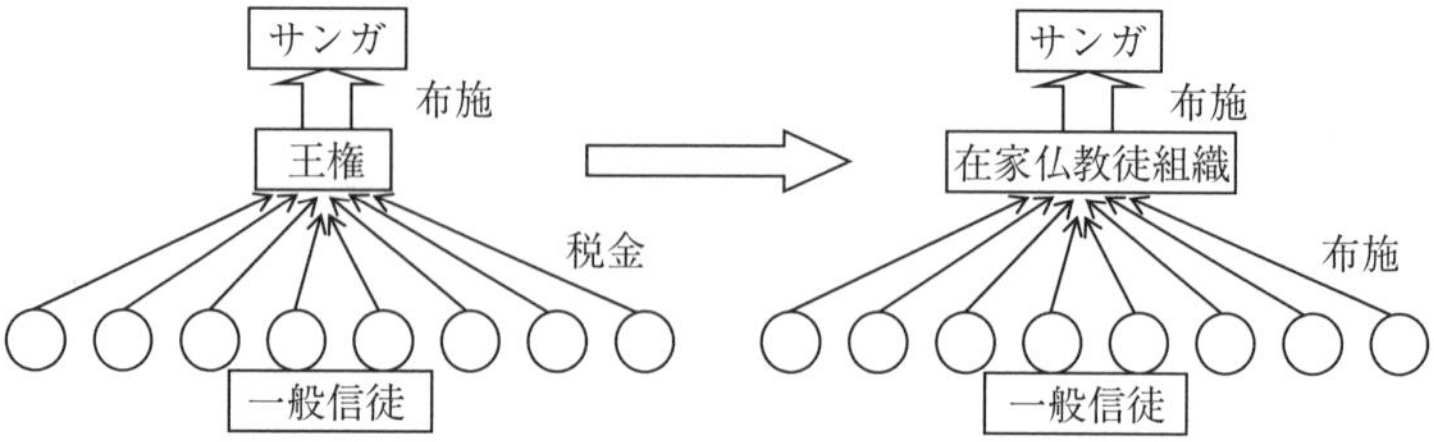


【図3-6】サンガ支援システムの変化

〈事例3-4〉フレーダン地区施食協会（二〇〇七年一一月・一二月、二〇〇八年七月訪問）

フレーダン地区施食協会は、ヤンゴン管区カマユッ（Kamayut）郡のフレーダン（Hledan）地区において活動している施食協会で、一九五九年に設立された。メンバーはすべてボランティアの地区住民によって構成されている。この施食協会の主な活動は、雨安居期間中の毎週日曜日に、フレーダン地区の僧院に対して施食することにある。二〇〇七年は、雨安居期間の四カ月中[42]、全一六回の日曜日において、カマユッ郡にある一九の僧院に居住する五二七名の出家者に対して施食を行った。

施食の準備は前日の土曜日の日中、市場で材料を買うところから始まる。この施食協会で布施する料理は、調理するのが簡単な豚肉料理である。五〇〇名強の出家者のために必要な材料代は、豚肉一〇万チャット（約一万円）、米二万五〇〇〇チャット（約二五〇〇円）の合計一二万五〇〇〇チャット（約一万二五〇〇円）である。調理は日が変わる午前〇時頃から始まる。まず二、三時間かけて、五〇〇名分の白米を炊きあげる。その後、四、五時頃まで、豚肉を煮込む。五時を過ぎると、招待した僧院から出家者が続々と托鉢にやってくる。

こうした施食にかかる費用は、布施を受け付ける仮説ステージをつくったり、家々を回ったりして、フレーダン地区にある約一〇〇〇戸の地区住民から集めている。二〇〇七年は、全部で三六〇万チャット（約三六万円）集まった。その内、施

【写真３-12】施食協会による施食の様子

食に費やした金額は材料費と諸費用を合わせて二二〇万チャット（約二二万円）だったので余剰が出た。近年はこうした余剰が出るほど布施が集まるようになったので、これを利用して二〇〇三年から地区において説法会を開催している。

このような雨安居期間の施食と並んで、この施食協会の重要な活動となっているのが、「生米布施式（M：hsun:hsansein:laun:bwe:）」の開催である。この布施式は年に一回、ダディンジュッ（Thadingyut）月（一〇月頃）に行われるもので、調理した食事ではなく、生米をはじめとした各種の食料や、石鹸や歯ブラシといった出家者の日用品、金銭などが布施される。二〇〇七年に行われた布施式においては、地区の一九僧院から、出家者の人数に応じて一～四名の代表者、合計二七名の僧が招待された。

布施式はまず、くじ引きから始まる。くじによって、地区住民から布施された「バデーダー樹」を、各僧院に分配するためである。ここでいうバデーダー樹は、前述した基金を意味するのではなく、布施するモノやカネをツリー状に飾ったもので、くじの景品となるものである。その後出家者たちは、仏像をのせた御輿に先導されながら、列になって地区の各通りをめぐり歩く。通り沿いには地区の住民が、様々な食料や日用品を用意して待っており、次々と出家者に布施していく。そうした布施は大量にあり、各

【写真３-13】路上で出家者を待つ地区住民

【写真３-14】バデーダー樹

僧院から手伝いに来ている在家者が、リヤカーに乗せて運ぶほどであった。これらの布施は各僧院に持ち帰った後、僧院にいる出家者の間で分配される。布施の少ない僧院にとっては、多くの日用品を入手できる貴重な機会となっている。

このように施食協会とは、施食・布施儀礼といった機会を設けて地区の住民から布施を集めて、それを地区の僧院に還元する組織であり、ヤンゴンの各地区に無数に存在している。地縁的なつながりが希薄な都市において、地区レベルで一般信徒と僧院を結びつける媒介項としての役割を果たしているといえる。

## まとめ

ミャンマー仏教の現状を考える上で、最も重要なマクロ社会学的な変化は、仏教の保護者であった王の消滅と、それと表裏一体の関係にある、一般在家者の表舞台への登場にある。植民地化以前、「都市＝王都」であった時代には、都市の出家者にとって、王というパトロンの支援が重要な意味をもっていた。しかし国民国家の枠組みにおいては世俗権力の支援はますます縮小傾向にある。また、村落共同体との固定的・安定的な関係を期待できる村落部とは異なり、都市部においては出家者と在家者の関係は流動的で不安定である。こうしたサンガの「民営化」、あるいはサンガを取り巻く環境の「市場化」は、確かに都市部におけるサンガの経済基盤を大きく揺るがすものである。それでは出家者たちは、都市部においてどのように生活を成り立たせているのか。本章の目的はその実態を、ミャンマー最大都市ヤンゴンを事例として明らかにすることにあった。

この問題について、本章の議論をまとめると、以下のようになる。第一に、村落部と比べ、①潜在的な布施の規模の大きさと②自由度の高さがある都市部は、出家者にとって魅力的な環境であるということである。それゆえにヤンゴンには大小様々な僧院が集積している。そもそも出家という生き方は寄生的である。それゆえに人口が多く経済規模も大きい都市部は、こうした生き方をする上ではある意味では最適な環境であるといえよう。

第二に、一部の都市僧院は、そこに滞在している出家者の諸特徴ゆえに、都市住民からの布施を惹きつけている。具体的には、「出家者らしい出家者」が求められる傾向にある。つまり布施があるから出家者がいるというよりは、出家者がいるから布施がある状況となっている。その意味で、出家者による世俗的サービスが卓越しているスリランカやタイの状況とは、大きく異なっている。

第三に、しかしそれだけで十分な布施が得られる都市僧院はごく一部であり、したがってほとんどの都市僧院は、主体的な布施調達活動を行っている。たとえば都市僧院は、托鉢や勧進活動、あるいは在家者向けのサービスなど、様々な手段を通して、住民と都市僧院とのつながりをつくっている。その一方で、都市住民からの布施が十分に得られない場合は、出身村・出身民族との互酬的なつながりに依拠しているという側面も明らかになった。同時に、地区レベルにおいて都市僧院を下支えしている在家仏教徒組織の重要性も指摘した。こうした都市僧院の生態は、先行研究では等閑視されてきた問題であり、その意味で本章の最も大きな貢献であるといえるだろう。

このように本章の分析から浮かび上がってくるのは、律の制約を受けながらも、柔軟にその生活を紡いでいる出家者たちの姿である。そこにはスリランカやタイを対象とした先行研究で指摘されているような、大きな変化は観察されない。ヤンゴンの出家生活は、その意味で保守的な傾向を有しているといえよう。

## 註

(1) 一九五三年に八二万人だった人口は一九六五年には一六一万人まで増加する（ナン・ミャ・ケー・カイン　二〇〇〇：一五五）。
(2) 広島大学・高谷紀夫教授のご教授によれば、ヤンキン（Yankin）郡もまた、この時期に開発された衛星住宅都市とのことなので、同様に斜線柄で示している。
(3) 政府はこうした衛星住宅地区への移住を積極的に推進している。ただしこれらの新興開発地帯は一部のVIP地区や工業団地を除いて、病院や学校が未整備で、ないところも多い。また竹でできた簡素な家に住み、収入の八〇パーセント以上を食費に費やさざるをえない住民が多いなど、決して良い環境ではない（Seekins 2011：166–167）。
(4) 一般の都市（町）の開発委員会は少数民族・国境地域開発省の管理下にあるが、大都市であるヤンゴン、マンダレー、そして新首都（二〇〇五年一一月以降）であるネーピードーの開発委員会は、政府の直接管理下にあり、他の開発委員会と比べて強い権限を有している。
(5) ミャンマーの土地はすべて国家のものである。民間人は「土地使用権」を得て土地を占有・使用することができる。この土地使用権は、ミャンマー人同士では自由に売買可能である。
(6) 第一章でみたように、アウントゥインは、サンガと国家の間には、富をめぐる潜在的な対立関係があると述べている。このような土地をめぐるサンガと国家のせめぎ合いは、その現代的な表れとして捉えることができるだろう。
(7) 雑誌『ネ・ラー（Nei La.）』（三二〇号、二〇〇九年六月二六日）に掲載されていた、この地域の開拓者の子孫の記録による（Win Zo U 2009）。

（8）僧院でのインタビューによれば、この土地は植民地期に、ある比丘が瞑想修行をしていた場所だった。そこで比丘に帰依する一般信徒たちが、この一帯で狩猟が行われないように植民地政府に宗教用地として申請し認可されたとのことである。
（9）パゴダの語源については、ポルトガル語、ペルシャ語、サンスクリット語といった説がある（生野　一九七五：五四）。
（10）その縁起によれば、この地域一帯を支配していたモン族のシンソープ（Shin Saw Pu）女王（在位一四五三〜一四七二）は、現在のヤンゴンの主要な都市域に匹敵する広さの土地をシュエダゴン・パゴダに布施したとされる。その後、植民地化に伴いそのほとんどを接収されるが、独立後は再び権利が認められ、一九七一年時点でパゴダ周辺の約一一〇エーカーが宗教用地となっている（Win Pe 1972）。
（11）政府による僧院の移動がどれくらい強制的なものであったのか、宗教用地であっても没収されたのかといった問題については、十分に調査することができなかった。
（12）ウェイザーとは、錬金術、呪符、マントラ、偈文などの術の習得によって、超自然的力を得た存在であるとされ、現世利益的な期待から、これを信奉する人びとも多い。「阿羅漢」と噂される出家者も、ウェイザー信仰の文脈で、つまり現世利益的な文脈で信仰されることも多い（土佐　二〇〇〇）。
（13）ミャンマーの公立学校の学費は無料だが、教科書代・文房具代・制服代などがかかる。
（14）一方、一般の公立学校は二〇〇六年現在、全国に三万九四五〇校（小学校三万六二〇五校、中学校二一六〇校、高校一〇八五校）あり、約七七〇万人の子供たちが教育を受けている（CSO 2008）。
（15）学生の中には、沙弥やティーラシンとなる者もいる。その理由は功徳を積ませたい（積みたい）という親の意向や、僧院側の希望など様々であるが、学習内容は在家の学生たちと同じであり、教学僧院のように仏典学習を行うわけではない。こうした沙弥やティーラシンは、卒業と同時に還俗することがほとんどである。
（16）政府が例外的に支援しているのは、少数民族の改宗に関係するような僧院学校である。たとえばヤンゴン管区ミンガラードン（Mingaladon）郡にあるN僧院は、もともと出家者専門の教学僧院だったが、一九九二年に少数民族・国境地域開発省の要請で、国境地域の貧しい子供たちのための僧院学校を併設している。N僧院にはパオ族（Pa-O, 三三六人）、パラウン族（Palaung, 二二〇人）、シャン族（Shan, 一五四人）、チン族（Chin, 一〇一人）、カレン族（Kayin 九一人）、ワ族（Wa, 八六人）など、各地の少数民族の子供たちが、沙弥出家して僧院に住み込みながら世俗科目を学んでいる（二〇〇三年時点で学生数一二〇五人）。一日の食費だけでも一〇〇万チャット（約一〇万円）かかるが、少数民族・国境地域開発省が毎月、米・油・豆・塩などを布施してその運営を支えている。

(17) 三蔵法師試験は、パーリ仏典（律蔵五巻、経蔵三巻、論蔵七巻）をすべて暗誦し、さらに註釈書（P：aṭṭhakathā）や復註書（P：ṭīkā）を含めた筆記試験もあるという、解答するのに数年がかりで数カ月を要する壮大な試験である（原田　二〇〇九：四七八）。

(18) たとえばレディ（Ledi）長老（U Ñanadhaja, 一八四六～一九二三）、モーフニン（Mohnyin）長老（U Sumana, 一八七三～一九六四）、スンルン（Sunlun）長老（U Kavi, 一八七七～一九五二）、ウェブー（Webu）長老（U Kumala, 一八九六～一九七七）、モーゴウッ（Mogok）長老（U Vimala, 一八九九～一九六二）、マハースィー（Mahasi）長老（U Sobhana, 一九〇四～一九八二）、ターマニャ（Tharmanya）長老（U Vinaya, 一九一二～二〇〇三）、テーイングー（Thee Inn Gu）長老（U Ukkaṭṭha, 一九一三～一九七三）、パーアウッ（Pa Auk）長老（U Acinna, 一九三四～）といった瞑想の達人が有名である。そして亡くなった瞬間に地震が起きた（ウェブー長老）、遺体が腐らないで残っている（スンルン長老）、火葬の後に丸い遺骨が残る（モーゴウッ長老）といった現象が、阿羅漢の証として語られる（土佐　二〇〇〇：一九四―一九五）。

(19) ミャンマーにおいて、「森の僧院（M：toya. kyaun:）」とは、基本的にこのような瞑想僧院を指す。しかしこのように世俗から隔絶した瞑想僧院は、そもそもみつけるのが困難な存在であり、また仮に見つけたとしても、その修行は年単位に及ぶものであった。そのため在家者はもちろんのこと、出家者にとっても瞑想修行は一般的ではなかったといわれている（cf. Spiro 1970：54）。

(20) たとえばモン州タトン（Thaton）町を拠点に一九一一年から出家者・在家者に対する瞑想指導を行っていたミングン（Mingun）長老（U Narada, 一八七〇～一九五五）や、レディ長老の弟子で、現在のヤンゴン管区ダラー

(Dala) 町の自宅を拠点に約六〇〇〇人に瞑想を指導したといわれる在家の瞑想指導者サヤー・テッジー (Saya Thet Gyi, 一八七三〜一九四五) などが知られている (Houtman 1990: 311)。

(21) モーラミャイン (Mawlamyine) 生まれの裕福な実業家で、植民地期における社会貢献が評価されて、イギリス政府から「騎士 (Sir)」の称号を授かっている。

(22) パーアウッ長老は、マハースィー瞑想センターでの修行をはじめとして、いくつかの瞑想僧院にて瞑想修行に励み、独自の修行方法を編み出したとされる。二〇〇六年時点で、国内一〇カ所に分院があるほか、要請に応じて国外でも多数の瞑想コースを開催している。

(23) スンルン長老は、植民地期は政府のスタッフとして働き、結婚後は農民として過ごすなど、四〇歳で出家するまで在家者として生活する。しかし死への恐れが強く、それを断ち切るために瞑想へと傾倒していく。瞑想方法は、レディ長老の方法を独自にアレンジしたものであったとされる (スンルン系の瞑想センターでの聞き取りによる)。

(24) テーイングー長老は、四六歳になるまで在家者として過ごす。その間、四人の妻をもち、盗人として生計を立て、けんかをしては傷が絶えないといった武勇伝が残されている。四六歳で初めて瞑想をし、それを機会に出家する。そして修行の結果、短期間で「阿羅漢」になったといわれている (テーイングー系の瞑想センターで入手したパンフレットによる)。

(25) マハースィー瞑想センターでは、瞑想指導者になるためには、①雨安居三カ月の瞑想指導者講習を受ける (瞑想修行+指導方法の勉強)、②一〇法臘 (出家年数) 以上、③仏教試験上級合格以上、④説法の試験に合格する、といった基準を満たす必要がある。モーゴウッ瞑想センターでは、①最低一〇回以上の瞑想指導経験がある (補佐として)、②一〇法臘以上、③仏教試験上級合格以上、④最低三種類以上の説法ができる (十二縁起含む)、⑤モーゴウッ瞑想センター顧問僧による面接試験に合格する、といった基準を満たす必要がある (いずれも、聞き取り調査による)。

(26) 主要なものは『出入息念経 (P: Ānāpānassati Sutta)』(呼吸を対象とした瞑想方法を説く)、『大念住 (処) 経 (P: Maha Satipatthana Sutta)』(身・受・心・法を対象とした瞑想方法を説く)、『清浄道論 (P:

Visuddhimagga)』（五世紀前半にスリランカ大寺派のブッダゴーサ（Buddhaghosa）長老が、「戒→定→慧」という修行階梯に基づき、上座仏教の修行方法を体系的にまとめたパーリ語の論説書）である。

（27）『清浄道論』によれば、慈・悲・喜・捨の瞑想、呼吸の瞑想、四界分別観、三十二身体、白骨観、十遍、仏随念、不浄観、死随念などの対象を指す。

（28）ミャンマーの瞑想方法についてはKing（1980）でも紹介されている。

（29）原田正美によれば、大衆を相手にするような説法スタイルの変化――「扇を立てる説法（M：ya'htaun ta.ya:）」から「扇を寝かす説法（M：ya'hle: ta.ya:）」へ――は、植民地期の一九世紀末に生じた。それ以前は説法の機会は僧院に限られ、その内容は布施や持戒など、在家者としてなすべきことを説くことが一般的だった。それに対し植民地期以降は、大勢の聴衆を前にして、パーリ語の経文を唱えるだけでなく、ミャンマー語で教えをわかりやすく解説することに重点を置くような説法が登場する（原田　二〇〇九：四六七―四七〇）。

（30）こうした説法会の特徴ゆえに、政府は説法内容に目を光らせている。特に二〇〇七年九月に起きた出家者主導の大規模デモの後しばらくは、事前に説法の原稿を提出させたり、説法会そのものの許可を取り消したりするなど、その監視を強めていた。

（31）執筆については出版社から依頼することもあるが、多くは出家者の持ち込みであり、その出版費用も出家者自身（その出家者の支援者を含む）が負担するとのことであった。

（32）こうした仏教系の作家には在家者も多い。ただしその多くは還俗した元出家者である。作家業によって生活できる目処がつくと、還俗してしまう長老も多いという。

（33）通常、雨安居入りのワーゾー月（七月頃）の満月の翌日に行われる。

（34）雨安居明けのダディンジュッ月（一〇月頃）の満月から次の満月までの一カ月間のどこかで行われる。

（35）招待食とは、在家者が結婚式や葬式、あるいは家族の誕生日や命日といった機会をはじめとして、出家者に布施をして功徳を積みたい場合に、出家者を招待して施食をすることを指す。在家者の家に出家者を招待することもあれば、在家者の側から僧院に出向くこともある。招待食を受ける人数は、数人単位から僧院全体に及ぶこともある。

(36) たとえばマンダレーの教学僧院では、学生たちが各僧坊（僧院）で生活しながら、教学僧院へ通うというように、教学と生活の分離がみられる。これは教学僧院解体の、一つの帰結として捉えることができるだろう。

(37) 袈裟は重衣・上衣・内衣の三衣からなる。この内、通常用いられるのは上衣と内衣である。そのため布施されるのも上衣・内衣のセットである場合が多い。

(38) 袈裟の循環という問題については、ルベイ（G. Lubeigt 1995）が、マンダレーを事例として詳細な検討を行っている。その中でルベイは、袈裟の循環は、①工場労働者、②袈裟屋、③布施者、④出家者、⑤仲買人のそれぞれに利益を与えていると分析している。つまり布施者は、袈裟を布施することで功徳を得ることができる。そして袈裟が多く売れることで、労働者、袈裟屋、仲買人は金銭を手にできる。さらにそれによって儲けた袈裟屋は、別途、出家者に対して布施を行うことによって、Win-Win の関係がみられると指摘している。

(39) 具体的には、三衣（袈裟）、帯、座具、鉢、剃刀、針・糸、水こし、サンダル、歯ブラシ、石鹸、洗剤などである。

(40) 筆者がヤンゴンの国家仏教学大学の学生の比丘五〇人に対して行ったアンケート（二〇〇七年三月実施）によると、「比丘の檀家」の内訳は次のようになっている。他人（二八人）、両親（一五人）、師僧（二人）、親＋師僧（二人）、親＋他人（二人）、師僧＋他人（一人）。

(41) この内、マルン市場米布施協会の活動については、藏本（二〇一一）で紹介している。

(42) 雨安居は通常は三カ月間だが、四年に一度、四カ月になる。二〇〇七年はちょうど四年に一度にあたる年だった。

# 第四章　僧院組織の実態と問題

## はじめに

財の必要という、人間の生活に根本的につきまとう問題は、第一に、財をいかに獲得するかという問題として現れる。しかし問題はそれだけでは終わらない。第二に、獲得した財をいかに取り扱うか、いいかえれば、財をいかに所有・使用するか、という問題がある。そしてこの問題は、具体的には、僧院組織のあり方、いいかえれば僧院組織内部における出家者同士、および出家者と在家者の関係をいかに調整するか、という問題として現れる。そこで本章では、僧院組織の実態と問題を分析することによって、出家者が財をどのように所有・使用しているのかを明らかにする。それによって財の所有・使用をめぐる律の規定が、出家生活のあり方をどのように形づくっているかを浮き彫りにすることが本章の目的である。

本章ではまず、僧院組織の構造について検討する。第一章でみたように出家者は、財の所有・使用方法についても、大幅な制約が課せられている。規定量や期間を超えて物品を所有してはならない、金銭を受領・使用してはならないといった制約である。しかしこうした制約は、出家者の現実適応能力を著しく損なうものである。したがって実際の僧院組織は、出家者だけでなく、在家者も含みこんだ分業体制によって成立している。しかしそれゆえに現実の出家生活は、在家者のあり方に左右されざるをえない。この点についてミャンマーでは、在家者の量的・質的な不足が、出家者の律違反を助長させていること、そして、こうした律違反が常態化することによって律に対する出家者の認識が弱くなり、それが全体的な律の弛緩傾向をもたらしていることを指摘する（第一節）。

次に、僧院不動産の相続問題を検討する。各僧院組織には、組織を管理する住職が存在している。しかし住職は必ずしも僧院不動産（土地や建物）の所有者ではない。それでは僧院不動産は誰が所有しているのか。そしてその所有形態は、相続（所有権・管理権の譲渡）をどのように規定しているのか。この問題を検討することによって、住職の代替わりを超えた僧院組織の持続性や安定性について検討する。ただし僧院財産の所有権という問題は、非常に複雑である。そこでまず、この問題についての律の規定を、仏教学とミャンマーの律解説書を比較検討しながら整理する（第二節）。その上で僧院相続の実態と問題について分析する。そして僧院相続をめぐっては裁判沙汰にもなるような争いが頻発しており、それが結果として僧院組織の持続性と安定性を損なう主要因の一つになっていることを示す（第三節）。

## 第一節　僧院組織の構造

### 1　僧院内の出家者

サンガ（俗なるサンガ）を構成する個々の出家者たちは、現実には僧院という単位に分かれて暮らしている。第三章でもみたように、本書でいう僧院とは、特定の地域的限界（界、P: sīma）にいる出家者たちによって構成され、生活・修行・日課を共にする共住集団である。組織論の観点から述べれば、出家者の相互扶助を一義的な目的とした共益的な組織であると定義できる。この点について石井米雄は、僧院はキリスト教会よりも労働組合に近いものであるとし、次のように述べている。

> あたかも、労働組合員が組合に所属することによって個人では得られないような自己の待遇の向上をかちえるように、ビクはサンガ（本書の文脈でいう僧院のこと――引用者注）の成員となることによって、単独では求めえないところの恵まれた修行条件を獲得し、これによって解脱の達成の効率をあげることができるのである。
> （石井　一九九一：八五）

それでは僧院とはどのような組織なのか。まず、僧院組織を管理しているのは、「住職（M：kyaun:thain hsa.yado）」である。住職の仕事は多岐にわたるが、最も重要なのが僧院に居住している出家者たちの管理・指導である。つまり僧院に居住する許可を与えたり、あるいは追放したりするのは住職である。また律をどのように解釈するか、どこまで律を遵守させるかといった方針を定め、場合によっては明文化された僧院規則をつくり、それを元に出家者たちの指導に努める。このようにミャンマーでは、各僧院（住職）の自律性が非常に高い。

一般に住職になる出家者は、①一〇法臘以上、②波羅《はら》提木叉《だいもくしゃ》の各条項を暗唱している、③羯磨《こんま》（P：kamma　律に則った儀式）を執行できる、④在家者に説法できる、といった特徴を備えるべきであるとされている（cf.平木　二〇〇〇：一〇六）。現在では仏教試験の資格も重要になっており、あくまでも目安であるが、村落部では基本試験中級以上、都市部では基本試験上級以上が必要であるといわれている（仏教試験については第二章参照）。それでは実際

【表４－１】住職の年齢および法臘

| 年齢（単位：歳） | 20代 | 30代 | 40代 | 50代 | 60代 | 70代～ |
|---|---|---|---|---|---|---|
| 人数 | 1 | 18 | 70 | 64 | 56 | 88 |
| 法臘（単位：年） | 1～10 | 11～20 | 21～30 | 31～40 | 41～50 | 51～ |
| 人数 | 14 | 29 | 74 | 61 | 59 | 60 |

＊出典　ヤンゴン管区インセイン郡、南オッカラパ郡の「雨安居僧籍表」（2006年）より筆者作成（データ総計297人）。

にはどのような出家者が住職になっているのだろうか。たとえば【表４－１】は、ヤンゴン管区インセイン（Insein）郡および南オッカラパ（South Okkalapa）郡にある二九七僧院における、住職の年齢および法臘を示したものである。これをみると、都市部では四〇代以上・二一法臘以上の住職が多いことがわかるだろう。(1)

また住職は一般的に僧院名で呼ばれている（たとえばA僧院の住職はA長老と呼ばれる）ことからもわかるように、僧院のイメージは住職である長老のイメージと重なり合う部分が大きい。そこで住職には僧院の顔として多くの布施を集めるという役割も期待されている。逆にいえば、一般の出家者たちは、住職という大樹に寄生する形で出家生活を送っているのである。

小規模な僧院であれば通常、僧院を管理するのは住職一人である。ただし大僧院であれば、その業務内容は極めて膨大なものとなるため、「副住職（M：taiʔ ouʔ）」「管理僧（M：taiʔ kyaʔ）」「僧坊長（M：kyaun: poun:gyi:）」といった幹部僧が存在し、中間管理業務を担っている場合がある（cf.生野　一九七五：一六八、Spiro 1970: 312）。ここでいう管理僧とは特定業務を担当する僧で、(2)僧坊長は僧坊の管理を担当する僧である。両方を兼務する場合もありうる。どのように組織を編成し、誰に副住職・管理僧・僧坊長を任せるかといった問題は住職が決定する。こうした幹部僧たちは、次期住職の有力候補でもある。このほかに住職の助言役として、「顧問僧（M：o.wadasa.ri.ya. hsa.yado）」がいる場合もある。多くの場合、顧問僧は年老いた前住職が務める。

最後に、一般の比丘や沙弥がいる。彼らは、托鉢に出る、食事の準備をする、物品の手入れをする、掃除をするなど、律や沙弥戒に違反しない限りで日常的な雑務を行う。たとえば比丘は調理してはならず、また布施されていない食品に触れることもできないため、調理は沙弥が行うことになる。また掃除に関しても比丘は植物を伐採してはならないため、草刈りなどは沙弥の仕事である。

## 2　僧院内の在家者

以上のように僧院組織は、①住職（および幹部僧）、②一般の比丘・沙弥から成り立っている。そして住職が一般僧の面倒をみる一方で、一般僧は僧院組織の運営に必要な雑務を担うという分業がみられる。ただし出家者だけでは僧院組織は非効率的にならざるをえない。なぜなら出家者は律や沙弥戒によって、食料品を貯蔵してはならない、必要以上の袈裟や鉢をもってはならない、出家生活に無関係なモノを所有してはならない、金銭に触れてはならないなど、財の取り扱い方法を大きく制限されているからである。したがって僧院組織には、出家者の身の回りの世話を手伝う在家者が欠かせない存在となっている。

こうした在家者は、「雑務人（M: weiyawi'sa.）」と呼ばれている。雑務人は僧院に住み込む場合もあれば、必要に応じて僧院に通う場合もある。またティーラシン（女性修行者）も、僧院に住み込んで雑務人を務めることがある。彼／彼女らも広い意味では僧院組織の一員であるといえよう。さらに僧院によっては、「善行者（M : pho:thudo）」と呼ばれる在家者がいる場合がある。善行者は、一般的には白い服を着て僧院に寝泊まりし、僧院の諸々の雑務を手伝う在家者を意味する。以前は老後に善行者となる習慣があったようであるが、現在はもっぱら沙弥になる前の少年たちとなっている。つまり沙弥生活の前段階として、五戒を守る在家者として僧院に住むのである。

雑務人は、たとえば調理、掃除、勧進（布施者探し）、農作業など、出家生活をサポートするような様々な活動に携わる。しかしその最も重要な役割は、「浄人（P:kappiyakāraka）」としての役割にある。浄人とは、一言でいえば、出家者の代わりに出家者の財を管理する管財人である。(3)

たとえば余分な食料品があったとしよう。その場合、僧院の敷地内に浄人が所有する貯蔵庫をつくり、そこに保

【写真４－１】僧院の畑（ヤンゴン郊外の村の僧院）

【写真４－２】善行者の子供たち

管する。そしてこのようにして蓄えた食料品を在家者や沙弥が調理して、比丘に布施するのである。同様のことは、袈裟や鉢についてもいえる。つまり余分な袈裟や鉢は、浄人に預け、必要になった場合に再び布施してもらう。こうした方法をとることによって、出家者は財を「所有せずに所有する」ことが可能になるのである。また同様に、浄人を介在することによって、出家者は金銭を取り扱うことも可能となる。先述したとおり、出家者は金銭の受領・使用を禁じられている。しかし浄人が金銭を受け取り、それを管理し、使用する分には問題ない。それゆえに特に都市部の僧院においては、金銭の布施を促す仕組みが発達している。第三章で触れたバデーダー樹基金もその一つである。

このように浄人としての役割を果たす雑務人の存在によって、出家者が財を所有・使用できる幅は格段に広がる。つまり浄人を介することによって、僧院の財産は無制限に増加しうる。こうした規定は、所有を制限し、金銭と関わらないことを求める律の原則を台無しにする、あるいは結局のところ、出家者には財の所有・利用に関して何の制限もないように思えるかもしれない。しかし浄人が存在するからこそ、出家者は財を自由に使用することはできない。つまり浄人は、出家者と財の間に介在し、出家者と財の直接的な関係を遮断する絶縁体としての役割を果たすのである。

### 3　浄人システムの限界

このように僧院組織における在家者の存在は、出家者に課せられた律の制約を緩和し、出家者が財を効率的に所有・使用するための重要な条件となっている。しかしこうしたシステムは、常に有効に機能しているわけではない。たとえば出家者の律を遵守するという意識が低いならば、このように在家者を介在させるという面倒くさい方法は取りたがらないだろう。しかしその一方で、「律を守りたくても守れない」という側面もある。なぜなら在家者の助力は常に十分に得られるわけではないからである。

第一に、特に都市部の僧院においては、雑務人の量的不足という問題がある。この問題を考える上で重要なのは、こうした在家者の助力もまた、労力提供という布施の一種であるということである。つまり布施を十分に得られるか否かという問題がつきまとう。この点に関してメンデルソンは、一九五〇年代のヤンゴンの僧院の状況について、ある在家者の言葉を借りながら次のように述べている。

> 以前は、「善行者」(4)と呼ばれる白い服を着た男性が、僧院に住み込み、無償で浄人の役割を担っていた。しかし現在では状況は変わった、と彼は言う。人々は老後を僧院で過ごすことを恥ずかしいと感じるようになった。そして浄人は、僧院の料理人のように、給与を支払わなければならなくなった。また少年たちを探すのも非常に困難である。なぜなら僧院で学ぶことが少なくなっているからだ。したがって出家者はしばしば親戚に浄人の役割を頼らなければならなくなっている。しかも教育や衣服や小遣いなどと引き替えにである。あるいは孤児や貧困者を得ようとすることもある。都市僧院には多くの不法占拠者がみられる。戦争や反乱は一部の出家者たちにとっては幸運であるといえるかもしれない。
>
> (Mendelson 1975: 132)

このようにメンデルソンは、都市僧院においては、これまで浄人を含む雑務人の役割を果たしていたような老人や少年たちが減少し、その代わりに親戚や不法占拠者に頼っているという状況を指摘している。こうした状況は、現在ではさらに進展している。たとえば一九八〇年代以降、国家サンガ組織が僧俗分離の方針を強く押し出すようになって以降、僧院の不法占拠者は強制的に排除されるようになった（小島　二〇〇九：九七）。そのため現在では、住職の両親や親戚か、あるいは就学や就職のために都市へやってきた地方出身者（住職と同郷・同民族であることが多い）たちが雑務人の役割を果たしていることが一般的である。しかしこうした在家者たちに対しては、少なくとも食事や寝る場所などを提供する必要がある。あるいは別個に雑務人を雇うのであれば、給与を支払う必要がある。その余裕がない僧院では、雑務人なしでやっていくしかない。

第二に、雑務人の質的不足という問題がある。たとえば雑務人の不正という問題がある。僧院財産を管理する雑務人が不正を働いたり、財産を持ち逃げしたりするというトラブルは枚挙に遑がない。財産を他人に管理させる以上、僧院はこうした不正の温床となりやすい環境となっているのである。また以前は、出家者の所有物を盗むことは地獄行きの大罪と恐れられていたが、最近ではこうした意識も希薄化している。したがってそうしたトラブルに実際に巻き込まれたり見聞きしたりした出家者が、在家者を介さずに自分で財産を管理したいと思うのは仕方がないことである。

またより一般的には、出家生活に対する理解不足という問題がある。つまり出家生活にはどのようなルール（律）があるのか、出家者とどのように接するべきなのかについて、在家者がきちんと理解していないことが多いのである。この点に関連して、宗教省（仏教発展布教局）は二〇〇七年に『良い浄人』（TW 2007b）という本を出版している。この本は、出家者が律遵守の生活をするためには、浄人の存在が極めて重要であると指摘した上で、具体的に浄人として出家者をどのように世話すればよいのか、たとえば金銭や食料や薬などを適切な方法で管理するやり方などを事細かに記してある。その中で、最近の子供たちは公立学校の普及に伴い、僧院で勉強する機会がなくなり、そのために仏教徒として最低限知っておくべきミャンマー文化や仏教の基礎知識を理解しなくなってきていることが指摘されている（TW 2007b：151）。

このような公立学校の普及に伴う若者の仏教離れというテーマは、ミャンマー仏教界において重要な問題として論議されている。第三章で触れた僧院学校制度の制定（一九九二年）もまた、その対策の一環として、いいかえれば「良い浄人」を育成することを主要な目的として講じられたものである。つまりこの制度の制定を政府（宗教省および教育省）に後押ししたのは、国家サンガ組織のトップに位置する国家サンガ大長老委員会（第二章参照）であった。その背景には、僧院で世俗教育を行い、それを正式な学歴として認可するような仕組みをつくらなければ、子供たちがますます僧院から遠ざかり、仏教の将来が危うくなるという危機感があったという（Paññananda 2001：ch.5）。しかし現時点ではこうした試みは奏効しているとはいいがたい。つまり雑務人が数多くいたとしても、その支援が十分に得られないことが多い。この点についてある比丘の事例を紹介しておこう。

**〈事例4－1〉V比丘の憂鬱**

V比丘（一九七九～）は二五歳で仏教講師試験を合格したエリート僧である。しかし仏典に習熟すればするほど、比丘が守らなければならない律の多さ、そしてそれらをしっかりと守らないと大きな罪になるということを知って怖くなり還俗を考えた。しかし還俗しても行き場があるわけでもない。そこで英語を勉強して、できれば海外の仏教大学へ留学でもして、将来の展望を開こうと考え、ヤンゴンにやってきた。なかなか受け入れてもらえる僧院がみつからなかったが、最後に村の師僧の人脈を辿って、A僧院に受け入れてもらうことができた。二〇〇六年のことだった。

筆者がV比丘と出会った二〇〇七年当時、A僧院には、常時五～一〇人の雑務人が住み込みで働いていた。しかし彼／彼女らは、二五人いた出家者たちの面倒を一人一人細かくみる余裕はなかった。したがって出家者たちは自分の財産は自分で管理し、金銭をもって出かけ、様々な必要品を購入していた。しかしV比丘は律を犯すことをほとんど恐怖のように感じていたので、受蓄金銀戒についても違反しないように在家者に金銭の管理とお使いを頼もうとした。これが僧院にいる他の出家者や在家者をいらだたせたようである。出家者にとってみれば、暗に自分たちの律違反を批判されているように感じ、在家者にとってみれば面倒な仕事を増やされるように感じられたのだろう。V比丘は筆者とのインタビューの中で、A僧院の居心地の悪さを吐露することが多かった。その後V比丘は、故郷の村から連れてきた五歳くらいの少年の「善行者」に浄人の役割を任せていたが、それも難しかったのか、結局二〇〇八年にはA僧院を離れていった。

この事例をみてもわかるように、一見、在家者の手伝いが多くあるような僧院においても、その役割は僧院レベルにとどまり、出家者個人レベルまで行き届くことは少ない。したがって律遵守の生活を送るためには、出家者が個人で在家者に浄人の役割を依頼する必要がある。ただしその場合は、何らかの見返りが必要だったり、あるいは交通機関を利用する場合に、在家者の分の料金も支払う必要が生じたりするなど、余計に費用がかかる。そのため「律をきちんと守れるのは裕福な長老だけ」といった声がしばしば聞かれる状況となっている。つまり「律を守りたくても守れない」という側面がある。

こうした問題が集約されているのが、多数の出家者を抱える都市の教学僧院である。つまり教学僧院での生活においては、学生である出家者たちの律違反、特に金銭の受領・使用を禁じる受蓄金銀戒の違反が常態化する傾向にある。たとえばマンダレーやパコック（Pakokku）のように教学の聖地となっている場所にある教学僧院は、食事の確保を個々の出家者に任せているような僧院も多い。学生が多すぎるため、僧院レベルで食事を提供することが不可能だからである。その場合、学生たちは授業の合間をぬって托鉢に出かけるか、あるいはその時間がなければ金銭によって購入することになる。しかし浄人がいるようなケースはまれであり、その場合はほとんど不可避的に律に違反することになる。

一方、ヤンゴンの教学僧院では、基本的な衣食住薬はすべて僧院によって保証されている場合が多い。しかしそれでもなお、文房具・本・日用品などの購入や、移動費用などは学生たち自身で工面しなければならない。ある教学僧院の学生たちに聞いたところ、年間に七万～一〇万チャット（約七〇〇〇～一万円）ほどかかり、それを両親や師僧、「比丘の檀家」などに支援してもらっているとのことであった。こうした金銭をもとにして、必要なモノを購入したり移動したりしているのである。しかしこうした金銭の管理をしてくれるような浄人はいない。したがって学生たちは自分で金銭を管理し、使用することになる。

さらにこのような受蓄金銀戒の違反は、学生たちのさらなる律違反の呼び水にもなっている。村出身の一〇代から二〇代前半の若者たちにとって、みるものすべてが新しい都市は、刺激に満ちあふれた空間である。そうした空間に、金銭という万能の道具を手にして出ることによって、出家者に禁じられている様々なことを行ってしまう。また都市は匿名性が高いため、律を守らなくても恥ずかしくないという事情もある。これらの要因が、教学僧院の学生たちの律違反を助長しているのである。(5) その一方で、こうした状況に対し、多くの教学僧院は十分な対策を講じていない。この点について、ある教学僧院の住職（四〇代）は次のように語る。

教学僧院は、学生たちに都合がいいように規則を緩めているところが多い。サッカーをしてもいい。テレビをみてもいい。お腹が空くならば夕食を食べてもいい。町を歩き回ってもいい。ちゃんと勉強をして、仏教試験に合格するならば、多少のことには目をつぶる。そして勉強をして仏教のことについて詳しくなれば、自ら律を守るようになる、と考えている。しかし実際はなかなかそのようになっていない。規則を守らない沙弥は、比丘になっても律を軽視する。あるいは、散々律に反した生活を送った挙げ句に、律違反の罪の重さを知り、比丘として生きる意欲を失い、沙弥に戻ったり還俗したりしてしまうということもある。高名な長老であっても、そういうことが起きている。

仏教試験の合格率が高いほうが学生は増える。学生が多いほうが布施も増える。このように仏教試験を優先することが、教学僧院における学生の管理体制の緩さにつながっているという側面がある。この問題は、単に教学僧院だけの問題にとどまらない。なぜなら第二章でみたように、教学僧院はミャンマー仏教の要であるからである。若い出家者たちは、都市部の教学僧院で教学の修練を積む。しかし都市部の教学僧院での生活は、金銭を自分で取り扱う必要があり、それが各種の律違反を誘発する。また、律違反が厳しく取り締まられることもないため、学生たちは次第に律違反に慣れていく。このように都市部の教学僧院は、律を軽視する学僧の生産拠点となってしまっている。そしてこうした律軽視の学僧が各地の僧院を率いるようになるため、結果として律の弛緩傾向が拡散することになる。このように教学僧院における律の弛緩は、ミャンマー仏教全体の質に関わる構造的問題となっている。

## 第二節　出家者の所有権に関する律の規定

### 1　仏教学の整理

次に、僧院不動産の相続問題を検討する。前述したように、各僧院組織には、組織を統括する住職が存在している。しかし住職は必ずしも僧院不動産（土地や建物）の所有者ではない。それゆえにミャンマーにおける僧院不動産の相続（所有権・管理権の譲渡）は、複雑な形態をとっている。それでは僧院不動産は誰が所有しているのか。そしてその所有形態は、相続のあり方をどのように規定しているのか。これがここでの問いである。ただし出家者の所有権という問題は、非常に複雑である。なぜなら自ら財を生産することを禁じられている出家者は、すべての財を布施によって獲得するからである。したがって出家者の所有権という問題は、布施された財をどのように分配するかという問題として現れる。そこでまず、この問題についての律の規定を、仏教学とミャンマーの律解説書を比較検討しながら整理することによって、僧院不動産の相続問題を考える準備としたい(6)。

はじめに仏教学における律蔵研究の成果を検討してみよう。この問題について、日本の仏教学界においてある種の定説となっているのが平川彰の議論であり、その特徴は「現前サンガ」と「四方サンガ」という概念の区別にある。平川によれば、「現前サンガ」とは、特定の地域的限界（界、P：sīma）を領域とするサンガ、つまり本書でいうところの僧院という単位を指す。それに対し「四方サンガ」とは、空間的に四方に拡大し時間的に未来に拡大した全体を包摂したサンガ、つまり理念的な集合としての全サンガのことを指す（平川　二〇〇〇b：三―四、一八―二三）。そこで平川は、衣食住という出家者の財産は、①個人の財産、②「現前サンガ」の財産、③「四方サンガ」

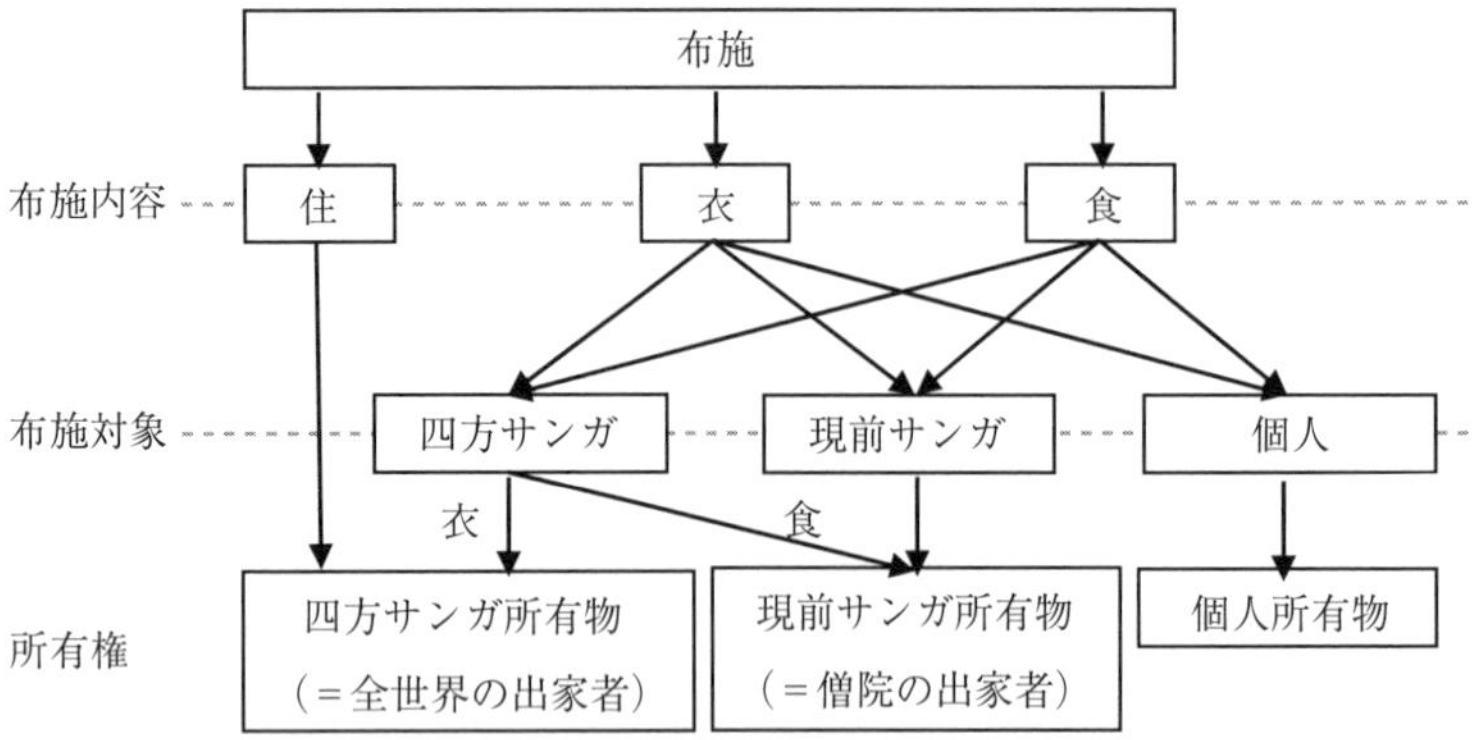


【図4－1】布施された財の所有権の行方（仏教学の整理）
＊出典　平川（2000b）を参照して筆者作成。

の財産に分かれるとする【図4―1】。

第一に「住」、つまり僧院の土地・建物・家具などは、「四方サンガ」の財産である。なぜなら遊行を基本とする出家生活は、「住」が全サンガの共有物であるからこそ可能になるからである。第二に「衣」は、①特定個人に布施された場合はその個人の所有物に、②「現前サンガ」に布施された場合は「現前サンガ」の所有物となり、僧院にいる出家者たちで分配され、③「四方サンガ」に布施された場合は「四方サンガ」の所有物となり、僧院の寝具など全サンガの共有物に用いる材料として用いられる。第三に「食」は、基本的に「衣」と同様に処理されるが、「四方サンガ」に布施された場合には全サンガに分配することは不可能なので、「現前サンガ」の財産となり、僧院にいる出家者たちで分配される（平川　二〇〇〇b：三一、四七―四九）。

このように平川の議論の特徴は、①不動産は全サンガの共有物、②それ以外の物品は、誰に布施されたか――個人、「現前サンガ」「四方サンガ」――に応じて所有権が確定されるとする点にある。それに対し、ミャンマーにおける律解説書では、これとは別の理解が提示されている。そしてそこでは「現前サンガ」や「四方サン

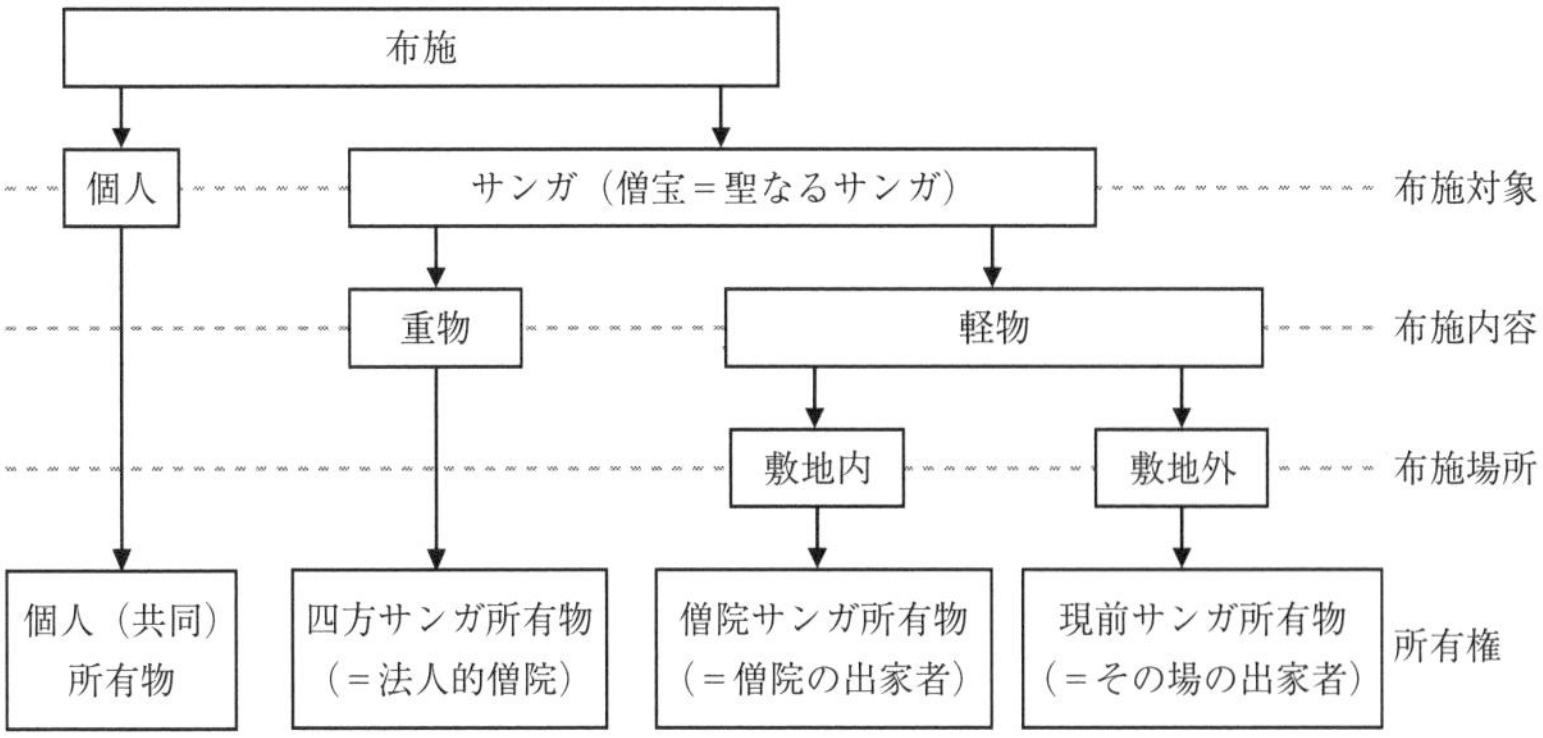


**【図4－2】布施された財の所有権の行方（ミャンマー律解説書の整理）**
＊出典　Vicittasarabhivamsa（1960）を参照して筆者作成。

ガ」についても全く異なる捉え方がなされている。以下、その内容について整理してみたい。

## 2　ミャンマーの律解説書の整理

**【図4－2】**はミャンマー初の「三蔵法師（M：ti.pi.ta.ka.da.ra. ti.pi.ta.ka.ko:wi.da.）」であるミングン（Mingun）長老（U Vicittasarabhivamsa, 一九一一〜一九九三）の仏教解説書（Vicittasarabhivamsa 1960）の記述を参照して、布施された財の行方について示したものである。これをみるとわかるように、布施された財は、①布施対象、②布施内容、③布施場所に応じて、その所有権が決定されるという仕組みになっている。以下、この図をもとに、説明を加えていきたい。

第一に、布施対象、つまり「誰」に布施するかが分岐点となる。布施対象は、①「個人（P：puggala）」と②「サンガ（P：sangha）」に大別される。個人に布施するとは、たとえば「A長老に布施します」など、布施の受け手として具体的な出家者を指定することを意味する。複数人（「A長老たちに布施します」）であっても構わない。それに対してサンガに布施するとは、「サンガに布施します」という形で、サンガというカテゴリーに布施することを意味する。

ただしここでいうサンガとは、前述した平川のいうような「四方サンガ」や「現前サンガ」とは異なる。ここでいうサンガとは、「三宝（P：ti-ratana）」（仏宝・法宝・僧宝）の一画を担う「僧宝（P：sangha ratana）」＝「聖なるサンガ（P：paramattha sangha）」を意味する[7]。これは現実の出家者たちの集合である「俗なるサンガ（P：sammti sangha）」と対比され、上座仏教徒の帰依対象となっている存在である。上座仏教における聖人と表現することもできよう。

そこでサンガに布施するとは、特定の出家者（複数の場合も含む）ではなく、信仰・帰依の対象としての僧宝（聖なるサンガ）を、布施の受け手として指定するところにポイントがある。そしてミングン長老によれば、このようにサンガに対する布施の方が、個人に対する布施よりも、布施者にとって功徳が大きいとされる。

> 布施に関して、いろいろ悩んだり困難に直面したりするのは、個人に対する布施である。なぜなら個人には良し悪しがあるからだ。サンガへの布施についていえば、サンガは一種類しかない。……釈尊の弟子である聖なる集団のことである。釈尊の弟子である聖なる集団には優劣はない。……したがって……自分のところへある比丘が布施を受けにやってきたならば、その比丘の顔を見ないで（その比丘に執着しないようにして）、「私は釈尊の弟子である聖なる集団に布施する」と考えて、心をサンガに集中させてその比丘に布施をするならば、その布施はサンガへの布施となる。
>
> （Vicittasarabhivamsa 1960：ch. 6）[8]

さて、個人に対してなされた布施は、その内容がなんであれ、布施の受け手として指定された個人の「個人に帰属する（P：puggalika）」所有物（本書ではこれを「個人所有物」と呼ぶ。以下の所有形態についても同様）となる。あるいは、受け手が複数人である場合は「複数人に帰属する（P：gaṇa santaka）」所有物（＝「共同所有物」）となり、分配できるものであれば分配する（Winita 1992: 65-66）。それに対して、サンガに対する布施の行方は布施内容、つまり「何」を布施するかによって異なる。これが布施の行方を左右する第二の要因である。

布施内容は、①「軽物（P：lahu bhaṇḍa）」と②「重物（P：garu bhaṇḍa）」に大別される。「軽物」とは、八聖資具[9]をはじめ、草履、団扇、敷布、洗面用具、文房具など、出家者の日用品や消耗品を指す。明記されているわけではないが、食事・食材や金銭もここに分類されると思われる。それに対して重物とは、不動産（建物・土地・畑）、家具、金属製の大きなもの、木・竹・土など、その名のとおり、大きく重いものを指す。

そこでサンガに対して布施された財が重物である場合には、その重物は「四方サンガに帰属する（P：cātuddisa saṅghika）」所有物（＝「四方サンガ所有物」）となる。ここでいう「四方サンガ」とは、その僧院の構成員（現在および未来）である出家者たちの集合を意味する。つまり「四方サンガ」は実体的なグループではなく、僧院という単位によって定義される抽象的なカテゴリーである[10]。これは現代でいうところの「法人」という概念と近いといえるだろう。「法人」とは法律上の人格を意味し、自然人同様に、権利・義務の主体とみなされる。「法人」が法律によって権利能力を付与されているのと同様に、「四方サンガ」は律によって権利能力を付与されたカテゴリーである。一言でいえば、サンガに布施された土地や建物といった重物は、僧院の財産となるということである。

それに対し、サンガに布施された財が軽物である場合には、さらに複雑な経路を辿ることになる。その所有権を決定する要因は、布施がなされた場所、つまり「どこ」で布施されたかにある。これが布施の行方を左右する第三の要因である。具体的には、①僧院の敷地（界）の内側か②外側か、という区別が重要である。たとえば在家者の家に招待されて袈裟を布施されるなど、僧院の敷地外でサンガに対して布施された場合、布施された軽物は「その場[11]」にいる出家者たち（＝「現前サンガ」）のもの、すなわち「現前サンガに帰属する（P：sammukhibhūta saṅghika）」所有物（＝「現前サンガ所有物」）となる。一方、僧院の敷地内でサンガに対して軽物が布施された場合、それは僧院の敷地内にいる出家者たち（＝「僧院サンガ」）のもの、すなわち「僧院サンガに帰属する（P：ārāmaṭṭha saṅghika）」モノ（＝「僧院サンガ所有物」）となる。こうした「現前サンガ所有物」や「僧院サンガ所有物」は、法臘その他の要因によって、該当者の間で分配され、最終的に個人所有物となる。

こうした律の規定を前提とした、応用例を紹介しておこう。ある比丘が鉢を必要としていることを知った在家者が、僧院へ布施しにきた。しかし僧院の敷地内で布施をしないで、その比丘を僧院の敷地外に連れ出し、周りに他の比丘がいないことを確認し、そこで「サンガ（僧宝）」に布施した。この場合、布施された鉢は「現前サンガ所有物」となるが、該当するのは受け取った比丘本人しかいないので、結果的にその比丘の「個人所有物」となる。このように一見遠回りにみえる布施であるが、律に適い、比丘も必要な鉢を入手でき、かつ布施者の功徳も多い良い布施として称賛されている[12]。

### 3　両者の比較

以上、出家者の所有権という問題について、ミャンマーにおける律解説書の内容を整理した。前述した平川の図式との最も大きな違いは、「現前サンガ」と「四方サンガ」という概念の位置づけにある。平川はこれらの概念を、サンガ世界を構成する二大要素として捉えている。それに対してミャンマーの理解では、いずれの概念も布施の分配という局面に限って、その所有権の所在を策定する際に利用されるものであり、それ以上の意味はない。

つまり第一に、「現前サンガ」とは、僧院の敷地外でサンガに対して軽物が布施された場合の所有権の所在を示す概念であり、布施が行われるたびに現れては消えていく瞬間的なまとまりにすぎず、継続的な集団ではない。第二に、「四方サンガ」とは、サンガに対して重物が布施された場合の所有権の所在を示す概念であり、それは平川のいうように僧院の外部に無制限に広がるサンガではなく、僧院という単位によって定義されるカテゴリーである。したがって「四方サンガ所有物」とは、世界中のすべての出家者が自由に使用できる物ではなく、その僧院に居住することを許可された出家者だけが使用できる物である。

また、ミャンマーの文脈においては、「現前サンガ」と「四方サンガ」という区別よりも、「俗なるサンガ」と「聖なるサンガ」という区別の方が重要である。前述したように、「サンガに布施する」といった場合の「サンガ」とは、個別具体的な出家者（俗なるサンガ）ではなく、聖人としての阿羅漢の集合（聖なるサンガ）のことを意味している。それは目にはみえない、心に描かれる理想の出家者たちである。

仏教学の議論もミャンマーの律解説書も、同じ律を典拠としているという点では違いはないが、その解釈の仕方には大きな違いがある。その理由は定かではないが、このように現実の出家生活に直接関わる問題は、出家生活の実態から離れてしまうと、理解しにくいことが多々あると思われる。その意味で、上座仏教僧による律理解を検討するという作業は、仏教学の律蔵研究にも資する部分があるだろう。

## 第三節　僧院不動産の相続

### 1　僧院不動産の相続方法

以上を踏まえて最後に、僧院不動産の相続について、その方法と問題を整理したい。まず、僧院不動産の所有形

【表4－2】僧院不動産の所有形態

| | |
|---|---|
| 基本 | 個人（共同）所有物 |
| | 四方サンガ所有物 |
| 例外 | 派閥所有物 |
| | 国家サンガ大長老委員会所有物 |
| | ブッダ所有物 |
| | 在家者所有物 |

態を確認しておこう。前述した律の規定を参照すれば、「重物」である僧院不動産は、「個人」に布施されれば「個人（共同）所有物」に、「サンガ」に布施されれば「四方サンガ所有物」、つまり法人的な僧院の所有物になる。正確な統計については不明だが、大部分の僧院不動産は、このどちらかの所有形態になっていると考えられる。しかしミャンマーでは、それ以外の所有形態もみられる【表4－2】。

第一に、「派閥所有物（M：gain: pain）」である場合がある。第二章でみたように、ミャンマーには現在でも公式・非公式の無数の派閥が存在している。多くの場合、派閥に属していたとしても、各僧院は自律的である。しかし例外的に、派閥がそこに属する僧院不動産を所有している場合がある。

第二に、「国家サンガ大長老委員会所有物（M：naingando than.ga. ma.hanaya.ka. a.phwei. pain）」である場合がある。これは何らかの問題があった僧院を、国家サンガ組織が接収し、その不動産を所有するという場合である。たとえば二〇〇三年時点で、全国で九三僧院、ヤンゴン管区で五五僧院が、国家サンガ大長老委員会の所有物となっている（TW 2003）。

第三に、「ブッダ所有物（M:paya: pain）」である場合がある。ここでいう「ブッダ」とは、具体的にはパゴダ（仏塔）のことを指す。第三章でも触れたように、歴史のある大パゴダは広大な土地を所有していることが多い。それはブッダの所有物である。こうした土地は、在家者によって構成される「管理委員会（M：go:pa.ka.a.phwei.）」が管理している。その土地に僧院を建てたい場合には、管理委員会の許可を得て貸与されるという形になる。

第四に、「在家者に帰属する（P：gihinsantaka）」所有物（＝在家者所有物）である場合がある。これは在家者が出

【表4－3】僧院不動産の相続方法

| 所有形態 | 相続方法 |
|---|---|
| 個人（共同）所有物 | 自由な相続（生前のみ）<br>⇔生前に相続されない場合は「四方サンガ所有物」に |
| 四方サンガ所有物 | 当該僧院に居住する出家者の中から合議で決定 |
| その他 | 所有者に返還される（所有者が住職を選ぶ） |

家者に土地や建物を貸与している場合と、僧院不動産を所有している出家者が還俗して在家者になる場合がある。このように出家者が、出家者の頃の財産をもったまま還俗することはミャンマーではしばしばみられる。そしてそれは「すべきではない」が、「してはならない」こととは捉えられていない[13]。

そこで僧院不動産の相続方法は、こうした僧院不動産の所有形態によって規定されている【表4－3】（cf. Winita: 1992）。第一に、僧院不動産が住職の「個人（共同）所有物」である場合、住職は僧院不動産を自由に使用・処分（貸与・譲渡・交換・売却〈布施[14]〉・遺棄など）することができる。ただし遺産贈与については別である。出家者は遺言による遺産贈与が律によって禁じられているため、自分の所有物を特定の人物に託したい場合には、生前に布施をして譲渡する必要がある。そのようにしなかった場合、つまり所有物を誰にも託さずに死去した場合、「軽物」はその出家者の看病をしていた人物に託されるか、あるいは僧院内で分配される。一方、「重物」の場合は「死者の財産に由来しサンガに帰属する（P: mata santaka sanghika）」所有物となり、特定個人に所有権が移るのではなく、自動的に「四方サンガ所有物」になる。こうした事態を避けるため、ミャンマーでは生前に「個人所有物」である僧院不動産を「共同所有物」とすることが多い[15]。そうすれば自分も所有権を失わず、また死去したときには自動的に共同所有者に相続されるからである。

第二に、僧院不動産が「四方サンガ所有物」である場合、誰にその管理を委ねるか、つまり誰を次期住職とするかは、その僧院に居住する出家者たちの中から、合議によって決定される。その際の判断材料となるのは、住職に求められる諸特徴（前述）に加え、他の出家者の信望が厚いことなどが求められる。

第三に、僧院不動産が「派閥所有物」「国家サンガ大長老委員会所有物」「ブッダ所有物」「在家者所有物」である場合、住職は僧院不動産を「一時貸与（P：tāva kālika）」されているという扱いになる。「一時貸与」とは、所有権は譲渡しないが、一時的に僧院不動産の管理権を預けることを意味する。管理者としての住職は、僧院に滞在している限り、その不動産を自由に使用することができる。ただし所有権はないので、後継の住職を任命する権利もない。したがって住職の死去・還俗・移動の際には、所有者がその不動産をもとに再び僧院組織をつくるか否かを判断し、もしつくるのであれば次期住職を選ぶことになる。

## 2　僧院不動産の相続問題

以上、僧院不動産の相続方法について整理した。多少複雑ではあるものの、整合的な体系があるといえるだろう。しかし実際の相続の場面においては、様々な問題が噴出している。たとえば僧院不動産が住職の「個人所有物」である場合、親戚や同郷・同民族の出家者を、その資質や布教への意欲とは無関係に次期住職の座に据えてしまい、結果として僧院組織の衰退を招くということがしばしば生じている。こうした背景から、僧院不動産の個人所有に反対している長老も多い。逆に、僧院不動産が「四方サンガ所有物」である場合は、①住職に自分の僧院という意識が弱いため僧院の発展に尽力しない、②相続者選びが難航し、かえって僧院内の争いをもたらすことがある、といった問題がある。それゆえにむしろ僧院不動産の個人所有の良さを主張する長老もいる。

さらに、僧院不動産の相続をめぐっては、出家者同士、あるいは出家者と在家者の間で頻繁に訴訟が起きている

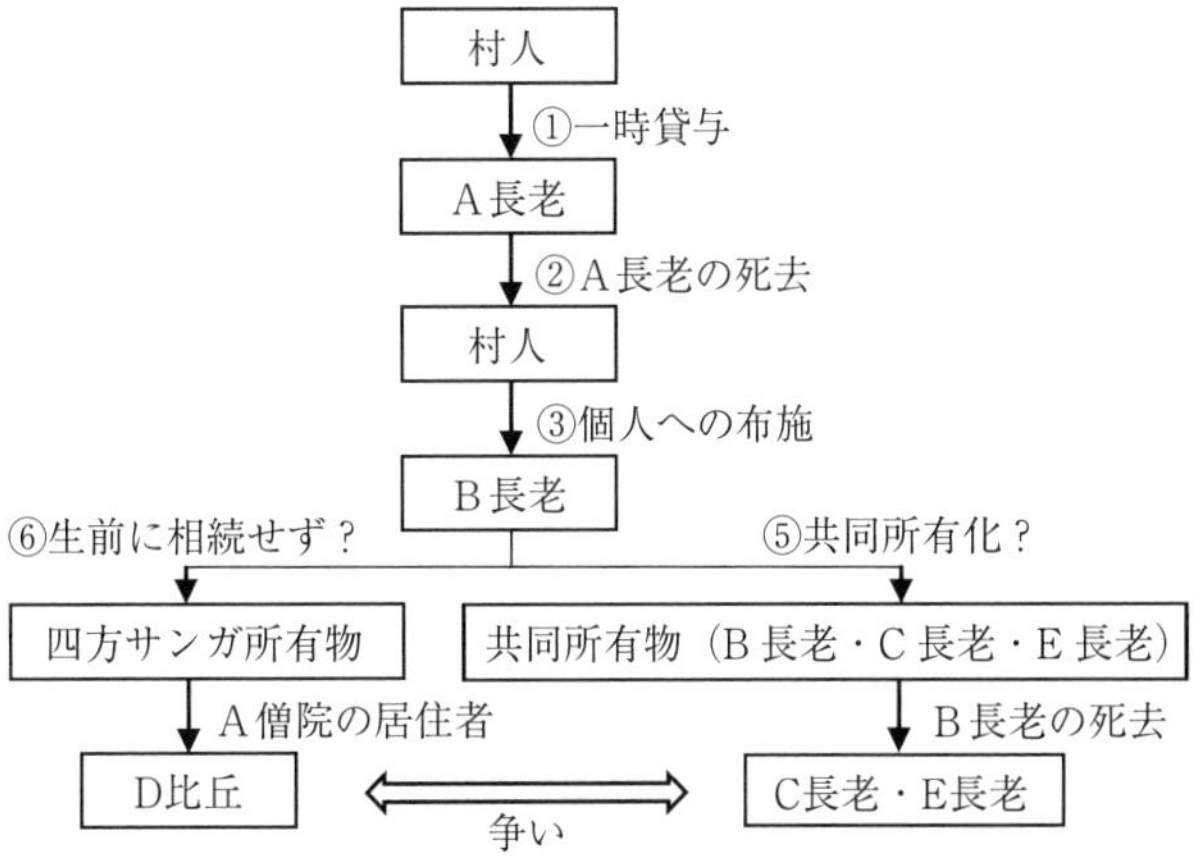


【図4－3】 A僧院の相続争い

という状況になっている。第二章でみたように、現行の宗教裁判制度は、異端審問を別とすれば、①民事訴訟的問題と②刑事訴訟的問題（律違反）の二つに大別できる。その実際の審議をみてみると、前者が約八割を占めており、そしてそれらはすべて僧院不動産の相続をめぐる問題となっている[16]。こうした争いは、村落部・都市部を問わず生じている。それどころか裁判にならない例も含めれば、ほとんどの僧院がこうした問題を経験しているものと考えられる。それでは相続争いとは具体的にどのようなものなのか。その事例の一つを、筆者が入手した判例から紹介しておこう（【図4－3】）[17]。

〈事例4－2〉バゴー管区某村のA僧院をめぐる相続争い（一九九五年）

【経緯】

①村人は、村にA僧院を建設して一九四一年にA長老を招請し、「一時貸与」の形で僧院を布施した。

②十数年後、A長老が死去。したがってA僧院は「在家者所有物」となる。

③その後、村人がA僧院の建物を新しく建て直して、B長老を招請し、A僧院を布施した。その際、村長はトタン屋根をサンガに布施した。
④三〇年ほど後の一九八三年、B長老が健康を害したので、別の僧院のC長老が、弟子のD比丘をA僧院に送った。そこでD比丘はB長老の世話をしながらA僧院で過ごすようになった。
⑤一九八七年、B長老が病院で治療していたとき、B長老のもとに、C長老と、E長老が集まって、自分たちの僧院をお互いに布施しあって、「三人所有物（P:ti santaka）」とする契約書を作成した。B長老はその後まもなく死去。
⑥D比丘は、自分の知らない内にA僧院が「三人所有物」となっていたことを不服とし、A僧院は「四方サンガ所有物」であり、その管理権はA僧院に居住している自分にあると主張して裁判へ。

【判決】
⑦A僧院がB長老個人に布施されたのか、あるいはサンガに対して布施されたのかは不明。しかし当時の村長がトタン屋根をわざわざサンガに布施しているので、僧院本体はB長老個人に布施されたものであると考えられる。したがってA僧院はB長老の「個人所有物」だったと判断できる。
⑧契約を証明できる資料があるので、A僧院はB長老、C長老、E長老の「三人所有物」となり、その後B長老が死去したため、現在はC長老とE長老の「二人所有物（P : dur santaka）」である。したがってD比丘はこの二人の長老の許可がなければA僧院に滞在することはできない。
⑨別件の問題となるが、C長老の僧院は、調べてみたところ「四方サンガ所有物」であることがわかった。「四方

サンガ所有物」を「共同所有物」にしてはならない。

順番に解説していこう。①にみられるように、村落部では村に僧院をつくるときは、村人が僧院を建てて、そこに出家者を招請するということがよくみられる。このA村の場合、A僧院は「一時貸与」という形でA長老に委託された。前述したように「一時貸与」とは、所有権は譲渡しないが、一時的に重物の管理権を預けることを意味する。この事例の場合、村人が「一時貸与」という布施を選んだのは、僧院の勝手な相続を阻止するためであったと考えられる。僧院を「個人所有物」や「四方サンガ所有物」にしてしまった場合、村人はもはや僧院の行方をコントロールできなくなる。これは村人にとっては大きなリスクである。なぜなら村落生活の要である住職が誰になるかを、自分たちで決めることができないからである。そうしたリスクを避けるため、「一時貸与」という手段がとられたのである。したがって②にみられるように、この事例ではA長老の死去に伴い、A僧院の管理権は村人のもとへと戻る。「在家者所有物」とはこうした状況を指している。

一方で③では、村人は僧院をB長老に布施している。村人は「一時貸与」の布施を希望したが、B長老はそれを嫌がったのかもしれない。ここで興味深いのは、僧院本体はB長老個人に布施されているのに対し、トタン屋根はサンガに布施されているという点である。つまり不動産の部分によって、布施対象が異なっている。こうした一見、奇妙な布施が行われている背景には、在家者と出家者の思惑の違いがある。前述したように、サンガに対する布施の方が、出家者個人に対する布施よりも、功徳が多いとされている。その一方で、「四方サンガ所有物」は不適切に扱うと罪になるとされるため、それを恐れる出家者は、僧院の布施を受ける場合、個人に対して布施されることを好む。そこで折衷的に、居住スペースは個人に、屋根はサンガに、それぞれ別に布施されているのである。こうした布施は、ミャンマーでは決して珍しいものではない。

④では病気のB長老を看病するために、D比丘が派遣されたことを示す。このように看病をする出家者は、看病されている出家者が亡くなった際、その所有物（軽物や金銭）を優先的に受け取る権利があるとされる。また不動産についても、生前に贈与されればそれを受け継ぐことができる。わざわざ外部からD比丘がやってきたのは、A僧院にはB長老しかいなかったからである。したがってD比丘は将来的にA僧院を相続するという想定をしていたと考えられる。

しかし⑤にみられるように、D比丘の師僧であるC長老と、もう一人別のE長老の登場によって、事態はD比丘の全く予想していなかった方向へと進んでいく。なぜなら三人の長老は、それぞれの僧院を「共同所有物（三人所有物）」としてしまったからである。前述したように、不動産の場合、その所有者が誰にも託さずに死去したならば必然的に「四方サンガ所有物」となるが、生前に「共同所有物」にしておけば相続することができる。この事例においても、C長老とE長老はA僧院の相続を狙ってこのような工夫をこらしたものと考えられる。

当然のことながら、D比丘にとってはこうした相続は不本意なものである。そこでなんとか僧院を取り戻そうと画策する。それが、A僧院は元々「四方サンガ所有物」だったという主張となって現れている。実際に、僧院の所有権を突き詰めようとした場合、「個人所有物」であることを立証することは往々にして難しい。その場合は前述したように、所有者不明扱いとなって「四方サンガ所有物」となる(18)。「四方サンガ所有物」であれば、それを誰が管理するかは、その僧院に居住している出家者によって決めることになる。この事例の場合、A僧院に居住しているのはD比丘だけなので、仮に「四方サンガ所有物」であると認められれば、D比丘が管理者となってA僧院を相続することができるという算段である。

しかしこの事例の場合、「トタン屋根をサンガに布施する」という変則的な方法がとられていたため、僧院本体についてはB長老個人に布施されたものと確定されることになる（⑦）。さらにA僧院の所有権の移転（共同所有化）についても、C長老とE長老が周到な準備をしていた。ミャンマーでは僧院不動産の相続を口頭のみで行い、書類を残さない場合が多い。しかしこの事例ではC長老とE長老は、B長老がA僧院を「三人所有物」にすることに同意している契約書とテープを裁判資料として提出している。この内、契約書なるものは、一応B長老のサインがあるものの、どれも筆跡が異なっているため、証拠にはならなかった。しかしテープに関しては、B長老の肉声であると認められ、最終的にはこれが証拠として採用されることとなった。また⑨にあるように、そもそもC長老の僧院は「四方サンガ所有物」であり、これを「個人所有物」のように「共同所有物」としていることも問題となっている。ただしこれはA僧院の問題については無関係ということで、結果的にC長老とE長老の勝訴となり、D比丘はA僧院を追い出されることとなったのである。

それでは僧院不動産の相続は、なぜこれほどまでに問題となりやすいのか。この点について宗教裁判を担当する長老は、「出家者にも執着（P：lobha）があるから」と嘆息して述べる。確かに相続争いは、執着以外の何物でもない。最近は以前にも増して、出家者の独立志向、つまり自前の僧院をもとうとする傾向が強くなっているといわれており、それが裁判の増加に拍車をかけているという側面がある。

また、僧院不動産の所有権の所在を確定することが、そもそも困難であるという事情もある。在家者から出家者に僧院不動産が布施される場合には、「灌水供養の儀礼[19]（M：yeize'khya.）」――が開かれることが一般的であり、したがってそれが「個人所有物」なのか「四方サンガ所有物」なのか、把握している人間は多い。しかし〈事例4-

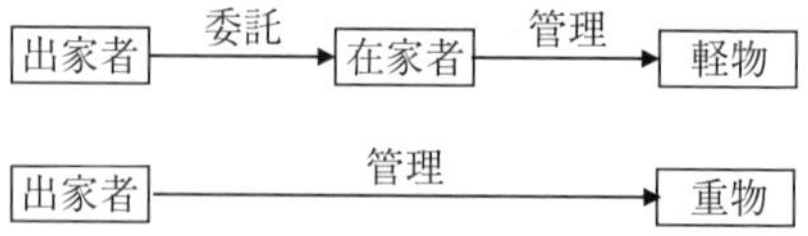


【図4－4】「軽物」と「重物」の管理方法の違い

2〉をみてもわかるように、その所有権が出家者の間で書面化された契約書や登記なしに譲渡されるようになると、その所有形態はわかりにくくなる。したがって出家者自身が様々な論理を使って所有・管理権を主張しうるのである[20]。

その他、相続争いが激化するようになったのは、裁判制度の確立以降であるという意見も聞かれた。昔は派閥の長老や師僧などが調停にあたっていたが、現在はその判断を不服とする出家者が新たに裁判を起こすようになった。しかし前述したように、そもそも僧院不動産の譲渡は明確な物証なしに行われているという実態がある。したがって、そこに近代的な証拠裁判主義をどのように導入できるか、という問題がつきまとう。実際、裁判所の判断が長老のそれと食い違うことがしばしば生じ、かえって現場は混乱するようになったという。

しかしより重要なのは、僧院不動産については、軽物のように在家者が介在する仕組みがないという点にあると思われる。前述したように、軽物については雑務人が、所有者である出家者に代わってそれを管理するという浄人システムが存在している。つまり在家者が、出家者と財の間に介在し、財に対する出家者の執着を阻むような絶縁体としての役割を果たすため、「所有せずして所有する」ということが可能になる。それに対し重物、つまり僧院不動産については、所有権の所在を問わず、その管理は出家者自身に委ねられている。そして僧院不動産の管理者は、必然的に僧院組織の管理者という絶対的な権限を有することになるため、出家者の執着が露骨にぶつかり合う結果となりやすい（【図4－4】）。僧院不動産をいかに円滑に相続することができるか。これが出家生活の安定を大きく左右する問題となっているといえるだろう。

## まとめ

以上、本章では、出家者が財をどのように所有・使用しているのかという問題について、僧院組織の実態と問題を分析した。出家者にとって、財をいかに所有・使用するかという問題は、財の獲得という問題と同様にパラドキシカルなものである。出家者は所有を禁じられているわけではない。しかしその一方で、財は執着を生じさせやすい、という点において、常に出家生活を損なう危険性がある。「所有すれども執着するな」という律の要請は、出家者だけでは守ることが難しい。それゆえに出家生活の基本となる僧院組織は、在家者を組み込むような形で成立している。このように出家者は、財の獲得を在家者の布施に依拠するだけでなく、財の所有・使用に関しても在家者の助力を不可欠なものとする。現世逃避的な経済倫理に規定された出家生活は、それゆえに生活のすべてを世俗に依存する必要が生じてくるという逆説をみてとることができるだろう。そしてそれが僧院組織のあり方を規定しているのである。

しかしそれゆえに、こうした在家者頼みのシステムは、在家者の助力が十分に得られない場合（雑務人の量的・質的不足）、あるいは僧院不動産のように出家者自身が財の管理に携わらなければならない場合には、種々の問題を引き起こすことになる。本章ではその具体的な現れとして、①律を守らないのではなく、守れないという状況があること、②僧院の相続をめぐって様々な問題が頻発していることを指摘した。つまり僧院組織は、社会との関係によってだけではなく、内部からも崩壊しうるのである。したがってこうした問題を克服しようとする試みは、僧院組織改革として現れることになる。その具体的な様相については、第七章で検討したい。

## 註

（1）一〇法臘以下の住職は、老年比丘である場合が多い。つまり自分の財産で僧院を建て、そこで老後の生活を送るというパターンである。

（2）僧院の管理業務として律蔵に挙げられているのは、以下のようなものである（佐々木　一九九九：一四九―一五一）。①寝場所を分配する、②在家者から招待を受けたときに誰が行くかを決定する、③朝食の粥を分配する、④果物を分配する、⑤食事を分配する、⑥日用品を分配する、⑦袈裟を受け取る、⑧袈裟を倉庫に収める、⑨倉庫の番をする、⑩袈裟を分配する、⑪新たにやってきた比丘の接待をする、⑫建設工事を監督する、⑬雨浴衣を分配する、⑭鉢を分配する、⑮「アーラーミカ（P：ārāmika、ミャンマーの雑務人にあたる）」を統括する、⑯沙弥を統括する。

（3）なお、この浄人に関する規定については、仏教学の理解とミャンマーの理解に違いはない。仏教学における浄人の説明については、平川（二〇〇〇ａ：三二五―三四二）、佐藤（一九六三：第八章）、佐々木（一九九九：一一六―一二〇、一六八―一七三）に詳しい。

（4）原文では「luthudaw」となっているが、「M：pho:thudo」の間違いであると思われる。

（5）この点について、国家サンガ大長老委員会が発行した「指令書七二号」（一九八六年六月二〇日）、「比丘・沙弥が従わなければならない規則」をみると、現代ミャンマーにおける律違反の実態がみてとれる（TW 2008）。つまりこの「指令書」においては、①酒・麻薬の服用、②賭け事（見物も含む）、③経済活動、④不法な物品の売買・運搬・貯蔵、⑤劇、映画、サーカス、スポーツなどの見物、⑥歌う・演奏する・踊る・女性をからかう・暴力をふるう・サッカーや「蹴鞠（M：khyin:loun:）」をする・自転車やオートバイに乗る、⑦個別訪問して金銭の布施を求める、⑧バスターミナル・駅・港・市場・路上・自動車・電車・船などで金銭の布施を求める、⑨招待されていないのに町や村で午後に食料や野菜の布施を求める、といった活動を禁止している。

（6）本章では「所有（権）」という概念を、法によって認められた、財に対する複数の権利の束という、一般的な意味合いで捉えている（cf. Cooter and Ulen 2000: 74）。保障される権利は法によって異なるため、財とどのように関わることができるかという、「所有」の内実も多様である。たとえば英語には「property」「possession」「holding」「tenure」「ownership」といった用語があり、日本語ではそれぞれ「所有」「占有」「保持」「保有」「所有（権）」などの訳があてられているが、これらは同一の概念として対応するものではない（松村　二〇〇八：一六）。ここでの目的は、律に規定されている「所有」の内実を明らかにすることであり、「所有」とはそもそも何かという問題には踏み込まない。

（7）具体的には、仏道修行の結果、過去・現在において、涅槃あるいはそれに準ずる境地を実現した、四双八輩（預流・一来・不還・阿羅漢）と呼ばれる理想の出家者たちの集合を指す。

（8）頁数はミャンマー語表記（日本のイロハ表記のようなもの）のため省略した。

（9）通常は袈裟（重衣・上衣・内衣）、鉢、帯、針と糸、剃刀、水こしを指す。

（10）「四方」の含意は、「僧院に四方からやってきた、あるいはこれからやってくる」という点にある。

（11）「その場」とは布施を受け取った出家者から一二肘尺（約半径六メートル）以内を指す。

（12）その他、サンガに対する布施として軽物を受け取った出家者が、それを自分の所有物とすることができるにもかかわらず、そのようにせず、行く先々で他の出家者たちに布施があったことを知らせるという変則的な場合がある。この場合はその比丘たち（＝「行く先々のサンガ」）にも分配を受ける権利が生じるということで「行く先々のサンガに帰属する（P: gatagata sanghika）」所有物（＝「行く先々のサンガ所有物」）となる。

（13）山田（一九八三）によれば、タイでは、僧院不動産に代表される「重物」は、国法によって個々の僧院の所有物、つまり本論文でいうところの「四方サンガ所有物」と規定されており、「個人所有物」という形態はみられない。また、僧院が廃止された後は、文部省宗教局（当時）が接収することになるが、それ以外にはいかなる形であれ、在家者による所有は認められていない。僧院不動産の所有形態という問題は、律（宗教法）のみならず、当該国の法律も関わっている。ミャンマーとタイの違いは、律と国法のどちらを優先するかによって生じているように思われる。

（14）僧院不動産の売買は、僧院不動産と金銭を、互いに布施しあうという形で行われ、ミャンマーでは一般的なものである。ただし在家者に対する僧院の売却・譲渡は国家サンガ組織によって禁止されている。

(15)「個人所有物」である僧院の大多数（長老たちへの聞き取りによると七～八割）が「共同所有物」となっている。

(16) たとえば一九八〇～一九八四年の地方・国家レベルの審議全五五四件（地方四二〇件／国家一三四件）の内、①所有権争いが四二六件（約七七％）、②律違反が一二八件（約二三％）となっている（小島　二〇〇五a：六一）。また二〇〇四～二〇〇八年の国家レベルの審議全五一件の内、①所有権争いが三九件（約七六％）、②律違反が一二件（約二四％）となっている（TW 2004-2008）。

(17) ここで取り上げる判例は最高裁にあたる国家レベルの裁判のものである。なおミャンマーにおいては判例集がまとまった形で公刊されているわけではない。ここで紹介しているのは、筆者が個別に入手したものである。

(18) したがって俯瞰的にみると、多くの僧院は時間の経過と共に「四方サンガ所有物」となっていく傾向がある。

(19) 器に水をたらしながら、功徳を回向する儀礼のこと。僧院の布施など大きな布施の場合には、獲得した功徳も大きいとされ、したがってそれを回向する儀礼も大々的に開かれる。

(20) もっとも、これは僧院だけの問題ではない。ミャンマー法によれば、不動産の権利移転は登記されない限り有効とならない。しかし現実には、土地売買契約の相当の割合が登記されていない。それゆえに、詐欺的な不当表示が可能となり、結果的に権利をめぐり頻繁に紛争が生じることになっている（Nay Chi Oo 2014）。

真鍋俊照著・作画

## 仏画　十三仏を描く

三、五〇〇円＋税

写仏を始めたい人に贈る格好の入門書。歴史・功徳から描き方指導、道具選びまで、十三仏にかかわるすべてを網羅。巻末付録として、白描全図を収録。

安嶋紀昭編著

## 石山寺の美術

常楽会本尊画像の研究

三二、〇〇〇円＋税

涅槃図を原色で再現し、X線・赤外線を駆使した画像分析で隠された情報をキャッチ。日本の仏教絵画の線描史観にも言及した画期的な一冊。

八木春生著

## 中国仏教造像の変容

南北朝後期および隋時代

二〇、〇〇〇円＋税

仏教造像様式、形式の変遷を追うことにより、前時代といかなる点で異なるのかを解明。図版五五〇点余掲載。

齊藤隆信著

## 漢語仏典における偈の研究

一五、〇〇〇円＋税

経典の構成要素であるが研究が少なかった偈。漢訳経典や中国撰述経典の偈に関する初の研究書。

藤善眞澄著

## 中国佛教史研究

隋唐佛教への視角

一三、〇〇〇円＋税

隋唐仏教史および歴史地理学・日中関係史など幅広い業績を遺した著者による、半世紀にわたる研究軌跡。

## 仏教小事典シリーズ

各宗の基本的用語約五〇〇項目を網羅したコンパクトサイズの決定版！わかりやすい内容で、各宗壇信徒から一般の読者の方々まで大好評！

福田亮成編

### 真言宗小事典〈新装版〉

一、八〇〇円＋税

石上善應編

### 浄土宗小事典

一、八〇〇円＋税

瓜生津隆真・細川行信編

### 真宗小事典〈新装版〉

一、八〇〇円＋税

石川力山編著

### 禅宗小事典

二、四〇〇円＋税

小松邦彰・冠　賢一編

### 日蓮宗小事典〈新装版〉

一、八〇〇円＋税

# 第二部　教義的理想の追求

# 第五章　挑戦の始まり

## はじめに

第一部では、現代ミャンマーという経済的現実を生き抜いている出家者の姿について描写した。しかしそこでは経済的現実への対処を優先する余り、律の規定をないがしろにしてしまう状況も生じやすい。それに対して第二部で焦点を当てるのは、これとは逆のベクトル、つまり、律遵守の出家生活を送り、教義的理想を追求しようとする試みである。具体的には、X僧院とY僧院という、ヤンゴン郊外にある二つの「森の僧院」の活動に焦点を当て、これらの僧院が律遵守の出家生活をどのように実現しようとしているのか、そしてそうした挑戦は具体的にどのような展開をたどっているのか、その実態を分析する。こうした作業をとおして、「教義を実践する」という複雑で動態的な過程を描きたい。

本章ではそのための準備として、X僧院およびY僧院についての概要を示す。まず、筆者がこれら二つの「森の僧院」とどのように出会ったのか、その経緯を記述する（第一節）。次にX僧院の改革の背景には、①在家仏教徒組織と②シュエジン派という、在家者と出家者の仏教改革運動があることを示す（第二節）。そして最後に、X僧院が設立された経緯、およびX僧院の挑戦がY僧院へと波及していった様子を説明する（第三節）。なお筆者はX僧院・Y僧院を数回ずつ訪問調査したほか、二〇〇八年九月から一〇月にかけての約一カ月半、X僧院で出家生活を送る機会を得た。以下のデータは、こうした訪問調査・滞在調査をもとにしている。

## 第一節　「森の僧院」との出会い

はじめに筆者が、X僧院・Y僧院とどのように出会ったかについて記しておきたい。二〇〇七年九月、ヤンゴンをはじめとする都市部において、出家者による大規模な反政府デモが行われた。このデモに対する政府（SPDC）の態度は厳しく、デモに関わったとされる僧院は軍の襲撃にあい、多くの出家者たちが故郷の村への帰還を余儀なくされていた(1)。こうした状況の中でヤンゴンの僧院を対象とした調査を行うことはリスクが伴った。そこで筆者は、借りていたアパートがあったヤンゴン管区カマユッ（Kamayut）郡フレーダン（Hledan）地区において、施食協会の活動を調査していた（第三章参照）。

その過程で、コー・ナイン（Ko Naing, 一九七五～）をはじめとする施食協会の理事たちと親しくなった。中国系ミャンマー人であるコー・ナインは、当時まだ三四歳と若かったが、自動車修理工場を経営する傍ら、施食協会の取りまとめをはじめ、様々な仏教支援活動に携わっていた。Y僧院の手伝いもその一つであった。コー・ナインは週に二、三回のペースでY僧院を訪れ、僧院の雑務を手伝っていた。

一一月に入った頃、コー・ナインがY僧院に一緒に行かないかと誘ってくれた。その日は僧院で「招待食（在家者から施食を申し出ること、第三章註（35）参照）」があるとのことであった。筆者が、外国人が僧院に行くのはまだ危ないのではないかと聞くと、Y僧院は都市から離れている「森の僧院（M：to:ya. kyaun:）」だから大丈夫だという。そこでコー・ナインほか、Y僧院の支援者たち数人とともに、Y僧院を訪れることとなった。

ヤンゴン中心部から北西方向に延びる幹線道路（ピー Pyi 通り）を車で一時間ほど進むと、フモービー（Hmawbi）町という小さな町に出る。この幹線道路を途中で右に逸れて、さらに一〇分ほど進むとY僧院にたどり着く（【図

【写真５－１】Y僧院の支援者たち（一番左がコー・ナイン）

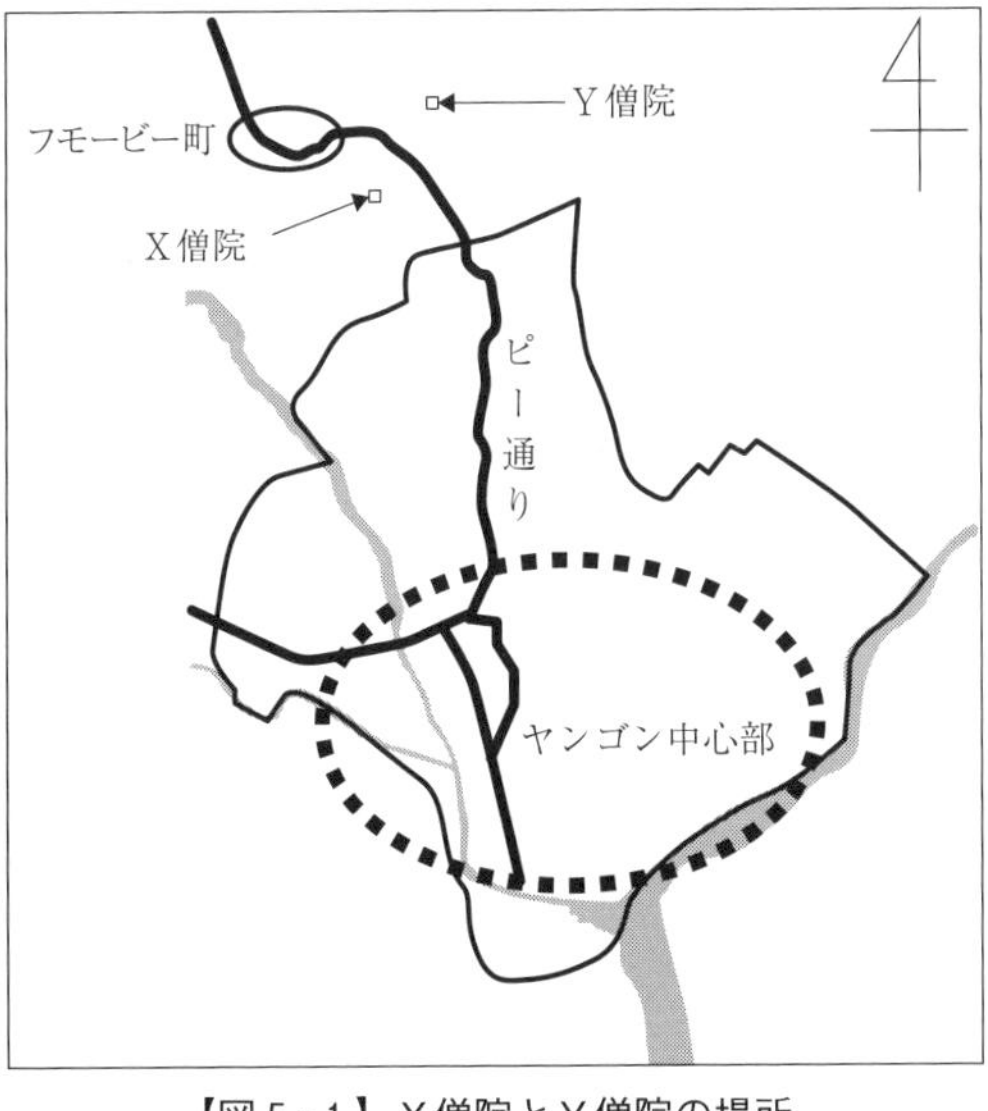


【図５－１】X僧院とY僧院の場所

5-1】)。周辺には四つの村があるが、どれも歩いて一五分以上は離れている。風に揺れる木々のざわめき、鳥のさえずり、そして時折、仏典を誦唱する声が聞こえる以外には、何の音も聞こえない。周辺には一切の人工物が見当たらないY僧院は、まさに陸の孤島といった風情であった。

とはいえ、ヤンゴンから車で一時間の場所である。なぜこの場所が「森」と呼ばれているのか。これを理解するためには、仏典における「森」の定義を確認しておく必要がある。この点について仏教学者の佐々木閑は、パーリ仏典における「森（阿蘭若、P：arañña）」とは、「郊外」に相当する概念であると述べている（佐々木　二〇〇三：二二六）。

注意しておかねばならない点は、阿蘭若というのが決して人里離れた深山幽谷の地ではないということである。阿蘭若に住んでいたとしても日々の糧はやはり乞食や信者の招待に頼る。自活生活の許されない仏教僧団が、一般社会と縁を切って生きることはできないのである。したがって阿蘭若が村落から離れた場所にあると言っても、行き着くのに何日もかかるといった遠隔の地にあるわけではない。少なくとも午前中に乞食に行って戻ってこれなければ困るのである。阿蘭若とは村落から数キロメートル離れたあたりと理解しておくのが妥当であろう。（佐々木　一九九九：一〇九）

こうした理解はミャンマーでも共有されている。つまりミャンマーでは、在家者の居住空間から二〇〇〇歩以上離れた場所が「森（M：to:ya.）」であるとされている。人によって歩幅は異なるが、歩いて一五分程度、約一・五キロメートルの距離の外側を指すと考えてよい。その意味で、Y僧院はヤンゴンという大都市近くの「森の僧院」であるということができる(2)。

仏典において「森」に住むことは一三種類の頭陀行(3)の一つに数えられているように、奨励される修行形態となっている。ミャンマーの仏教史書においても「森の僧」は、世俗から離れ、土地を所有せず、瞑想・律厳守を特徴とするがゆえに称賛される存在として描かれている（cf.生野　一九八〇）。Y僧院は、ある意味では、そのイメージど

【写真５-２】Ｙ僧院の境内（写真中央に建物）

【写真５-３】Ｙ僧院の僧坊

おりの存在である。Y僧院の住職であるY長老は、瞑想の達人であると同時に、「律を犯すくらいなら命を捨てる」というほど、律に対して厳しい態度をとる。コー・ナインがY長老に帰依し、忙しい仕事の合間を縫ってY僧院を支援している理由は、一言でいえば、その修行者としての厳格な態度を尊敬しているからであった。

その一方でY僧院は、単なる「森の僧院」ではない。なぜならY僧院は、教学僧院としての一面ももっているからである。第二章でみたように、大人数を抱える教学僧院を運営するためには、水や電気といったインフラのほか、多くの運営コストがかかる。したがって、通常、教学僧院は町や都市にしかない。それに対し、在家者の居住空間から離れた「森」は、布施を得るには都合が悪い。つまり「森」に住むことは、出家修行という観点からみると理想的だが、経済基盤の構築という観点からみた場合は非合理的なのである。したがってミャンマーでは「森」に住むことは一時的な修行として捉えられており、生涯を「森」で過ごすことは極めて稀である。また、その修行内容は単独の瞑想修行が基本であり、そのため修行拠点としての「森の僧院」とは、僧院として登録されないような小さな庵や洞窟であることが一般的である。それにもかかわらず、Y僧院は陸の孤島のような場所で一〇〇人を超える規模（二〇〇七年当時）の教学僧院となっていた。

このような「森の教学僧院（M：to.ya. sathindaiʔ）」の活動は、どのように可能になっているのか。この点について興味をもった筆者は、コー・ナインに度々Y僧院に連れて行ってもらうようになった。そしてY僧院について調べる内に、Y僧院は二〇〇二年に設立されたばかりであること、Y僧院にはモデルとなる僧院があることがわかった。それが一九八六年に、同じくヤンゴン郊外に建てられたX僧院であった（【図5-1】参照）。それではX僧院はなぜ、「森の教学僧院」という無謀ともいえる挑戦に乗り出すことになったのか。次にこの点について検討してみたい。

## 第二節　X僧院の系譜

### 1　在家仏教徒組織の仏教改革運動

この点について考える上でまず指摘しておきたいのは、X僧院の挑戦は、決して偶発的・単発的な出来事ではないということである。つまりX僧院の挑戦は、ミャンマー近代仏教史上の二つの仏教改革運動、具体的には①在家仏教徒組織と②シュエジン派という、在家者と出家者それぞれの仏教改革運動が融合した結果として生じた動きとして捉えることができる。以下、順番にみてみたい。

第一に、X僧院は、植民地期以来の在家仏教徒組織の仏教改革運動の系譜に位置づけることができる。第三章でみたように、植民地化に伴う「仏法王」の喪失は、仏教存続の危機であるという認識を生じさせ、それが在家者の組織的な仏教支援活動の勃興をもたらした。そしてこうした新しい動向が、独立後、瞑想センターという新しい宗教組織や、都市部における施食協会の活動などとして広範に展開していることは、これまでみてきたとおりである。そしてX僧院という挑戦もまた、瞑想センターと同じく、在家者によって先導されて始まった。すなわち、X僧院の設立に向けて尽力したのは、「X協会」という在家仏教徒組織であった。X協会の初代メンバーとして、X僧院の礎を築いたのは、ヤンゴン在住の以下のような在家者たちである(4)。

①ウー・マウン（男性、七四歳、建設業、元タキン党メンバー）
②退役軍人（男性、七二歳）

③元政治家（男性、七〇歳、ビルマ独立軍の母胎となった「三十人の志士」の一人）
④ウー・マウンの妻（女性、六四歳）
⑤石鹼工場経営者（男性、六一歳）
⑥元銀行員（女性、六二歳）
⑦石鹼工場勤務（男性、四九歳）
⑧ウー・マウンの娘（女性、三四歳）
⑨ウー・チョー（男性、四〇歳、建築士）
⑩ドー・フラ（女性、三八歳、建築士、ウー・チョーの妻）

このように在家者主導の改革であるという点が、X僧院の重要な特徴である。それではなぜX協会は僧院をつくろうと考えたのか。初代メンバーであり、現在はX協会の議長を務めるウー・チョー（U Kyaw, 一九四六〜）によれば、その経緯は以下のようなものである。

X協会は、ウー・マウン（U Maung, 一九一二〜?）という人物を中心とした私的な仏教勉強会を母体としている。ウー・マウンは元タキン（Thakin）党のメンバーで[5]、独立後は建設業に携わり一大財産を築いていた。また、仏教に対する関心も深く、特にマハーガンダヨウン（Mahagandhayon）長老（U Janakabhivamsa, 一九〇〇〜一九七七）に帰依し、「比丘の檀家」（第三章参照）として長年、長老に仕えてきた。そして友人・知人を集めて、マハーガンダヨウン長老の著作を一緒に読むという勉強会を主催していた。また、勉強会に参加するメンバーを引き連れ、マハーガンダヨウン長老にも度々会いにいったという。

マハーガンダヨウン長老は、その学識および執筆活動――仏教に関する七四冊の本を出版した――によって、現在でもミャンマーで最も有名な長老の一人である。またマハーガンダヨウン長老は、一九四二年にマンダレー管区アマラプーラ（Amarapura）町にあった小さな僧院を受け継いだ後、一九七七年に亡くなるまでに、その僧院を九七の僧坊や建物、五〇〇人以上の出家者を擁する一大教学僧院に成長させたという点で、僧院経営においても秀でた手腕をもった長老であった。そして自身の教学僧院経営の経験から、様々な著作や説法において、僧院経営論と呼びうる議論を展開している。こうした僧院経営論の一つの軸となっていたのが僧院組織の改革である。特に僧院が発展するためには、在家者の助力が決定的に重要であり、僧院にも在家者の組織、つまり管理委員会を設置すべきであると述べている。

【写真５－４】マハーガンダヨウン長老

管理委員会の役割として挙げられているのは、次のようなものである。第一に、僧院の持続性を保つという役割がある。マハーガンダヨウン長老によれば、現在の僧院はいい住職がいるときだけうまくいって、いなくなるとすぐだめになる傾向がある。そのような事態を避けるためには、僧院管理を住職一人に委ねるのではなく、出家者や在家者の組織をつくって、組織的に管理するべきであるとしている（Janakabhivamsa 2004: 137）。第二に、律に適った方法で僧院財産を管理・運用するという役割である。こうした管財人としての役割は、在家者が組織的に行うことによってはじめて有効なものとなりうる（Janakabhivamsa 2003: 427-433）。

ただしマハーガンダヨウン僧院においては、二〇〇八年現在、在家者の管理委員会は設置されておらず、五人の長老による共同管理という形式をとっている。詳しい理由は不明だが、設置に向けて努力したが、叶わなかったとのことであった。つまり、マハーガンダヨウン長老が思い描く僧院改革は、自身の僧院では十分には実現できなかったといえる。そこでマハーガンダヨウン長老の遺志を受け継ぎ、その理想を実現しようと奮起したのが、長年、長老に仕えてきたウー・マウンとその仲間たちであった。その経緯について、ウー・チョーは次のように語る。

出家者は仏教のことだけに専念しなければならない。しかし出家者も「凡夫（M：puhtu.zin）」であるから、生きていかなければならない。そのためには四資具（衣食住薬）が必要である。出家者一人であれば、（托鉢することによって——引用者注）在家者の手助けなしに生きていくことはできる。しかし集団になると、四資具の手配をする在家者がいなければ生きていけない。したがって僧院には在家者の手助けが不可欠である。在家者の手助けによって、出家者が仏教に専念することができれば、一般の在家者たちにとっても利益が大きい。このように出家者と在家者が協力しあってはじめて、仏教は発展する。これがマハーガンダヨウン長老の教えだった。そこで私たちは話し合って、出家者たちが理想の出家生活、つまり律遵守の出家生活を送れるような僧院をつくろうと決めた。

そこでウー・マウンたちは一九八五年に、ヤンゴンにあるシュエダゴン・パゴダ近くの講堂を拠点として、「X協会」という在家仏教徒組織を設立し、これを新たにつくる僧院の管理委員会として位置づける。ただし実際に僧院をつくるためには住職が必要である。そこでウー・マウンたちが、自分たちの理想を託すのに相応しい人物として選んだのが、マハーガンダヨウン長老の弟弟子で、その関係で以前から親交のあったX長老であった。そしてそれによって、X僧院というプロジェクトに、もう一つの改革運動の系譜を呼びこむことになる。

【写真5－5】X協会の講堂

## 2　シュエジン派の仏教改革運動

X僧院の挑戦は、第二に、ミンドン王期に端を発するシュエジン派の仏教改革運動の系譜に位置づけることができる。シュエジン派とは、律遵守を標榜して、当時のトゥダンマ委員会を頂点とする国家サンガ組織から離脱したシュエジン長老（U Jāgara　一八二二～一八九四）とその弟子たちのグループとして始まった。その後、植民地期を通してその派閥としての自己意識と組織的な枠組みを強めていき、一九八〇年に近代的な国家サンガ組織が成立した際には、特別派閥として独立した立場を認められている（第二章参照）。

それゆえに一般に、シュエジン派は在来の最大派閥であるトゥダンマ派と比べても律に厳しいといわれている。もっとも現状では、こうした派閥毎の違いよりも、僧院毎の違いの方が大きい。つまり律に緩いシュエジン派僧院もあれば、律に厳しいトゥダンマ派僧院もある。たとえ派閥に属しているとしても、その派閥の

【写真5-6】ミャウンミャ長老

【写真5-7】X長老

方針に従うか否かは、住職の裁量によるところが大きいのである。それに対しX僧院の初代住職であるX長老は、シュエジン派の持戒堅固の精神を色濃く受け継いでおり、その意味でシュエジン派という仏教改革運動の中心的な系譜に位置づけることができる。

X長老（一九一八〜二〇〇二）は、一九一八年にヤカイン（Rakhine）州マナウン（Manaung）町近くの村に生まれ、一五歳で沙弥出家、二一歳で比丘出家している。そして二三歳のときにエーヤーワディー（Ayeyarwady）管区ミャウンミャ町にある教学僧院に移り、ミャウンミャ（Myaungmya）長老（U Ñāṇābhivaṃsa, 一八八八〜一九七五）に師事することになる。後に第一〇代シュエジン派長を務めた（在職一九七二〜一九七五）ミャウンミャ長老は、持戒堅固で知られる長老であった。そして前述したマハーガンダヨウン長老をはじめとして、多くの弟子を育てた。X長老もまた、そうした弟子の一人であった。そして自らもミャウンミャ町に教学僧院を設立して、そこで長らく住職を務めていた。

それではその持戒堅固の精神とは、具体的にどのようなものなのか。この点について、X長老の弟子で、二〇〇八年現在、X僧院の住職を務めるJ長老（一九六一〜、人物を同定しやすくするために「住職 Jushoku」のJを用いる）の発言を引用しながら確認しておきたい。第一に、律遵守の生活を送ることは、出家者が涅槃という理想的境地を実現するために、必要不可欠な条件であるとされる。

J長老：在家者は律を守る必要はない。殺生や盗みなど、欲望や怒りに駆られた非道徳的な言動を避ける。そのような言動をしないように自らを戒める。こうした基本的な戒を守り、瞑想をすれば在家者であっても涅槃は実現可能である。ただし可能であるとはいえ、在家生活をしながら効果的な修行を行うことは難しい。それに対して、律を守った生活をする比丘は、在家者よりも涅槃に到達しやすい。律を守る生活の方が、執着（貪瞋痴）を避けやすいからである。しかしその一方で、律を守らなければ、その悪影響は在家者よりも大きい。たとえば夕飯を食べるというのは、在家者であれば「悪業（M：a.ku.dhou）」（「功徳（M：ku.dhou）」の反意語、悪い結果をもたらす原因―引用者注）にはならない。しかし比丘が食べれば悪業である。なぜならそれは律に違反しているからである。律に違反するということは、「釈尊（M：paya:）」の指示したとおりに生活していないことを意味する。それは「三宝（P：ti-ratana）」（仏宝・法宝・僧宝）への「信（M：thadataya:）」に欠けている証拠である。そのような状態では、いくら仏典を学び、瞑想修行したところで、涅槃へ到達するのは不可能である。それどころか来世は在家者よりも悪い境遇に生まれる可能性がある。比丘という道を選んだにもかかわらず、比丘として律に則った生活をしないことは、それほど「罪（M：apaʔ）」が大きい。

ここで示されているのは、「戒（P：sīla）」→「定（P：samādhi）」→「慧（P：paññā）」という修行階梯（三学）における「戒」の重要性である。在家者であれば、五戒あるいは八戒を守ることで「戒」（自己の言動を戒める）の修行は十分である。しかし出家者は「戒」の修行として律を守らなければならない。律を守ることで出家者は在家者よりも圧倒的に効率よくこの修行階梯を進んでいくことができるとされる。その一方で、それに違反すればその悪影響は在家者よりも大きい。その意味で、出家生活というのはハイリスク・ハイリターンな修行方法として捉えられている。

また、律遵守が三宝（仏法僧）への「信」（信頼・帰依）という問題と結びつけて論じられているのは興味深い。この「信」は、涅槃を目指そうという意欲の源泉であり、出家者・在家者を問わず重要なものであるとされる。逆にいえば、三宝を信頼することによって、涅槃という世界があり、そこに到達することができるという確信をもたなければ、涅槃を目指すことはできない。出家者が律を守らない、あるいはそもそも守ろうとしないことは、三宝を軽視していること、つまり修行への意欲が欠けている証であるとされる。

第二に、それゆえに、外的な条件に合わせて律を修正・妥協することを一切認めない。したがって、律を守れないような条件の場所は、出家生活に不向きであるとまで言い切る。たとえば袈裟の着用法について、J長老は次のように述べる。

J長老：律は出家者の生活スタイルだけでなく、外見についても定めてある。たとえば出家者である以上は剃髪をし、袈裟を着なくてはならない。逆に、袈裟以外のものは身につけてはならない。

筆者：日本はミャンマーよりも寒いです。もし日本で出家生活を送ろうとした場合、どうすればいいですか。

J長老：ミャンマーにも寒い地域はある。たとえばシャン州は寒い。その場合は、厚手の袈裟を着たり、重衣(6)を毛布のようにまとったりして過ごしている。日本でもそのように暮らせばよい。寒いからといって袈裟以外のものを身につけることはできない。こうした修正・妥協は、一度やり出すと際限がなくなるからである。

筆者：それでも寒い場合はどうすればいいですか。

J長老：日本はすべてが寒いのか。暖かい場所はないのか。寒くて無理なら暖かい場所に移動すればよい。とにかく、出家者は袈裟以外のものを身につけてはならない。瞑想は誰でも実践できる。よく実践すれば、よい結果を得られる。着ている服は関係ない。しかし出家者である以上は、袈裟を正しく着なければならない。工夫すれば、律どおりに過ごすことはできるはずだ。それでも無理な場所では、出家者として修行することは難しいということになる。

第三に、また、こうした律違反は伝染するものであるとされる。したがって、律遵守の出家生活を送るためには、自分が律に違反しないように細心の注意を払うのはもちろんのこと、他人の律違反にも十分に注意しなければならない。

J長老：律違反をした場合、その影響は当人だけにとどまらない。たとえば布施されていないマンゴーを、比丘が自分で摘み取って食べた。これは盗みの大罪である。そのマンゴーの種を捨てて、そこから木が生えた場合、他の比丘がその木陰で休むだけでも罪になる。また、比丘が自分で金銭に触るという罪を犯して僧院を建てる。そのような僧院は永遠に罪を振りまく。その僧院に一晩泊まるだけでも罪になる。したがってどのように建てられたかわからない僧院には泊まってはならない。

もっとも、どれだけ気をつけても細かい律に違反してしまうことはある。したがって定期的に懺悔を行い、犯してしまった罪を償う必要がある。具体的には、日常的な懺悔や、比丘たちの自省会である半月に一回の布薩儀礼、雨安居明けの自恣儀礼（第二章註（23）参照）などである。[7] 他の僧院では、こうした日常的・定期的な懺悔を省いたり短縮したりすることが多い。それに対しX僧院ではこれらの習慣・儀礼を最重要のものと位置づけている。それは律に対する意識を高める上でも効果的であるように思われる。

このようにX僧院においては、律は出家生活の根幹であり、ゆえにすべての項目をまさに字義通りに遵守するべきであり、そしてそのためには自分だけでなく他人の律違反にも注意する必要があるとされている。このように律遵守の生活を送ること自体が、「教学（P：pariyatti）」と並ぶ出家者の修行要素である「体験的修行（P：paṭipatti）」の一種として位置づけ、これを「律修行（P：vinaya paṭipatti）」と呼んでいる。

以上、X僧院を構成する要素として、①在家仏教徒組織と②シュエジン派の仏教改革運動という二つの系譜があることを指摘した。それではこうした二つの系譜は、どのように融合し、X僧院として結実したのか。最後にその具体的な経緯についてみてみよう。

## 第三節　X僧院の設立と波及

### 1　X僧院の設立

ウー・マウンたちが、ミャウンミャ町の教学僧院で住職をしていたX長老のもとを訪れたのは、一九八五年のことであった。X長老はすでに六七歳と高齢であったが、律遵守の教学僧院をつくりたいというウー・マウンたちの申し出に同意し、その出家者人生の集大成をかけて、ウー・マウンたちとともにX僧院というプロジェクトに着手することになる。しかし僧院の設立は何事もなく進んだわけではなかった。特に僧院の設置場所について、X長老とウー・マウンら在家者たちの思惑の違いが露呈することとなる。X長老とともにX僧院の設立に関わり、二〇〇八年現在、X僧院の顧問僧を務めているK長老（一九四三〜、「顧問 Komon」のKを用いる）によれば、その経緯は以下のとおりである。

ウー・マウンたちは最初からヤンゴンに僧院をつくるつもりであった。ウー・マウンたちの目標は、単なる一教学僧院をつくることではなく、他の教学僧院の見本になるような大僧院をつくることにあり、それを実現しうるのは大都市ヤンゴン以外にはないと考えていたからである。また、ウー・マウンたちがヤンゴンに住んでいるため、他の都市よりも都合がいいという事情もあった。そこでウー・マウンたちはヤンゴンの適当な場所をいくつか見繕って、X長老に提示した。

はじめにみつけた土地は、ヤンゴン管区ティンガンジュン（Thingangyun）郡のチャイカサン・パゴダ（Kyaikkasan Pagoda）近くの土地であった。このパゴダ周辺には古い僧院が多く、中には売りに出ているものもあった。しかし人家に近く、パゴダ祭りの機会には大勢の巡礼者で賑わう場所であったので、X長老は「このような場所では学生の管理が難しい。在家者の真似をしたくなる」として許可しなかった。次に、ヤンゴン郊外のタンリン（Thanlyin）町に土地をみつけたが、水を得ることが難しい土地であったため、教学僧院には適さなかった。最後に、ヤンゴン管区ミンガラードン（Mingaladon）郡に条件のよい七エーカーの土地をみつけた。しかし幹線道路沿いにあったため、X長老は許可しなかった。「道はモノへの入り口である。道をみると進みたくなる。道を進めばモノの世界にたどり着く」という理由からだった。

そこでウー・マウンたちがX長老に希望を尋ねたところ、X長老は長年、胸に秘めていた希望を語った。それは「森」に僧院を構えたいという希望だった。しかしこの希望は、ウー・マウンたちを困惑させるものであった。その理由として、ウー・マウンたちは以下のような問題を挙げた。第一に、交通が不便である。支援者である自分たちですら簡単に通うことができない場所に、他の一般の在家者が訪れるとは思えない。第二に、それゆえに食料や水の確保が難しい。そして第三に、高齢であるX長老の健康が心配である、といった諸点である。それに対してX長老は、次のように答えたという。

何のための僧院なのか。どのような僧院をつくりたいのか。律に則った出家生活を実現させるためではないのか。都市で瞑想するよりも、森で寝るほうが尊い。都市には煩悩（貪瞋痴）を増幅させる刺激がたくさんある。そうした刺激から遠ざかるほど、心を管理しやすい。心を管理できれば、心が豊かになる。だから歴代の「阿羅漢（P：arahan）」はみな、都市ではなく森で悟りを開いている。良い結果は、相応しい努力とそれを可能にする良い環境とによって得られる。

その結果、過半数の在家者たちが意見を改めた。しかし依然として反対者がおり、その内の一人である退役軍人の男性は「森の教学僧院ですか。実現するまでに五〇年くらいかかるかもしれませんね」と皮肉を言った。それに対しX長老は、「五〇年でできるのなら悪くない。都市の中では一〇〇年かかっても無理だ」と答えた。これには反対者も黙るしかなくなり、最終的に「森」に拠点を構えることで全員が納得したという。

そこでウー・マウンたちは、ヤンゴン郊外のフモービー郡にある、幹線道路から二キロほど中に入った七エーカーの土地（【図5-1】参照）を七万チャット（当時のレートは不明）で購入し、ここに最初の建物を建てた。そして一九八六年五月にX長老とK長老が移り住んだことによって、X僧院の活動が始まることになる。

以上が「森の教学僧院」という試みが始まった経緯である。「森」こそが律遵守の出家生活を行うのに相応しい。そのためにあえて在家者の居住空間から離れる。つまり経済的な不利益よりも修行の利益を優先する。これがX長老の、そして最終的にはウー・マウンたち在家者の決断であったといえる。

## 2　Y僧院への波及

それでは「森の教学僧院」という試みは、いかに展開したのか。結論を先にいえば、X僧院は、ヤンゴンをはじめとする都市住民の熱烈な支援を受けて、ヤンゴンの大教学僧院に引けをとらない教学僧院にまで成長することになる（詳しくは第六章で検討する）。そして設立から一五年という歳月を経て、Y僧院という新たな「森の教学僧院」の誕生をもたらす。その経緯は、以下のとおりである。

Y僧院の初代住職となったY長老は、一九六二年にヤカイン州パウットー（Pauktaw）町近くの村で生まれた。シュエジン派であった村の僧院において一四歳で沙弥出家した後、村の近くにあった「森の僧院」に移り、そこで瞑想中心（師僧はマハースィー瞑想センターで修行）の生活を四年間送った。その後、タトン（Thaton）町、バゴー（Bago）町、マンダレー、ザガイン（Sagaing）町といった各地の教学僧院で仏教試験のための勉強をし、二五歳で難関の仏教講師試験に合格し、その後はバガン（Bagan）にある教学僧院で教育活動に従事していた。

しかしその生活に飽きたらず、三六歳で「森」に入って瞑想修行に専念することを決意する。そして各地の「森の僧」を訪ねて回るような生活を三年ほど送る。しかしそこで出会った「森の僧」たちから、Y長老はまだ年齢も若く、仏教講師試験にも合格しており、また瞑想経験も豊富なので、「森」に入って一人で瞑想修行するのではなく、教学僧院をつくって後進の指導にあたるように助言を受けたという。

【写真５－８】Ｙ長老

そこでY長老は教学僧院の設立を決意し、知り合いの長老から託されたフモービー町にある僧院に移動した。そこで初めてY長老は、フモービー町近郊にあるX僧院の存在を知ることになる。当時、すでにヤンゴン屈指の大教学僧院となっていたX僧院は、フモービー郡のシュエジン派の自恣儀礼の会場となっていた。そこでY長老は「森の教学僧院」の実態を目の当たりにして衝撃を受ける。「X長老の僧院では出家者たちが、静かな環境で、律を守りながら教学に励んでいるのをみて、うらやましく思った」とY長老は振り返る。自身も「森」で長らく住んだ経験から、「森」が修行に最適であることはよく知っていた。しかしまさか教学僧院の運営が可能であるとは思っていなかった。自分もできるならば、「森の教学僧院」をつくりたい。そのように考えたY長老は、最晩年のX長老の元を尋ね、X僧院にしばらく住み込みながら「森の教学僧院」運営のノウハウについての指導を受けたという。

そして自身の「比丘の檀家」であった、元軍人で作家のウー・タン（U Than）に「森の教学僧院」設立の希望を伝えた(8)。そこでウー・タンは土地探しに着手する。はじめにみつけたのは、ウー・タンの知り合いの軍人が所有している土地で、バゴー郡の五エーカーの土地だった。その軍人は、僧院が順調に発展すれば、周囲の土地をさらに布施すると約束してくれた。しかしY長老とウー・タンが土地を見にいったところ、近くに托鉢に行けるような村がなかったため断念した。その一年後、ウー・タンの別の知り合いが、フモービー町近くに三エーカーの土地を購入し、この土地を布施する準備があるという。そこでY長老とウー・タンが訪れると、人家から近すぎず遠すぎず、まさに「森の僧院」を建てるに相応しい場所であった。そこでその土地にウー・タンが小屋を建て、土地と合わせてY長老に布施し、二〇〇二年七月、Y長老は弟子の沙弥二人と共にそこに移り住んだ。こうしてY僧院は、いわばX僧院のノウハウを受け継ぐ僧院として、その活動を始めることになる。

## まとめ

以上、X僧院という特殊な改革がいかにして始まり、それがどのようにY僧院へと波及していったかについて概観した。登場した主要なアクターの関係を示すと次頁【図5-2】のようになる。それではX僧院とY僧院は、いかに教義的理想を追求しているのか。そこにはどのような問題があり、そうした問題にどのように対処しているのか。次章以降、①社会との関係をどのように調整しているのか（第六章）、②僧院組織をどのようにデザインしているのか（第七章）について、それぞれ検討していきたい。

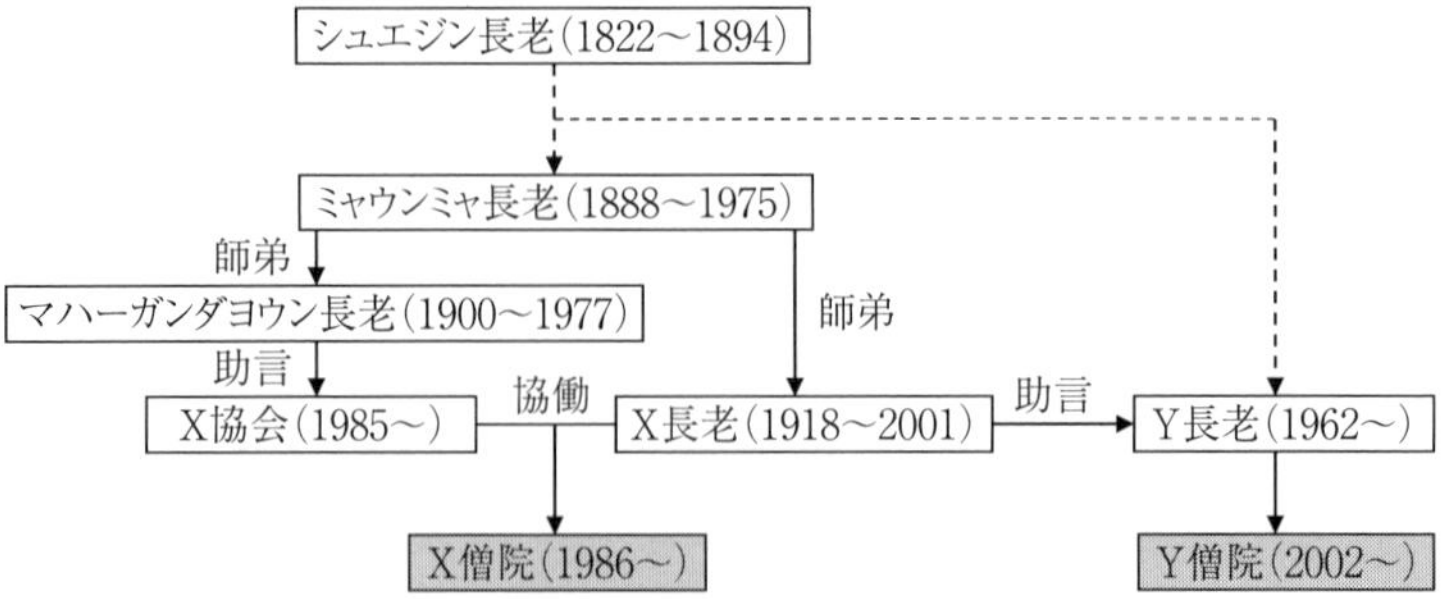


【図5－2】X僧院とY僧院をめぐる諸アクターの関係

## 註

（1）出家者デモの参加者の多くは、教学僧院の若い学生たちであった。そのため政府は多くの教学僧院に弾圧を加えた（cf.守屋編訳　二〇一〇）。実際、デモ後しばらくは、ヤンゴンの教学僧院は学生が追い出され、閑散としていた。

（2）もっともミャンマーには、人里離れたジャングルで修行を行うような修行者も存在している。ただしこうした修行は出家者ではできないため、「在家修行者（M：ya.thei.）」として行われる。一九世紀後半から二〇世紀初頭にマンダレーの仏教施設の再建に尽力したウー・カンティ（U Khanti）は、わざわざ還俗して山籠もりした隠者として有名である。

（3）『清浄道論』によれば、頭陀行とは、①糞掃衣支（糞掃衣を着る）、②但三衣支（三衣のみを着る）、③常乞食支（托鉢に行く）、④次第乞食支（托鉢に行く家を選り好みしない）、⑤一坐食支（一日一食）、⑥節量食支（鉢の中からだけ食べる）、⑦時後不食支（食物の布施を追加して受けない）、⑧林住支（森に住む）、⑨樹下住支（樹の下に住む）、⑩露地住支（露地に住む）、⑪塚間住支（墓地に住む）、⑫随得敷具支（どんな所にでも住む）、⑬常住不臥支（横になって眠らない）といった修行を指す。ただしこれらの修行は、出家者の義務ではなく、それぞれの関心・能力・性分に応じて、意欲ある者が意欲のある分だけ行う、という性格をもっている。

（4）年齢はX僧院が設立された一九八六年五月二三日時点。個人名については本書の議論に関わる人物についてのみ、仮名で記してある。

（5）タキン党は一九三〇年代半ば以降のビルマ・ナショナリズムの高揚で活

躍した民族運動団体で、ビルマの権利拡大を英国植民地政府に要求した。当初は「我らのビルマ協会（Do Bama Asiayone）」と称した。タキンはミャンマー語で「主人」の意があり、「ビルマの主人（タキン）はビルマ人」と民族意識を高め、互いの名前にタキンをつけて呼び合った。ウー・アウンサン（Aung San）、ウー・ヌ、ウー・ネーウィンらもタキン党の出身である（野上　二〇〇九：六七二）。

（6）三種類ある袈裟の一種で、主に儀礼などで用いる。普段用いる上衣と内衣に比べて厚い。

（7）懺悔の方法、懺悔のときに唱えるパーリ語文は、ウェープッラ（一九八六：三〇）に詳しい。

（8）ウー・タンによると、ウー・タンがY長老と出会ったのは、一九八八年、Y長老がバガンの教学僧院で講師をしていたときのことである。当時、軍人で国営テレビのディレクターをしていたウー・タンは、その仕事柄、各地の僧院を訪れる機会が多かった。地方ロケの際に、僧院に泊まることが多いからである。そこでこの教学僧院を訪れたとき、Y長老が二一時から翌朝四時まで墓地に入って瞑想するという頭陀行を実践していることを知り、その姿に感銘を受けたウー・タンは、「比丘の檀家」として長老を支援することを決めたという。

# 第六章　「出家」の挑戦

## はじめに

かつてデュモン（L. Dumont）は、ヒンドゥー教の出家者――上座仏教の出家者と同じ源流をもつ――を、「世俗内人間（man-in-the-world）」に対する「世俗外個人（individual-out-of-the-world）」と表現した。世俗内人間が相互関係の網の目の中にいる人間の社会的なあり様を示すのに対し、世俗外個人とは、あらゆる社会的な役割を拒絶し、社会の秩序の外に出たあり様を示す（デュモン　二〇〇一：二四〇）。

その一方で、いかなる人間も、社会との関わりなしには生きていけない。それは上座仏教の出家者であっても例外ではない。なぜなら出家者は、律によって経済活動や生産活動を禁じられているからである。第一章でみたように、物質的な生活基盤を在家者からの布施に依拠する乞食《こつじき》というあり方が、出家生活の大原則である。このように出家生活とは、社会から離れることを重要な前提とする一方で、社会からの布施に依拠しなければ成立しえないというアンビバレントな特徴をもつ。それでは「出家」という生き方は、いかに実現しうるのか。「出家」を志向する出家者は、社会との関係をどのように調整しているのか。本章の目的は、この問題について、「森の僧院」の試行錯誤とその帰結を描写することにある。

この問題を検討するために、本章では「贈与（gift）」という分析視点を導入する。なぜなら布施という贈与こそが、出家者を社会に縛り付ける大きな要因となっているからである。そこで本章ではまず、具体的な検討に入る前に、贈与に関する人類学的研究を参照することによって、本章の問いを明確にする。そこで明らかになるのは、「出家」とは、〈世俗＝贈与交換の世界〉の外側に存在しているのではなく、その真っ只中にしか存在しえないということである。それゆえに「出家」の挑戦とは、〈世俗＝贈与交換の世界〉を超える試みとして現れることを示す（第一節）。

次に「森の僧院」がなぜ「出家」にこだわるのか、そして「出家」をいかなる形で実現しようとしているのかについて、特にX僧院を事例として検討する。まずX僧院では、出家者が社会から離れることによって「出家」を実現することこそが、出家者／在家者双方の利益に資するという独特の布教観がみられることを指摘する。そしてその目的を実現するために、つまり〈世俗＝贈与交換の世界〉を超えるために、単に在家者から空間的に分離するだけでなく、「与える」／「受け取る」ことを拒否しようとしていることを示す（第二節）。

最後に、「森の僧院」が実際に社会にどのように受け入れられたかを分析することによって、「出家」の挑戦の成否を評価する。そして「森の僧院」の〈出家＝布教〉という挑戦が、仏教に目覚めた都市住民と結びつくことによって、出家者についてまわる土着化のリスクを回避しえていることを示す（第三節）。

# 第一節　「出家」というアポリア

## 1　『贈与論』からみた「出家」

はじめに贈与に関する人類学的研究の系譜を簡単にレビューしておきたい。まず取り上げたいのは、モース（M. Mauss）の『贈与論』（モース　一九七三）に端を発する一連の議論である。前述したように出家者は、社会からの布施に依拠して生活しながらも、社会から離れようとする存在であると定義できる。しかしこうした出家生活は、『贈与論』の議論と照らし合わせると、実現不可能なものである。

たとえば『贈与論』の英訳序文においてダグラス（M. Douglas）が指摘しているように、『贈与論』の最大のポイントは、マリノフスキー（B. Malinowski）がトロブリアンド島民の家庭内に見出したような、見返りのない「無償の贈与（free gift）」や「純粋贈与（pure gift）」といった概念を否定し、贈与を交換の一形態と捉えるところにあった（Douglas 1990: cf. Malinowski 1922）。つまりモースによれば、贈与は与え手の精神的本質（モノの霊）を体現しており、それが受け手に返礼を促すがゆえに、〈贈与⇕返礼〉という義務的な交換が生じるとする。

こうした「贈与＝贈与交換」を、真の贈与ではないという議論を提出しているのがデリダ（J. Derrida）である。デリダは、「『贈与論』ほどに記念碑的な本はあらゆることについて語っているが、しかし贈与についてだけは語っていない」（デリダ　一九八九：七九―八〇）と述べているように、『贈与論』に対して批判的な立場をとっている。つまりデリダによれば、贈与が真の贈与――これをデリダは「純粋贈与」と表現している――であるためには、それが返礼をもたらすものであってはならない。なぜならそうした返礼は、贈与を交換や契約に変えてしまうことであり、贈与本来の「与えきる」という目的そのものを破壊してしまうからである。その上でデリダは、こうした純粋贈与は現前しえないというパラドクスを指摘している。なぜなら贈与は贈与として認知された途端、見返りの期待・義務を不可避的に生じさせる、いいかえれば、相手に負債を負わせることなく与えることは不可能であるからである（デリダ 一九八九）。この点においてデリダの議論は、無償の贈与や純粋贈与といった概念を否定する『贈与論』の議論を、いわば裏側から補完するものであるといえよう。

ブルデュ（P. Bourdieu）もまた、「象徴資本(1)（symbolic capital）」という概念を導入することによって、贈与が返礼をもたらすメカニズムを説明している。つまりブルデュによれば、贈与というものは、与え手の意図（返礼の期待の有無など）にかかわらず、感謝、注目、称賛、敬意といった象徴資本を自然と増大させるものであり、それゆえに長期的にみれば与え手の経済的利益を増大させるべく機能しているとされる（ブルデュ 二〇〇一、Bourdieu 2001など）。

このように贈与の社会的効果を論じている諸議論は、純粋に、つまり返礼を生じさせることなく与える／受け取ることが不可能であると主張している。しかしこのことは、出家者にとっては明白に良くないことである。なぜならこの論理にしたがうならば、出家者は布施を受け取ることによって、社会に対して負債を負うことになるからである。その負債を返済するならば社会との連帯を強めることになり、逆に負債を返済しないならば社会に従属することになる。いずれにしても、出家者は社会に組み込まれ、「出家」の理想から逸脱せざるをえない。つまり「出家」という生き方は、『贈与論』が描くような贈与交換の世界では成立しえないといえる。

## 2　「出家」を可能にする宗教的世界観

それに対し、制度宗教における贈与の特徴を検討している一連の論考は、「出家」を可能にするような、いいかえれば、純粋贈与を可能にするような宗教的世界観の存在を指摘している。たとえばエームス（M. Ames）は、スリランカ仏教を事例として、在家者による儀礼的贈与を、①土着の神々への贈与と②出家者への贈与という、二つの対照的な贈与として描写している。神々への贈与は、神々の加護を求め、その加護に報いるために行われるという意味で、神々と人間との間に成立する互酬的な贈与である。その一方で、出家者への贈与、つまり布施は、良い転生や涅槃という理想に近づくために必要な功徳を獲得するために行われる。そこで重要なのは、こうした功徳は、与え手（在家者）自身の行為によって自動的に獲得されるものであって、出家者からの返礼ではないという点にある。出家者は布施を受け取ることによって、在家者に功徳を積む機会、つまり「福田」としての機会を提供しているだけにすぎない。その意味で出家者への贈与は、非互酬的な贈与であるとする（Ames 1966：30–38）。

またストレンスキ（I. Strenski）やライドロー（J. Laidlaw）は、レヴィ＝ストロース（C. Lévi-Strauss）による限定交換／一般交換という区別を援用することによって、上座仏教徒社会およびジャイナ教徒社会における出家者と在家者の関係を、一般交換の体系として特徴づけている。つまりこれらの社会においては、たとえば在家者が出家者に布施をし、出家者が在家者に説法をするというように、在家者と出家者の間のパターン化された贈与によって生み出され、維持されている。しかし両者は相手からの返礼を期待して贈与しているわけではない。それは供犠にも似た、それ自体で完結した一方的な贈与、つまり純粋贈与であり、したがっていかなる負債感も義務ももたらさない。それゆえにこうした関係はモースのいう互酬性という文脈では捉えられないとする（Laidlaw 2000：624–626; Strenski 1983：473–474; cf. レヴィ＝ストロース 二〇〇〇）。

こうした贈与交換という枠組みでは理解できないような純粋贈与の体系を、制度宗教における救済論と結びつけて、より包括的に論じているのがパリー（J. Parry）である。パリーによれば、「インドの贈与（Indian gift）」は、『贈与論』が論拠としている「アメリカ・インディアンの贈与（'Indian gift'）」とは、返礼の義務を否定するという点で、根本的に異なる体系である。インドの贈与においては、贈与の見返りは来世における見えない果報として現れ、その仕組みは完全に非人格的なものである。それゆえに受け手は贈与に束縛されたり与え手に従属したりすることもない。こうした純粋贈与の概念は、インドの宗教だけでなく、世俗を超えた価値を唱える制度宗教において普遍的にみられるとする（Parry 1986: 462-469）。

純粋贈与という概念が制度宗教と深く結びついているとする認識は、贈与経済から商品経済への移行という問題を扱う阿部謹也やグレゴリー（C. A. Gregory）の議論においても、別の形で観察できる。たとえば阿部によれば、中世ヨーロッパ社会では、カトリック教会への寄進こそが彼岸における救いをもたらすという教理が普及した結果、現世的には無償の贈与が成立することになり、それに伴い売買慣行が活発化したと論じている（阿部　二〇〇七：九八―一二二）。同様にグレゴリーは、パプアニューギニアの一村落を事例として、キリスト教の浸透によって生じた「人への贈与」から「神への贈与」という変化が、交換されるモノの譲渡可能性を高め、それが市場交換への移行を準備したとする（Gregory 1980, 1982）。

以上の諸議論に共通しているのは、制度宗教を基礎とする社会は、モースが描いたような贈与交換の論理とは別の、純粋贈与という論理が機能しているという認識である。こうした社会においては、出家者や教会に対する贈与は、交換の論理ではなく救済の論理に回収されるため、与え手と受け手の間にいかなる関係ももたらさない。したがって前述したような「出家」のジレンマは、そもそも存在しないことになる。

## 3 「森の僧」の限界

その一方で、上座仏教徒社会の民族誌が描き出しているのは、社会との贈与交換関係に深く組み込まれた出家者たちの姿である。たとえば第一章でみたように、伝統的に村の僧院は、①学校、②貧困者福祉施設、③病院、④旅行者の宿泊所、⑤社交機関、⑥娯楽場（祭りなど）、⑦簡易裁判所、⑧芸術的創造と保存の場、⑨共有財産の倉庫、⑩行政機関の補助施設、⑪儀礼執行の場といった役割を果たしてきた。また社会変動の中で、スリランカやタイでは、出家者が在家者向けの世俗的サービスを活性化させていることが報告されている。こうした活動は、一面では在家者に生活を支えてもらっていることに対する返礼であり、別の面では、在家者からの布施を獲得するための投資的な贈与として捉えることが可能である。

このような議論は、純粋贈与に基づく社会体系の自律性を主張するパリーらの議論に対し、モースが描いたような贈与交換に基づく社会体系の普遍性を支持するものであるといえる。つまり「出家」とは、〈世俗＝贈与交換の世界〉の外側に存在しているのではなく、その真っ只中にしか存在しえない。それゆえに「出家」の挑戦とは、〈世俗＝贈与交換の世界〉を超える試みとして現れるのである。

それではこうした「出家」の挑戦は、いかにして実現しうるのか。第一章でみたように、この点についてカリサースやタンバイアは、悲観的な見解を提示している。つまり「出家」の理想を追求するような原理主義的な改革、あるいは「森の僧」という実践を、一時的な、決して完遂しえない挑戦として捉えている。それゆえに出家者の現実態は、〈土着化と原理主義的改革〉、〈村・町の僧と森の僧〉の間を循環するとされる（Carrithers 1979, 1983; Tambiah 1984）。もっとも、その理由については十分な議論がなされているわけではない。しかし彼らの議論から以下の二点を抽出することが可能である。

第一に、在家者の居住空間から離れた「森」に住み、在家者との贈与交換関係を拒否することは、布施の獲得という観点からみた場合は非合理的であるという問題がある。したがって伝統的に上座仏教徒社会では、「森」に住むことは十三種類の頭陀行の一つに数えられ、奨励される修行形態としてみなされている一方で、あくまでも一時的・個人的な修行として捉えられており、実際、修行拠点としての「森の僧院」とは、小さな庵や洞窟であることが一般的である。第五章でみたように、X僧院の拠点をめぐる議論の焦点もここにあった。

第二に、「森の僧」は在家者にとって熱烈な崇拝対象となりうるという問題がある。タンバイアによれば、「森の僧」は在家者にとって、硬直化した構造を再活性化する反構造としての機能をもちうるため、社会（構造）の不安定期において、在家者から熱烈に求められる傾向がある。つまり「森の僧」は厳しい修行の結果、現世利益をもたらす聖なるカリスマ的なパワーをもっていると信じられ、そうしたパワーを得るために、カリスマへの直接的参与（巡礼など）や物象化されたカリスマの獲得（護符信仰など）といった現象が生じうるのである（Tambiah 1997: 553-554）。しかしこのことは当の「森の僧」にとっては必ずしも望ましいことではない。なぜなら崇拝現象が勃興すると、「森の僧」の意図にかかわらず、在家者と接見したり、護符を聖別化したりするなど、布施と引き換えに聖なるパワーを分け与える「カリスマ」として、贈与交換関係に組み込まれざるをえないからである。

このようにタンバイアが示唆しているのは、「森の僧」という実践は、押し寄せる「俗」という波に飲まれて決して完遂しえない、ということである。つまり悟りの境地としての「阿羅漢」を目指すという「森の僧」の試みは、まさにその隠遁的かつ厳格な修行ゆえに、在家者からは聖なるパワーの体現者である「阿羅漢」とみなされ、その結果、修行が損なわれるという逆説的な状況をもたらしうる（cf. 藏本 二〇〇六）。つまり「森の僧」にとっては、社会に知られないことだけでなく、逆に知られすぎることもまた、危険なのである。

このように「森の僧」に典型的にみられる「出家」の挑戦は、①経済的リスクと②崇拝対象となるリスクという、二重のリスクを抱えている。前者は経済基盤という量的な問題、後者は社会との関係性という質的な問題として整理できるだろう。それゆえに「森の僧」という実践は完遂しえないというのが、先行研究から導き出せる結論である。

ただしカリサースやタンバイアの議論は、いわば社会の側から「森の僧」を捉えたものであり、ほかならぬ「森の僧」自身が、社会との関係をいかに捉え、そしてどのように関わろうとしているのか、そしてそうした試行錯誤が、社会にどのように受け止められているのか、といった諸点を問題化できていない。「出家」の挑戦が現実にどのように展開しうるかを分析するためには、カリサースやタンバイアのように、「森の僧」と社会の関係を、循環的なパターンの中に解消してしまうのではなく、「森の僧」の視点に立って社会との関係を捉え返す必要がある。以下の記述で試みるのは、このような意味における、X僧院とY僧院の「出家」の挑戦の記録である。

## 第二節　「出家」の作法

### 1　「出家」の目的

そもそもX僧院やY僧院は、なぜそこまで「出家」の理想にこだわるのか。第五章でみたように、その理由は、一義的には、出家者自身の修行を促進するためである。つまり「出家」を実現することは、なによりもまず、出家者自身の利益に適うものであるという考えがみられる。この点だけに注目すると、X僧院やY僧院は、自分たちの救いにのみ専心している利己的な存在であるようにもみえる(2)。

しかしX僧院やY僧院には、社会に対する「布教（M:thatha.na pyu.）」、つまり社会貢献という意識も強くみられる。つまり「出家」を実現することこそが、出家者自身のみならず、在家者をも利するという考えである。それでは社会逃避的な出家者の社会貢献とは、具体的にどのようなものとして捉えられているのか。ここではX僧院の長老たち――現顧問僧のK長老と現住職のJ長老――とのインタビューを通して、その布教観についてみてみたい。

### ①X僧院の布教観

この問題を考える上でまず確認しておきたいのは、「世俗的な幸福（M:lo:ki khyan:tha）」と「仏教的な幸福（M:lo:kou'ta.ra khyan:tha）」という区別である。「世俗的な幸福」とは、欲望が満たされることによって得られる満足、いいかえれば「モノがある幸福（M:hsi. khyan:tha）」「物質的幸福（M:you' khyan:tha）」である。それに対し「仏教的な幸福」とは、欲望から離れることによって得られる心の平安（涅槃）、いいかえれば「モノがない幸福（M:ma.hsi. khyan:tha）」「精神的幸福（M:sei' khyan:tha）」である。

そこで重要なのは、「仏教的な幸福」というのは、他人が与えることができるものではなく、自分で実現するしかないという点にある。つまり自ら修行に励み、欲望から離れるように生きなければならない。しかしながら、それは欲望に逆らうことであるがゆえに、その道を歩むのは困難であるとされる。この点についてK長老は次のように述べる。

K長老：すべての人に道は開かれている、すべて説き尽くされている。しかし涅槃への道を進もうとする人は少ない。人々が望んでいるのは「世俗的な幸福」であって、「仏教的な幸福」ではないからである。「仏教的な幸福」というものがあることにすら気がつかない人が多い。在家者から「涅槃にはおいしいご飯がありますか」などと時々聞かれたりする。そこで「涅槃にはご飯はないし、きれいな女性もいない」と説明すると、「じゃあ涅槃に行かなくてもいいです」などという。涅槃に執着するようでは、涅槃を願っているとはいえない。

したがって出家者のなすべき社会貢献とは、「世俗的な幸福」を追求する在家者を、「仏教的な幸福」への道へと誘うこと、いいかえれば在家者が自分で修行しようという意欲を育み、それを支えるものとして表現される。そしてこうした貢献は、出家者が在家者と距離をとること、つまり「出家」を実現することによってのみ可能になるという。K長老によれば、その仕組みは以下の二点にまとめられる。

第一に、出家者が「出家」を実現することは、在家者の「信」を育むことにつながるとされる。第五章でみたように、「信」とは仏教への信仰心という意味で、具体的には三宝（仏宝・法宝・僧宝）への信頼・帰依を指す。そこで在家者に対して三宝の存在を具体的に予感させるというのが、出家者の重要な役割であるとされる。現実の出家者たちは、未だ修行の身であるという点で、涅槃の境地を実現した僧宝（聖なるサンガ、第四章参照）には及ばない存在である。

しかしそれでもなお現実の出家者は、在家者にとっては最も身近な三宝への接点である。つまり在家者は、修行に励む出家者の姿を通してはじめて、その先にある僧宝を想像することができる。僧宝を思うことができれば、彼らを涅槃へと導いた仏法、そしてその仏法を説いたブッダの存在をも思うことができる。そのためには社会に参加し、在家者に寄り添うのではなく、在家者から離れ、理想的な出家者、つまり僧宝を予感させる存在として接しなければならないとされる（【図6-1】）。

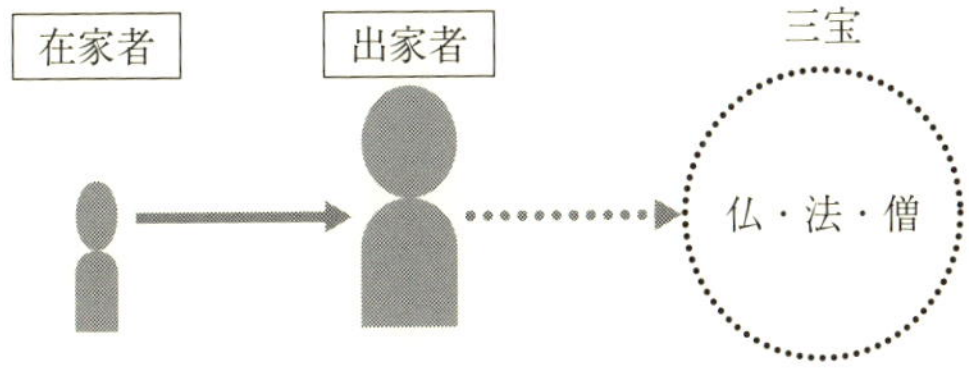


【図6－1】出家者の媒介的役割

第二に、このように僧宝の存在を開示することは、在家者を理想の布施行に導くことにもなるという。布施行とは、自分が欲望の対象として執着しているものを手放すための訓練を意味する。大切な何かを手放すことは、同時に自分の心を執着や欲望から解き放つことになる。こうした執着から離れた心の状態を「功徳（M:ku.dhou）」といい、この功徳が善業（善因）となり善果をもたらす。在家者の修行は、①「布施（P:dāna）」、②「持戒（P:sīla）」、③「修習（P:bhāvanā　仏典学習や瞑想修行によって、仏教の教えを心の中に生じさせ、増大させること）」を三本柱とするが、その中でも布施は最もやりやすく、それゆえに修行の第一歩としての重要性をもつという。

ただし布施行がきちんとした修行になるためには、単に布施をすればいいというわけではない。重要なのは布施するときの心の状態、動機であるとされる。見返り・返礼の期待など、欲望・執着を動機とする場合は功徳にならない。それは「功徳のため」の布施も同様で、たとえば功徳を積めば来世でお金持ちになれるはず、と考えて布施をしても、功徳にならないという[3]。このように功徳は結果として得られるものであり、求めると得られないというパラドクスがある。布施が功徳になるか否かは、結局のところ布施者の動機次第であり、先行研究が想定しているような自動的なプロセスではないということである。この点において、最も功徳のある理想の布施は、前述の僧宝、つまり理想の出家者集団に対する布施であるとされる。

K長老：在家者によっては自分の好きな出家者にだけ布施しようとする者がいる。しかし個人に対する布施は、その人から好かれたい、恩に着せたい、見返りが欲しいなど、動機がよくない。僧宝の徳を思ってなされた布施の方が、個人に対する布施よりも功徳が大きい。なぜなら僧宝の徳を思うとき、その心は欲望から離れているからである。

つまり個人に布施するよりも、僧宝に布施する方が、布施の動機がよく、したがって功徳になる。これは第四章でも言及したとおり、ミャンマー仏教界では一般的にいわれていることである。そこで問題は、実際に僧宝に布施しうるか、より正確にいえば、僧宝を心の中に思い描けるか否かという点にある。たとえば律を守らない堕落僧を前にして、理想の僧宝を思うのは難しいだろう。それは不可能ではないにしても、布施者に多大な労力をかけさせることになる。したがって布施の受け手である出家者に求められるのは、自分を通して自然と僧宝の存在を感じさせるような存在でいられるように努力することにある。

以上のように出家者には、①在家者の「信」を深める、②在家者を功徳のある布施行に誘うという役割があるとされる。そしてこうした役割を全うすることが、X僧院の目指す布教の内実にほかならない。そのためには社会に参加し、在家者一人一人に寄り添うのではなく、在家者から離れ、理想的な出家者、つまり僧宝を予感させる存在として接しなければならない。「在家者と接するときは、個人として接するな。サンガとして接しろ」。これが、筆者が出家期間中に、師僧であるK長老から度々注意されたことだった。つまり出家者が「出家」の理想を追求すること、いいかえれば社会逃避的な態度を貫くことこそが、在家者を利するための重要な手段になっているという仕組みが示されている。

## ②出家者の福祉活動の評価

それでは逆に、X僧院においては、在家者に対する種々のサービスはどのように評価されているのか。たとえばJ長老は、出家者の福祉活動について次のように述べる。

J長老：「福祉活動（M：pa.ra.hi.ta.）」は、仏典では禁止も奨励もされていない。もし布施が潤沢にあり、在家者の協力も多いのであれば、福祉活動に関わるのも重要なことである。しかし布施や協力者が少ない状態で無理に福祉活動を行うならば、出家者自身が社会と深く関わらなければならなくなる。社会と深く関わると、在家者の心になりやすい。つまり資金の工面に奔走したり、子供のおむつを洗ったりしている内に、出家者としての心を忘れてしまう。世俗生活に惹かれ、修行への意欲も減退しやすい。それゆえに、福祉活動に関わる長老の還俗は多い。福祉活動を優先して出家者としての修行が疎かになるならば、自他共に害する結果をもたらす。

他の上座仏教徒社会と同じく、ミャンマーにおいても福祉活動はみられる。村の僧院は多かれ少なかれ福祉的な機能を担っているといえるし、第三章でみたように、子供に世俗教育の機会を与える僧院学校など、福祉活動に特化した僧院も増えてきている。もちろんこうした僧院は、「仏教的な幸福」を度外視して「世俗的な幸福」への貢献のみを追求しようとしているわけではない。社会福祉僧院でのインタビューにおいては、福祉活動はいわば呼び水であり、それをきっかけとして仏教への理解や実践を深めていくのが目的である、という話をしばしば聞いた。つまり「世俗的な幸福」への貢献が「仏教的な幸福」への貢献へとつながっていくという発想である。また、何よりもこうした活動に携わっている出家者たちには、苦しむ人々を放っておけないという強い思いが感じられた。

J長老も、こうした福祉活動を否定しているわけではない。しかし「世俗的な幸福」を提供することと、「仏教的な幸福」へと誘うことは、そう簡単に接合できないという考えが読み取れる。出家者の安易な社会参加は、何よりも出家者自身の「自利行（M：a.ta.hi.ta.）」を損なう危険性があるとされる。出家者が出家者としての生き方を貫徹できなければ、在家者を「仏教的な幸福」に誘うという出家者の役割も蔑ろにされてしまう。したがって出家者が社会から離れ、自らの修行に専心するのは義務であり責任でもあるということである。

ミャンマー語の「布教（M：thatha.na pyu.）」という言葉には、単に他者に仏教を広めるという意味だけでなく、自らの内に仏教を広げていく（教えを学び体得していく）という意味も含まれる。つまり「自利行」と「利他行」という両面を含意している。その意味で、前述したようなX僧院の考えは、取り立てて特殊なものではない。しかし他の僧院の場合、理想と建前が乖離しがちであるのに対し、言行一致を頑なに追求しようとするのがX僧院の特徴であるといえよう。

それではこうした目的を、どのように実現しようとしているのか。第五章でみたように、X僧院の特徴は、「森」に拠点を置いている点にある。しかしX僧院の「出家」の挑戦は、単に「森」に居住するという、社会からの空間的な分離だけにとどまらない。それは日常的な社会逃避的な態度としても現れている。以下、その内容についてみてみよう。

## 2　「出家」の方法

X僧院の社会逃避的な態度は、第一に、「与える」ことの拒否として現れている。他の上座仏教徒社会と同じく、ミャンマーにおいても通常、出家者は在家者との密接な関係の中で生活している。その役割は瞑想指導や教義解説といったものから、年中行事や人生儀礼への参加、子供たちの教育、伝統的な薬の処方など、多岐にわたる。

それに対しX僧院では、在家者に対して何かを「与える」という行為は、それとひきかえに在家者から布施を得ようとするいわば疑似経済活動とでもいうべきものであり、ゆえに経済活動を禁じる律の原則に抵触するものであると捉えられている。そして律の規定を厳密に解釈し、在家者に以下のようなモノ・サービス・言葉を与えることを禁じている。すなわち、①在家者に様々なモノ――木・竹・植物・果物・花・石鹸・洗顔料・楊枝・顔を洗う水など――を与えること、②在家者に様々なサービス――占い、土地の浄化、医療行為、伝言や荷物運びなど在家者のお使いをする、在家者の仕事を手伝う、子供をあやすなど）――を与えること、③在家者に様々な言葉――ほめたりけなしたり、親しげに話したり、雑談に興じたりすることなど――を与えることである。それゆえにX僧院では、出家者の側から在家者にモノ・サービス・言葉を与えることはない(4)。

第二に、こうしたX僧院の社会逃避的な態度は、布施を「受け取る」方法においても顕著に観察される。前述したようにX僧院では在家者サービスを行っていないため、在家者と接するのは布施を受け取る機会、具体的には托鉢や各種の布施儀礼――雨安居衣布施式やカテイン衣布施式といった年中儀礼や、僧院での日常的な招待食など――といった機会に限られている。

そこでX僧院の特徴は、在家者から布施を受け取る機会において、布施をすべてサンガ（僧宝）に捧げさせ、個人として布施を「受け取る」ことを拒否しようとする点にある。こうした布施対象の選別は、基本的に在家者の希望に委ねられている。それに対してX僧院では布施を個人として受け取らないような努力を行っている。それは具体的には、出家者としての個性をできるだけ隠そうとするとする努力として現れている。たとえばX僧院では、托鉢は常に集団托鉢の形式で、個人托鉢は許可されていない。また、あらかじめ托鉢に応じることを約束した家々を回る訪問托鉢ではなく、いくつかの托鉢ルートを順番に回るという形式をとる（第三章参照）。個人托鉢や訪問托鉢の場合、在家者と親しくなりやすいからである。そして托鉢に際しては、左手に大きな扇を持ち、在家者と視線を合わさないように気をつけ、在家者が施食する際には、「サンガ（僧宝）に布施します。この功徳によって涅槃に行けますように。この功徳を生きとし生けるものに回向します」という文句を唱えさせる。このような方法をとることによって、個人として布施を受け取ることを慎重に避けているのである。それは他の布施儀礼においても同様である。

以上のようにX僧院は徹底した社会逃避的な態度をとるがゆえに、X僧院の印象は、接する者の立場によって大きく異なる。たとえば筆者が在家者としてX僧院に通っていた頃は、とにかくインタビューがやりにくかったのを覚えている。J長老は教義的な質問には答えてくれるものの、出家生活の具体的な内容や自身の経歴についての質問には、「そういう問題には出家者は答えるべきではない」として解答を得られなかった。K長老に至っては、インタビューの途中で退席してしまうほどだった。

一方で、実際に出家してみてわかったのは、僧院生活は互いに打ち解け合った空気に満ちているということだった。J長老は「出家者同士、何も遠慮することはない。何でも聞け」と筆者を迎えてくれた。筆者の師僧を引き受けてくれたK長老はまさに父親のように、時に厳しく、時にやさしく筆者を指導してくれた。先輩比丘たちとは、村のこと、日本のこと、瞑想のこと、その他いろいろなことを話した。そして沙弥たちとは境内を散歩し、いろいろな植物や昆虫などをみてまわった。当然のことであるが、一人一人の出家者には個性があり、筆者はその個性を楽しんだ。

しかし、そうした出家者同士の密接な関係性は、筆者の還俗と共に再び失われた。還俗の儀礼が終わり、袈裟を脱いだ筆者に対して、K長老は短く「行け」と言った。友人となった比丘や沙弥たちも、もはや筆者に話しかけてくることはない。還俗した瞬間、筆者は彼らの私的領域から放り出されたのである。

このようにX僧院では、出家者の側から在家者に「与える」ことを拒否する。また在家者から布施を受け取る機会においても、それを個人として「受け取る」ことを拒否し、そのすべてを僧宝へと捧げさせようとする。そこで重要なのは、こうした社会逃避的な態度は、在家者と贈与交換関係を取り結ばないようにするための、いいかえれば土着化を克服するための工夫となっているという点である。

つまり第一に、土着化を避けるためには「与える」ことを拒否することが重要である。モノ、サービス、言葉を与えることは、その意図がどうであれ、出家者と在家者の関係を、〈布施とモノ・サービス・言葉〉という贈与交換の関係に変えてしまうことにつながる。それは出家者という存在を、一つの社会的な職業とすることにほかならない。「出家」という理想を追求するために、「与える」ことから離れる。これがX僧院の特徴の一つである。

第二に、布施を受け取る際にも細心の注意を払う必要がある。それが、僧宝に布施を捧げさせるという工夫である。その最大のポイントは、それによって出家者は布施の受け手となることから逃れることができる点にある。なぜなら布施が僧宝に対してなされたとき、出家者は僧宝に代わってその布施を預かる存在、いいかえれば、単なる媒介項にすぎないからである。つまりそれによって、デリダのいう「贈与を贈与として認めさえしない」という論理が実現しうるのである。

繰り返し述べているように、出家生活は社会から離れることを重要な前提としながらも、社会からの布施に依拠しなければ成り立たないという特徴をもつ。そして布施を介したやりとりは、出家者と在家者の間に贈与交換の鎖を必然的に生じさせる。この点において「与える」／「受け取る」ことを回避するというX僧院の試みは、こうした贈与交換の鎖を、まさにその現場において切断しようとする試みとして評価できるだろう。

## 第三節　「出家」の行方

### 1　「森の僧院」の富裕化

以上のようにX僧院には、社会から離れること、いいかえれば「出家」を実現することが、出家者自身だけでなく、在家者の利益にも貢献するという布教観がみられる。こうした目的を達成するために、X僧院は「森」に住むことを選択し、そして社会逃避的な態度をとることによって贈与交換の鎖に拘束されないように気をつけているといえよう。ただしその理想がいかに高邁なものであったとしても、実際に社会にどのように受け入れられているかは別問題である。前述したように、「森の僧」は潜在的に、①経済的リスクと②崇拝対象となるリスクという、二重のリスクを抱えている。それではX僧院の、そしてそれを模倣したY僧院の「出家」の挑戦は、実際にどのように展開しているのか。最後にその活動の成否について検討してみたい。

はじめに経済的な問題についてみてみよう。他の「森の僧」と同じく、X僧院もまた経済的なリスクを抱えている。それは「森」に住むという空間的な分離に加え、在家者との贈与交換を拒否するという要因による。それゆえ実際に、一九八六年の設立から五年余りは、X長老とK長老という二名の出家者が生活していくだけでも大変で、他の出家者を受け入れる余裕はなかったという。しかし一九九〇年代以降、急激に布施が集まるようになり、二〇〇九年現在では、何もなかった「森」には立派な建物が並び、水や電気が整備され、三階建ての講堂を筆頭に、一〇以上の僧坊を構えるまでになった。それに伴い出家者数も一九九六年には一〇〇人、二〇〇六年には二〇〇人を突破した。これはヤンゴン都市部の大教学僧院に匹敵する規模である。

こうした富裕化は、X僧院を範とした僧院づくりを目指すY僧院において、より急激かつ顕著な形で確認できる。たとえば筆者が調査していた二〇〇七年から二〇〇八年にかけて、Y僧院ではインフラの整備が急ピッチで進んでいた。たとえば水に関しては設立以来、ため池をつくり、そこに雨季の雨水を貯めていた。しかし夏場には枯れてしまうので、水の確保が重要な課題となっていた。そこで僧院の近くにある水の出る土地を一八五〇万チャット（約一八五万円）で購入し、水をくみ上げ、そこから僧院まで水道を敷設した。そして飲料水用の水を貯めるタンクを五〇〇万チャット（約五〇万円）でつくり、現在はその水をきれいにする浄水器も設置されている。

次に電気については、五〇〇〇万チャット（約五〇〇万円）で境内に電柱を立て、電線を引き込んだ。また、総工費三億チャット（約三〇〇〇万円）の巨大な戒壇兼僧坊建設のプロジェクトが進んでいた（二〇一一年前半に完成）。他にも、希望者が瞑想修行に専念できるように、瞑想用の洞窟の建設も進んでいる。さらに僧院周辺の土地に、養豚場やキリスト教の教会ができるという噂を聞きつけると、「森」の静寂を保つためにそれらの土地を次々と買収していった。そのため設立当初は三エーカーしかなかった土地は、現在は一〇〇エーカー以上にまで広がっている。こうした物的環境の整備に伴い、二〇〇二年の設立当初、Y長老と付き人の沙弥の二人しかいなかったY僧院は、設立四年目で一〇〇人、一〇年目にあたる二〇一一年の雨安居では五〇〇人を超え、全国的にみても屈指の大教学僧院となっている。

このようにX僧院とY僧院は共に、ミャンマーでは極めて珍しい「森の教学僧院」として活動している。その背景としては、第一に、出家者への人気の高さが挙げられる。第四章でみたように、一般の教学僧院においては律違反が横行している。教学を優先すれば、律が守れない。それに対しX僧院やY僧院は、教学と律遵守の生活の両立

【写真6-1】講堂（X僧院）

【写真6-2】僧坊（X僧院）

【写真6-3】建設中の戒壇（Y僧院）

【写真6-4】水道の敷設（Y僧院）

を目指している。そのため律に敏感な全国の長老たちの注目を集めるようになり、各地からその弟子たちが送られてくるようになったのである。したがって両僧院ともに、毎年雨安居前になると、収容可能人数を超える入学申込がきているというのが現状である。

第二に、より重要なのは、こうした物的環境の整備を可能にしている、在家者からの莫大な布施の存在である。この点についてX僧院の状況をみてみよう。X僧院が作成している収支決算報告書によると、X僧院では二〇〇八年四月一日から二〇〇九年三月三一日の期間に、合計一〇〇六件、一億一六九一万九五二五チャット（約一二〇〇万円）の布施を獲得している[5]（**【表6-1】**）。布施者の居住地の内訳は、ヤンゴンが六三七件、フモービー町が一四九件、残りの二二〇件がその他の地域からとなっている。その他の地域も都市部（海外を含む）が多く、村

【表6-1】X僧院が獲得した布施の詳細

| 布施の項目 | 布施件数 | 金額(チャット) | 備考 |
|---|---|---|---|
| 「バデーダー樹」基金用 | 283 | 12,949,000 | 利子のみ用いる(第三章参照) |
| 僧院での招待食用 | 187 | 43,443,070 | |
| 個人に対する布施 | 106 | 16,135,235 | |
| 薬用 | 67 | 2,070,720 | |
| 汎用(M:na.wa.ka.ma.) | 64 | 2,689,945 | 使用方法を指定しない布施 |
| 建物・土地用 | 55 | 22,923,480 | |
| 古い仏典の維持・管理用 | 31 | 4,252,825 | |
| 雨安居衣布施式 | 20 | 2,599,000 | |
| 出版用 | 15 | 2,210,000 | X長老の著作を出版するため |
| カテイン衣布施式 | 12 | 634,000 | その他、袈裟250着など |
| 車のガソリン用 | 11 | 688,000 | |
| 食材購入用 | 10 | 1,257,960 | |
| 仏典購入用 | 6 | 758,400 | |
| インフラ修理用 | 4 | 111,000 | |
| 電気用 | 3 | 200,000 | |
| 水道用 | 3 | 40,000 | |
| 仏教試験受験費用 | 3 | 66,140 | マンダレーの民間系仏教試験 |
| 台所用 | 2 | 2,200,000 | 調理用具など |
| 成績優秀者への褒賞用 | 2 | 18,000 | |
| 文房具用 | 2 | 15,000 | |
| 交通費用 | 2 | 15,000 | |
| 車両の貸し出し | 8 | —— | フモービー町布施儀礼用(年1回) |
| 現物の布施 | 110 | —— | 食料品、袈裟、薬、日用品など |
| 僧院の木や竹を売ったお金 | —— | 1,642,750 | |
| 合計 | 1,006 | 116,919,525 | |

*出典 X僧院の収支決算報告書(2009年)を参照して筆者作成。

落部からの布施は極めて限定的である。このようにX僧院を支援しているのは、ヤンゴンをはじめとする都市部の人々である。Y僧院については、収支決算報告書が作成されていないため、細かいことはわからない。しかし建物やインフラなど、主要設備の布施者をみると、そのほとんどがヤンゴン在住の都市住民となっている。

## 2　支持基盤としての都市社会

それでは「森の僧院」の支援者である都市住民は、なぜ数多ある僧院の中からわざわざ遠方にある「森の僧院」を選んで布施しているのだろうか。そもそも都市住民は、遠距離にあるX僧院の存在をどのように認知しているのか。X僧院やY僧院は、都市僧院によくみられるような、布施調達のための積極的な広報活動――看板や新聞広告など――を行っていない。X僧院やY僧院を知るほとんど唯一の機会は、托鉢や僧院で行われる各種の布施儀礼である。ここでは、布施儀礼を介した僧院との出会いをみてみよう。

布施儀礼には通常、「主要布施者（M：mate a.hluhsin）」と呼ばれる、布施儀礼に要する費用を主に負担し、布施儀礼の開催者となる人物（世帯）がいる(6)。ただし主要布施者は自分たちだけで儀礼を行うわけではない。儀礼に際しては親族や友人・知人を動員することによって、儀礼をなるべく大きなものとし、そして功徳を積む機会を共有しようとする。X僧院やY僧院は、このような機会を通じて認知されることが圧倒的に多い。

そしてまた、布施儀礼を介した出会いは、僧院に対する印象にも大きく影響している。第一に、都市住民にとっては、はるばる「森」へと向かうこと、そして「森」の静寂に触れることが、非日常的な特別な経験となっている。第二に、出家者、つまり「森の僧」との接触は、極めて儀礼的なものに限られている。在家者に許されているのはただ、「森の僧」の立ち居振る舞いを見物し、布施を渡すという儀礼的行為のみである。そしてこうした分断・距離は、「森の僧」に対する憧憬を強める舞台装置となっているように思われる。ここではその事例として、Y僧院で行われた招待食の様子を紹介してみたい。

〈事例6-1〉Y僧院での招待食

二〇〇七年一一月一七日、筆者はインフォーマントのコー・ナインからY僧院で昼食の招待食があるとの連絡を受け、コー・ナインらと共にY僧院を訪れることとなった。第五章に記したように、コー・ナインはY僧院の雑務を手伝っている人物の一人である。この日の招待食の主催者は、Aさん（四〇代女性）とその友人二人（ともに四〇代女性）という友人グループだった。以前、Aさんは別の友人がY僧院で招待食を行った際に同行し、その規律正しさに感銘を受けて、自分も招待食をすることを決意したとのことであった。そして仲の良い友人二人を誘い合わせて、この日を迎えることとなった。

当日、筆者は七時過ぎにコー・ナインら、Y僧院の雑務を手伝う人たちと合流し、Y僧院へと車で向かった。ヤンゴンからフモービー町へと続く幹線道路を四〇～五〇分ほど進んだ後、右へと逸れて脇道へと入っていく。舗装されていないあぜ道は、雨季になるとぬかるんで、しばしば通過するのが困難になるという。しかし乾季の一一月は、砂埃が激しく、全員ほこりまみれになりながら道を進む。

途中、Y僧院の出家者たちが、近隣の村へと托鉢に出ている行列に出会う。Y僧院では毎日八時から、四つのグループに分かれ、一～一時間半くらいかけて近隣の四つの村へと托鉢に出ている。それは招待食がある日も同じである。この托鉢は、食料を調達するためというよりも、在家者に功徳を積ませるという意味合いが大きい。なぜなら近隣の村々は貧しく、托鉢では白飯を三〇人分ほど得るのが限界であり、一二〇人以上（当時）の出家者を養うには全く足りないからである。集団托鉢の形式で、通肩式に袈裟を纏い、右手に鉢、左手に団扇をもち、素足で進む。これは律に則った正式な托鉢の姿であるが、ヤンゴンではほとんどみかけないとコー・ナインが説明してくれる（第二部扉写真参照）。

九時過ぎにY僧院に到着する。辺りは静寂に包まれており、風に揺れる木々のざわめき、鳥のさえずり、そして時折、仏典を誦唱する声が聞こえる以外には、何の音も聞こえない。境内の中心には講堂兼食堂があり、それを取り囲むように、在家者用の食堂と台所、長老の住居、いくつかの僧坊がある。また三階建ての新しい戒壇が建設途中であった。

しばらくすると、Aさんら布施者たちも到着する。それぞれの家族や友人らを含めて二〇人以上の大所帯である。そこでコー・ナインと簡単な挨拶を交わした後、コー・ナインが主要布施者であるAさんと二人の友人をY長老の元へと案内する。筆者もそれに同行し、初めてY長老に会うこととなった。長老の寝泊まりする庵は広さ三畳ほどしかなく、数人入ると一杯になってしまう。そこでコー・ナインは主要布施者たちを紹介し、今日は招待食であることを告げる。それに対してY長老は小さくうなずくだけであった。ついでに筆者のことも紹介してもらったが、訪問を拒否するわけでも、かといって歓迎するような雰囲気でもなく、どう接していいのか戸惑ったのを覚えている。

面会が終わると、布施者たちは招待食の準備に取りかかる。Y僧院では招待食をする場合、事前にコー・ナインら雑務人に連絡し、そのための費用を渡しておく。それをもとにコー・ナインたちが食材を調達し、僧院の沙弥や雑務人が調理を担当している。したがって布施者たちのやることはそれほど多くない。ただしY僧院では、料理をすべて食堂に運び入れ、そこから各々の鉢に施食するという形式がとられている。つまり食堂内で施食をすることになるため、その準備が必要である。そこで布施者たちは手分けしながらこうした準備に取りかかる。一一時になると、食事の時間が来たことを知らせる合図が鳴らされる。するとどこにいたのかと思うほど大勢の出家者たちが食堂の前に集まり、法臘の多い順に整列・待機する。そこへY長老が登場すると、いよいよ施食の始まりである。Y長老を先頭に、出家者たちはゆっくりと食堂へと進んでいく。それに合わせて在家者たちも、それぞれ配膳を

【写真6－5】食堂で施食の準備をする布施者たち

【写真6－6】食堂の前で待機する出家者たち

担当する料理を、出家者の鉢へと注いでいく。またこの日は歯磨き粉などの日用品の布施もあったので、それらも出家者に手渡す。出家者は一二〇人以上（当時）いるので、すべて施食するのに二〇分ほど要した。施食が終わると出家者の食事の開始である。出家者たちは自分の鉢から食事をとり、終えるとそれぞれの僧坊へと戻っていく。その様子を在家者たちは、食堂の後ろで静かに見守る。

出家者の食事が終わると、在家者も別棟で食事をとる。招待食では参加した在家者たちにも食事が振る舞われるのが一般的である。食事をしながら、参加者たちは出家者たちの姿にいかに感銘を受けたのかを語り合う。Aさんに誘われて主要布施者となった女性もその一人である。彼女は筆者に「この僧院の出家者は人（在家者――引用者注）とは違う本物の出家者（M: than.ga. a.si?）だと思う。また是非、招待食をしたい」と興奮気味に語ってくれた。

以上、Y僧院における招待食の様子を紹介した。このように都市住民が「森の僧院」に魅せられる最大の理由は、その律遵守の姿勢にあるといえる。Y僧院が多くの在家者の支持を集めている理由について、Y長老は一言、「Moral is Power（道徳は力である）」と英語で答えてくれた。実際に、いくつかの布施儀礼の機会において、Y僧院の支援者たちにインタビューをしたところ、彼／彼女らは「森の僧院」の律遵守の生活、特にその現れとしての規律正しさに強く惹きつけられていることがわかる。そしてそれが「在家者とは異なる出家者」という印象を強くもたらしているようである。ここではそうした発言をいくつか紹介しておこう。

毎月一日にY僧院で招待食をしている。軍人という仕事柄、全国を回る機会がある。そのときは僧院に泊まることが多いので、僧院についていろいろ知っている。他の僧院はギャンブル、闇宝くじ、占い、スポーツなどをしている。五年前（二〇〇三年）にY僧院のことを知って以来、この僧院は律に厳しい本物の僧院だと思い、心から信仰している。

（ヤンゴン、四〇代男性、軍人）

昔からいろいろな僧院に布施してきた。現在、出家者たちは律をよく守っているとはいえないが、より後の時代よりはましだと思って布施をしてきた。しかし布施をしていい気分になったことはなかった。そんな中、Y

【写真６－７】施食の様子

【写真６－８】出家者を見守る在家者たち

【写真6－9】施食後、食事をとる在家者たち

僧院のことを知った。二年前（二〇〇六年）にY僧院が食堂を建てるとき、自分の会社に依頼したからである。そこで初めてY僧院を訪れた時、その律を守る姿にとても驚いた。これこそが本物の出家者だと思った。そこで食堂の建設はすべて無償で行うことにした。

（ヤンゴン、四〇代男性、建設会社経営）

出家者と深い関係になると、いつも布施をして支える必要があるので、これまではあまり布施していなかった。しかしY僧院を訪れて、本物の出家者の振る舞いに感動し、自然と布施をしたいという気持ちになった。

（ヤンゴン、六〇代男性、元自動車修理業経営）

これをみてもわかるように、Y僧院の支援者たちは異口同音に、Y僧院は「本物の出家者（M：than.ga. a.si?）」であると述べる。このように「本物性」が殊更に強調される背景には、都市住民の仏教への目覚めと表現できるような状況がある。X僧院を積極的に支援している都市住民は、一般的に布施行に熱心であるといわれている年代よりも若い年代（三〇～四〇代）で、なおかつ自家用車を持っているような裕福な世帯が多い。彼／彼女らと話していて感じたのは、仏教についての知識が豊富であり、そうした知識をもとに出家者を評価する傾向にあるということだった。

こうした仏教についての関心を支えているのは、第三章で触れたような、都市部における①「瞑想センター(M:yei'tha)」、②「説法会(M:ta.ya:bwe:)」や仏教講座、③各種の仏教メディア(説法会の様子を録音・録画したテープ／CD／VCD／DVD、平易なミャンマー語で教義や瞑想法について解説するような数十頁程度の小冊子など)の発達である。こうした各種の機会やメディアの発達は、都市住民が自ら仏教を学び、より主体的に実践する機会を大幅に増大させている。そしてその目標も、従来のような積徳行による良い転生を超えて、より直接的に涅槃を志向するものとなっている。その傾向は、特に若い世代において顕著である。彼／彼女らは、ミャンマー語でわかりやすく説かれた仏教教義を学び、そして時間に余裕があれば瞑想コースにも参加する。また、どの説法がいいか、どの仏教講座がいいかなど、様々な情報交換を行っており、それが「法友(M:danma. mei'hswei)」と呼ばれるようなネットワークを形成している。

そこで重要なのは、このような仏教への関心の増大は、「出家者とは何か」「出家者とはどのような存在であるべきか」という問いをも先鋭化させているということである。そして律を遵守し、社会と積極的に関わろうとしない出家者こそ「本物」であるという認識が広がりつつある。その一方で、身近にいる出家者、いわば「都市の僧」の多くは、こうした「本物」志向に合致しない。特にひと目で分かるような出家者の律違反——金銭に触る、午後に食事をとるなど——への失望を口にする都市住民は多い。つまり知識としての出家者像と、現実としての出家者の姿のギャップが、都市僧院に対する不満として蓄積されることになる。それに対し、「出家」の理想を追求する「森の僧院」は、彼／彼女らが思い描く「本物の出家者」に具体的な形を与えてくれる存在であった。それゆえに「森の僧院」に深く傾倒するようになったと考えられる。

このように「森の僧院」の「出家」の挑戦は、そこに価値を見いだす都市住民の存在によって実現・促進されている。(7) そしてこの点において、「森の僧」の富裕化は、第三章でみたような都市部における「出家者らしい出家者」の人気と表裏一体の関係にある。つまり仏教に目覚めた一部の都市住民たちは、都市部においては出家者がもつ瞑想や教学の知識を求める一方、その具体的な模範を「森の僧院」に見いだしているのである。

## 3　土着化の可能性

以上、X僧院とY僧院の「出家」の挑戦が、ヤンゴンを中心とした都市住民に受け入れられ、それが富裕化という形で現れていることを確認した。そしてその結果、「森の教学僧院」という、ミャンマーにおいて極めて珍しい僧院の形態をもたらすこととなった。しかしそれは裏返してみれば、結果として社会との関係が増大していることを示している。

タンバイアが指摘しているように、「森の僧」は潜在的に、社会との関係においてカリスマ化し、それが土着化を促すというジレンマを抱えている。その傾向は現代ではより先鋭化している。たとえばタイでは一九七〇年代以降、「森の僧」が体現するとされるパワーが、都市住民によって巡礼・聖遺物・お守りなどを通して熱烈に求められるようになり、それが「森の僧」の富裕化を促す一方で、「森の僧」の「見世物化」(Kamala 1997: 292) や「村・町の僧化」(8) (Taylor 1993) が進んでいるという状況が指摘されている。またミャンマー都市部でも一九九〇年代以降、ターマニャ（平凡山）長老（U Vinaya, 一九一二〜二〇〇三）をめぐって同様の現象が生じている。つまり「平凡山が巡礼の対象となるにつれて、出家の修行の地から在家にとっての信仰の場になっていく」（土佐　二〇〇〇：一七九—一八〇）という変化がみられるのである。

X僧院とY僧院もまた、都市住民の支援を受けて富裕化しているという点において、「森の僧」をめぐる近年の崇拝現象と形式的に類似している。つまり「森」は都市によって支えられているという側面がある。それでは他の「森の僧」と同様、X僧院とY僧院も土着化を免れえないのか。この点について明らかにするためには、X僧院とY僧院が、都市住民とどのような関係を構築しているのか、その質を評価する必要がある。そこで都市住民との関係について、カリスマ化した「森の僧」の事例と比較してみたい。

一方で、カリスマ化した「森の僧」への巡礼は、「他力」を求める巡礼であるといえる。そこでは「森の僧」は、自ら聖性を体現した超越的な存在として表象されている。そしてその超越性ゆえに超自然的なパワーをもつと信じられ、現世利益的な願いの対象となる。それに対しX僧院やY僧院への巡礼は、「自力」の修行の途上にある。これらの僧院にやってくる都市住民たちは、自ら涅槃に近づこうという強い意欲をもっている。彼／彼女らにとって出家者たちは、聖なるパワーの源泉ではなく、進むべき仏道修行の道筋を指し示してくれるような、模範的な「本物の出家者」として現れている。このようにX僧院・Y僧院と都市住民の関係性は、カリスマ化した「森の僧」と都市住民の関係と対照的である。

それではなぜ、「森の僧」と都市住民の関係は、このように重層化しているのか。その一因として考えられるのは、「森の僧」としての性格の違いである。つまりカリスマ化しているのは、個人単位で瞑想修行を行う「森の僧」である。それに対しX僧院とY僧院は、同じく「森」に拠点を構えてはいるが、その修行の中心は教学（仏典学習）にあり、それゆえに集団生活を基本としている。つまり「瞑想・個人型」の「森の僧」は超越的な存在として、その一方で、「教学・集団型」の「森の僧」は模範的存在として受け止められやすい(9)。

そこで重要なのは、模範的存在としてのあり方が重視される場合、土着化しにくいということである。X僧院と

Y僧院に対しては、在家者サービスをすることよりも、出家者としての修行に専心することを、都市住民からも求められているという状況がある。それゆえに都市住民の支援は、むしろ「出家」を促進させる方向に働いているのである。またカリスマに依拠しない関係性の構築は、それゆえに持続可能なものでもある。ターマニャ長老が居住していた平凡山への巡礼は、二〇〇三年にターマニャ長老が死去して以降、急速に衰えている。それに対したとえばX僧院では、X長老の死後（二〇〇一年）も都市住民からの支援は続いている。これは特定個人のカリスマに頼らないような都市住民との関係構築が成功しているからであるといえる。このようにX僧院とY僧院の事例は、「出家」の挑戦が、出家者と在家者双方の努力と理解によって達成可能であるということを示唆している。

## まとめ

『贈与論』が描き出しているように、社会とは贈与交換の世界である。〈贈与⇕返礼〉というやりとりを通じて、人々は相互利益を実現し、連帯を強めることができる。しかしパリーが指摘するように、制度宗教はこうした世界を超えようとする。つまり制度宗教が志向するのは、いかなる贈与も交換に回収されることのない世界であり、そこにこそ世俗的幸福を超えた真の救済があるとされる。しかしこうした超俗的な世界とは、決して世俗社会から離れて存在しているわけではなく、その真っ只中においてしか実現しえない。本章で検討した上座仏教における「出家」の挑戦とは、そのような意味における〈世俗＝贈与交換の世界〉の乗り越えを企図するものであった。

これまでの検討で明らかになったように、こうした「出家」の挑戦は、徹底した社会逃避的な態度として表れている。それは「森」に住むという空間的な分離だけにとどまらず、在家者と贈与交換関係を取り結ぶことを回避しようとする諸工夫として観察できる。それは一言でいえば、社会と個人として接するのではなく、サンガとして接するという態度である。そしてそれによって「出家」を実現することこそが、出家者だけでなく在家者をも利することになるというのがX僧院の、そしてそれを模倣するY僧院の布教観であった。

このようなX僧院とY僧院の〈出家＝布教〉という試みは、都市住民との結びつきにおいて、成功しているようにみえる。つまり「本物」の出家者を求める都市住民という良き理解者を得ることによって、X僧院とY僧院は、「森の僧」についてまわる①経済的リスクと②崇拝対象となるリスクという、二重のリスクを回避することができている。しかしこの二つのリスクは、本来的に二律背反的なものであるがゆえに、社会との関係を不断に微調整し続ける必要がある。その意味で、「出家」とは「状態」ではなく「運動」である。都市によって可能となった「森の教学僧院」の活動が、都市との関わりにおいて今後どのように変質していくのか。X僧院とY僧院の事例は、現代都市社会における「出家」の可能性を考える上で、重要なモデルケースとなりうるだろう。

この点について、近年生じている変化の兆しに言及しておきたい。まずY長老という瞑想の達人が存在しているY僧院においては近年、Y長老個人に出会うことを目的とした都市住民の訪問や宗教雑誌の取材要請も増加しつつある。それに対してY長老自身は、「できるだけ有名になりたくない。智慧のない人気は僧院を損なう」として、こうした訪問や取材はすべて拒否している。出家者個人ではなく、いかにサンガに注目を向かせるか。カリスマ化を避け、模範的存在となりうるか。土着化をめぐる攻防は、現在進行形で続いているといえる。

またX僧院では設立当初から長らく、布施はすべてサンガへと捧げさせ、個人として受け取ることを禁じていたが、X長老の死後、個人に対する布施が許可されるようになった。X僧院の知名度が上がり、その支持層が拡大・変質するにつれて、一部の都市住民が特定個人（住職のJ長老や顧問僧のK長老など）に布施をしたがるようになったからである。その結果、【表6-1】をみてもわかるように（「布施の項目」上から三つ目）、現在ではかなりの割合を個人に対する布施が占めている。

個人が注目されるようになり、個人への布施が増えれば、在家者との個人的な贈与交換関係が成立しやすくなる。つまりこれは土着化への誘引となりうる。もちろん、X僧院でもその危険は意識されており、したがってそれを避けるための組織的な対応がとられている。それが在家者によって構成される僧院管理委員会に、布施および僧院財産の一元的な管理を委ねるという方法である。つまり管理委員会が緩衝材としての役割を果たすことによって、長老個人と布施者の関係構築を防ぐことができると同時に、より多くの布施を獲得できるというわけである。X僧院が管理委員会の主導のもと、個人への布施を許可するにいたった理由はここにある。こうしたミャンマーでも珍しい独特な組織形態が、X僧院の「出家」を可能にしているもう一つの武器であるといえるだろう。

しかしその一方で、僧院組織内部における在家者の存在は、「出家」の実現を促すと同時に「出家」を掘り崩しかねないという、諸刃の剣のような性格をもっている。その背景には、在家者が僧院財産、ひいては僧院組織を管理することの正統性という根深い問題がある。このように「出家」をめぐるミクロな攻防は、社会との関係から、僧院組織内部における在家者との関係へと舞台を移しながら、入れ子状に展開しているのである。それでは僧院組織内部の出家者と在家者の関係は、どのように調整しうるのか。次章でこの問題について検討してみよう。

## 註

（1）　一般的に資本とは、商売・事業の元手としての物質的資本（経済資本）を意味する。それに対してブルデュは、この資本概念を物質的側面に限定せず、文化や社会関係といった象徴的側面にまで拡張し、個人が獲得・所有している諸価値の総体として再定義した。

（2）　実際にこの問題は、仏教史上、度々議論になってきた。たとえば大乗仏教は、上座仏教に連なる初期仏教が理想とする「阿羅漢」という聖者像を、自己の救いにのみ専心した利己的（小乗的）なものであるとして否定する中から登場してきたといわれている。そして一切衆生を救済するために、自ら仏になることを目指す「菩薩」という新しい聖者像を提示した。つまり他者も救おうと努力するという利他的（大乗的）な精神を強調した（中村ほか編二〇〇二：六六七）。

（3）　この点についてパーリ仏典（経蔵・増支部）では、たとえば以下のような動機が挙げられている。つまり、①布施を受けるにふさわしい人が近づいてきたのですぐに布施する、②他人に非難される、あるいは悪趣に落ちる（餓鬼・畜生・地獄に転生する）ことを恐れて布施する、③以前、自分に何か与えてくれた人への返礼として布施する、④返礼を期待して布施する、⑤布施は善行為であるという教えを信じて布施する、⑥生活の糧がない人に布施をしないのはよくないと考えて布施する、⑦布施をすれば自分の名声が増すだろうと考えて布施する、⑧欲や怒りから離れ、心を穏やかにするために（瞑想を進めるための基礎となる心をつくるために）布施する。これについてJ長老は、⑧が最上だが、①と⑤も良い動機に分類できる、それ以外は悪い動機であると述べていた。

（4）　該当箇所は、ミャンマー第六結集版・律蔵・犍度の大品二九〇頁、三九六頁および小品二九八頁である。実際には、これらの項目はランダムに並んでいる。ここでは議論の都合上、①モノ（財）、②サービス、③言葉に分類して提示している。

（5）　布施をする主体は同居家族を単位としている場合が多い。したがって一〇〇六件という布施件数は、のべ一〇〇六世帯から布施を受けたと考えてよい。また布施件数は、一万チャット（約一〇〇〇円）以上の布施のみが数えられているが、布施金額はそれ以下の少額の布施もすべて含んでいる。ミャンマーでは、布施者が僧院に金銭を布施する場合、その用途を指定させるのが一般的である。つまり布施者は僧院運営に必要なものから、自分が布施したいと思う項目に布施する。この表をみると、在家者が何にどれくらいの布施を行っているのか、おおよそ把握できるだろう。

（6）布施儀礼に要する費用は、儀礼の規模や布施者の意向によって様々である。たとえば二〇〇八年一〇月にY僧院で開催された「カテイン衣布施式」の主要布施者となったのは、マンダレー（Mandalay）管区モーゴウッ（Mogok）町出身の女性（七〇代）を中心に、その四人の子供たちの家族から構成されるグループで、八五〇万チャット（約八五万円）の費用がかかっていた。その内訳は、出家者の生活必需品一五四名分として四五〇万チャット（約四五万円）、出家者および儀礼に参加した在家者の合計八〇〇名分に対する食事の布施として一三〇万チャット（約一三万円）、儀礼に参加した在家者への土産として八〇万チャット（約八万円）、僧院のインフラ補修のための布施として九〇万チャット（約九万円）、その他現金一〇〇万チャット（約一〇万円）であった。招待食であれば、出家者一五〇人分（Y僧院、二〇〇八年時点）の一日の食事（朝・昼）を負担するとして、大体一〇万チャット（約一万円）程度であった。

（7）このことは古代インドにおける最初期の仏教サンガが、当時興隆しつつあった都市と結びつき、新興の商人たちの経済的支援を受けることによって成立・発展したことを思い起こさせる（cf.山崎　二〇〇九）。

（8）タイラーによれば、崇拝現象の勃興に伴い、「森の僧」が止住していた僧院は、苦行・瞑想修行の拠点から経典学習の拠点に変質していった。つまり「森の僧院」は一般の「村・町の僧院」と大差のない状態になりつつあるという（Taylor 1993: 223）。

（9）「聖人」についての通文化的な比較研究を行ったホーリー（J. Hawley）は、制度宗教の伝統において「聖人」と呼びうる存在が、本質的にアンビバレントな特徴を抱えていることを指摘している。つまり「聖人」とは、その言行・生き方などを通して宗教的な美徳を体現・開示する存在である。しかしそれゆえに「聖人」は、信徒を理想的な生き方へと導く模範的存在として模倣の対象となりうる一方、その超越性ゆえに模倣不可能な存在でもあり、逆にその高みからパワーを与えてくれる存在として崇拝の対象にもなりうると論じている（Hawley 1987: xi-xxiv）。現代ミャンマーにおける都市住民にとっての「森の僧」もまた、こうした〈連続性と超越性〉のダイナミズムをもつ存在であるといえる。

# 第七章　僧院組織改革の行方

## はじめに

律遵守の出家生活はいかに実現しうるのか。第一章でみたように、この問題について共生モデル（上座仏教国家モデル）では、世俗権力によるサンガ管理、つまり浄化の重要性を指摘している。本来的に組織立った集団ではないサンガは、内部の堕落傾向を防ぐことができない。したがって不浄分子を排除するための強制力を補ってくれる世俗権力の介入を不可欠とする、という議論である。それに対して近年の「境域」研究が強調するのは、世俗権力に対するサンガの自律性の高さである。つまり地域的に展開する出家者の多様な仏教実践を描き出すことによって、世俗権力によるサンガ管理の虚構性を暴いた。

このような世俗権力に対するサンガの自律性の高さに注目した場合、そこから逆説的に浮上してくるのが、サンガの自己管理という問題、つまり世俗権力の助力なしにサンガはいかに清浄性を保ちうるかという問題である。この点において最も重要な単位となっているのが、出家者の共住集団としての僧院組織である。

それでは律遵守の生活を実現するためには、僧院組織をどのようにデザインすればいいのか。この問題について

X僧院では、僧院組織内部における出家者と在家者の関係を一新するような僧院組織改革を試みている。それは一言でいえば、在家者が僧院に関わるすべての財産（軽物および重物）を管理し、それゆえに僧院組織の管理業務に携わることを認めるという試みである。本章の目的は、こうした僧院組織改革の実態を分析することによって、サンガの自己管理の可能性を検討することにある。

本章ではまず、在家者からなる僧院管理委員会の役割に注目して、X僧院の組織としての特徴を確認する。通常、僧院管理委員会と呼ばれているものは、あくまでも従来の雑務人としての役割を越えたものではない。それに対しX僧院の管理委員会は、僧院不動産の管理権を有している。これは一般の僧院において住職がもっている権限を握るということにほかならない。つまりX僧院の管理委員会は、僧院組織を管理し、場合によっては住職をもその管理の対象としうる権限をもっていることを指摘する（第一節）。

次にX僧院の管理委員会が、実際にX僧院をどのように管理しているのかについて、①出家者の私有財産の管理、②不動産の管理を事例として検討する。そしてこうした管理委員会の存在が、律遵守の出家生活を可能にすると同時に、僧院相続に伴う混乱を克服し、僧院の持続性・安定性を実現しているという側面があることを示す（第二節）。

しかしその一方で、時間の経過と共に、その問題点もまた、浮き彫りになっている。それは一言でいえば、在家者が出家者を適切に管理することができるのか、そこにはどのような正統性があるのか、という問題である。この点において管理委員会による僧院管理は、世俗権力によるサンガ管理と同型の構造があることを指摘する。それゆえにX僧院を模倣した組織づくりを目指していたY僧院は、管理委員会を設置しないという選択をとった。このように〈在家者への依存⇔在家者からの自立〉という図式の中で、僧院組織改革は揺らがざるをえないと結論づける（第三節）。

# 第一節　X僧院組織の特徴

## 1　僧院管理委員会の存在

X僧院の最も重要な特徴は、在家者からなる僧院管理委員会が設置されている点にある。第五章でみたように、X僧院はX協会という在家仏教徒組織の働きかけによって成立した。そしてX僧院の設立後、X協会は僧院管理委員会として、X僧院を管理する任務を担っている[1]。もっとも近年は、都市部の教学僧院や、瞑想センターとして活動する僧院を中心として、僧院に在家者からなる管理委員会を設置する事例が増えつつある。その意味ではX僧院もその一事例にすぎない。しかしX僧院の管理委員会は、他の管理委員会とは決定的に異なっている。

そもそも「管理委員会（M：gɔpa.ka .aphwei.）」とは、パゴダを管理する在家仏教徒組織として発展してきたものである。歴史のあるパゴダは、土地を含む多くの財を抱えている。これらの財は、すべてブッダに帰属している、つまり「パゴダ（ブッダ）所有物（M：paya: pain）」である。しかしブッダ自らは財を管理することができない。そこで管理委員会が組織され、これらの財を管理するという仕組みが存在している。その仕事内容は、布施の勧誘、財産の管理、パゴダの清掃、パゴダ祭など儀礼に関する決定など多岐にわたる（土佐　二〇〇〇：一〇八―一〇九）。また管理委員会は名誉職であり、地域の裕福な名士がメンバーとなるのが一般的である。このように在家者の信仰空間であるパゴダは、その管理も在家者の手によって担われている[2]。

それに対し僧院の管理委員会は通常、実際に僧院組織を管理しているわけではない。この点について、教学僧院の住職を務めるある長老（六〇代）は次のように語る。

「管理委員会」という言葉は、元々、パゴダの管理委員会のことを意味していた。それがいつの頃からか、僧院を手伝う在家者を表す言葉としても用いられるようになった。しかしそれは間違った使い方である。僧院を管理するのは住職であって、僧院には管理委員会と呼べるようなものはない。現在、僧院管理委員会と呼ばれているのは、実際は雑務人の組織のことである。

このように通常、僧院管理委員会と呼ばれているものは、あくまでも従来の雑務人としての役割を越えたものではない。それに対しX僧院の管理委員会は、パゴダの管理委員会と同じような意味で、僧院財産および僧院組織を管理する権限を有している。X僧院の管理委員会の特殊性は、まさにこの点にある。それではその権限とは具体的にどのようなものなのか。次に僧院組織のあり方を定めているX僧院規則を分析することによって、その特徴を確認しておきたい。

## 2　X僧院の僧院規則

X僧院の管理委員会であるX協会は、僧院の設立日にあたる一九八六年五月二三日に、三部構成の『X僧院規則集』を発行している。第一部はブッダから始まり、ミャンマーにおける律遵守で有名な歴代の長老の紹介を軸とした仏教史である。そしてこうした正統的な系譜を引き継ぐことの重要性が述べられている。第二部は、マハーガンダヨウン長老の説法（タイトル「私の亡き後は共同で僧院の管理をしなさい」）が所収されている。そして最後の第三部において「X僧院規則」が掲載されている。

僧院規則の冒頭には、X僧院の目的が示されている。つまりX僧院の目的は、「上座仏教の教えを、修行を通じて（他の出家者や在家者に対して――引用者注）はっきりと示すこと」にある。X僧院の名称は、ミャンマー語で「仏教を護る」という意味をもつ。出家者がその修行を貫徹することによって、仏教を護ることこそが、X僧院の主要な目的であるということである。この目的を達成するためにX僧院の出家者たちは、①律遵守の生活をする（沙弥の場合は沙弥戒の遵守）、②お金や名声のために修行しない、③他者の利益に貢献したいという気持ちをもつ、④仏教のためには命を捨ててもいい覚悟をもつ、⑤毎日瞑想に励む、といった諸点を守らなければならないとされる。

それではこうした理想の出家生活はどのように実現しうるのか。その具体的な方法を示している「基本原則」には、以下のように記されている。

①出家者は僧院の中でも外でも、律を厳守しなければならない。律に違反していなくても、在家者に非難されるようなことをしてはならない。
②この僧院は仏教のための僧院にしなければならない。個人の所有物にしてはならない。
③管理委員会は僧院規則に則って僧院を管理しなければならない。
④すべての僧院財産（軽物・重物）は、管理委員会が管理する。
⑤僧院にある建物、家具などは、人々が見て称賛・尊敬できるようなものでなければならない（不必要な装飾を施さないなど）。出家者に相応しくないものは置いてはならない。
⑥管理委員会は、出家者たちが四資具（衣食住薬）について一切心配することなく、「教学」と「体験的修行」に専念できるように世話しなければならない。

ここで注目したいのは、財の所有・管理権の所在である。まず、②をみるとわかるように、X僧院の不動産を特定の出家者の「個人所有物」とすることが禁じられている。したがってX僧院は「四方サンガ所有物」となっている。第四章でみたように、僧院財産が「四方サンガ所有物」である場合、その管理は当該僧院に居住する出家者たちに委ねられている。しかし③と④をみるとわかるように、X僧院では、僧院財産を管理するのは出家者ではなく、管理委員会であると明記されている。これがX僧院の最も重要な特徴である。

次に管理委員会に関する規則をみてみよう。管理委員会のメンバーは五人以上一〇人以下で、新しいメンバーは現メンバーによって選ばれるとされる。またこれ以外に、六〇歳以上で僧院に必要なものをいつでも支援できる財力をもつ在家者は、管理委員会の同意のもとで名誉委員となることができるとされている。管理委員会のメンバーになるためには、①仏教徒でミャンマー人である、②三帰依・五戒を守る、③十悪行・十善行について理解している、④律、特に金銭についての諸規定を理解している、⑤涅槃を目指している、⑥生活が安定している、⑦五戒に反するような職業（酒や武器を売るなど）に携わっていない、⑧僧院財産をきちんと管理できる、⑨僧院に居住する出家者たちを世話する意欲がある、⑩無償で働く、といった条件を満たす必要がある。逆に、五戒に違反する、僧院の名前を汚す、悪い職業に携わる、狂う、病気になる、改宗する、死亡するといった場合には管理委員会から除籍される。それでは管理委員会の権限とは具体的にどのようなものか。「管理委員会の義務と権利」によると、それは以下のようなものである。

①住職の助言にしたがい、僧院の四資具を十分なように、失わないように、増えるように、律に適う方法で支援しなければならない。

②出家者一人一人の四資具についても義務を負わなければならない。
③僧院不動産を管理する権利、修理する権利、増やす権利、捨てる権利は管理委員会にある。
④住職が僧院の規則にしたがわない場合は、管理委員会が申し出なければならない。三回注意しても改善されない場合は、住職は僧院から出て行かなければならない。
⑤僧院にふさわしくない出家者・在家者を、住職と相談の上、追放する権利がある。
⑥僧院に布施したい在家者がいる場合には、住職と相談の上、釈尊の意に適うような布施ができるように案内する。
⑦僧院を損なうような事件が生じた場合は、それを解決するように支援しなければならない。名誉委員の助言を仰ぎながら特別会議を開催し、管理委員会の三分の二以上の同意により、方針を決定する。
⑧僧院管理に携わる副住職（一〜三人）を選ぶ権利は管理委員会にある。

まず、①と②をみるとわかるように、管理委員会の役割は、出家生活に必要な四資具の安定供給にある。第四章でみたように、多くの学生を抱える教学僧院においては、衣食住薬に関して、どこまで僧院が責任を負うかはまちまちである。それに対してX僧院では僧院に居住している出家者個人レベルまで責任を負うことが示されている。

次に③では、僧院不動産の管理権が管理委員会にあることが再び言及されている。そして④、⑤、⑦では、管理委員会が、出家者・在家者の追放、事件への対処方法の決定、僧院人事の決定など、僧院全体に関わる重要事項に関する決定権を有し、その権限は住職の追放にまで及ぶと規定されている。つまり管理委員会は住職をもその管理下に置く権限をもつということである。それでは逆に、X僧院において、住職とはどのような存在なのか。住職の条件として挙げられているのは以下のような諸点である。

①三〇法臘以上である。しかし優秀な場合はそれ以下でも考慮する。
②上座仏教の浄化、発展に意欲がある。
③「教学」に長けている。三蔵に熟達し、教えることができる。
④律遵守の生活をしている。
⑤お金のため、名声のために修行していない。
⑥出家者・在家者に対して、釈尊の教えどおりにどのように生活するか、仏教をどのように護るかを教えることができる。
⑦「教学」「修行」を両方とも教え、実践しなければならない。
⑧僧院規則にしたがわなければならない。
⑨僧院の出家者が律遵守の生活をするように、管理委員会と相談して指導しなければならない。
⑩僧院の出家者・在家者が僧院規則に違反する場合は、管理委員会がそれを処理しなければならない。

これらの規定をみるとわかるように、X僧院の住職も、他の僧院と同じく、僧院組織の管理業務に携わる。つまり律をどのように解釈するか、どこまで律を遵守させるかといった方針を定め、それを元に出家者たちの指導に努める。ただし住職の独断ではなく、必ず管理委員会の意見を仰ぐ必要がある。さらに律ではなく、僧院規則の遵守をめぐる問題については、住職に決定権はない。住職もまた、あくまでも僧院規則の範囲内で、僧院の管理業務を任されている存在だからである。この点に関連して、『規則集』には「住職の誓約書」なるものが所収されており、住職に就任する際には、「この僧院はミャウンミャ長老、マハーガンダヨウン長老の意志を継いだ僧院である。管理委員会の定めた僧院規則にしたがって布教に努める。僧院規則を守れない場合には、僧院から出ることに同意する」という誓約書にサインしなければならない。このようにX僧院においては僧院規則が絶対的な存在であって、それはたとえ住職であっても無視することはできない。

以上、僧院規則がX僧院組織をどのようにデザインしているか、いいかえれば、僧院内部の出家者と在家者の関係をどのように規定しているかについてみてきた。X僧院の目的は、出家者に対して、律遵守の生活を送ることができるような環境を整えることにある。そしてそのためには在家者の助力が必要不可欠なものであると認識されている。そこで管理委員会は、この目的を達成するために僧院規則を作成し、管理委員会に僧院財産を管理する権限を付与した。

これはある意味では、伝統的な浄人、つまり管財人という役割の延長上に位置づけられる。ただし第四章でみたように、浄人の役割は通常、軽物の管理に限定されているのに対し、X僧院の管理委員会は、重物（僧院不動産）の管理も担っている。僧院不動産の管理権を握るということは、一般の僧院組織において住職がもっている権限――その僧院への滞在許可を出すなど――を握るということにほかならない。それゆえにX僧院の管理委員会は、出家者が律や僧院規則を守るように監視し、それに違反すれば追放するという権限をもっているのである。そしてそれは実際に住職の追放にまで及ぶとされる。つまり住職であっても、管理委員会の目的に同調し、管理委員会が作成した僧院規則にしたがうことによってはじめて、X僧院の管理業務に参与できるのである。このように僧院規則においては、管理委員会が文字通り僧院組織を管理することが定められている。

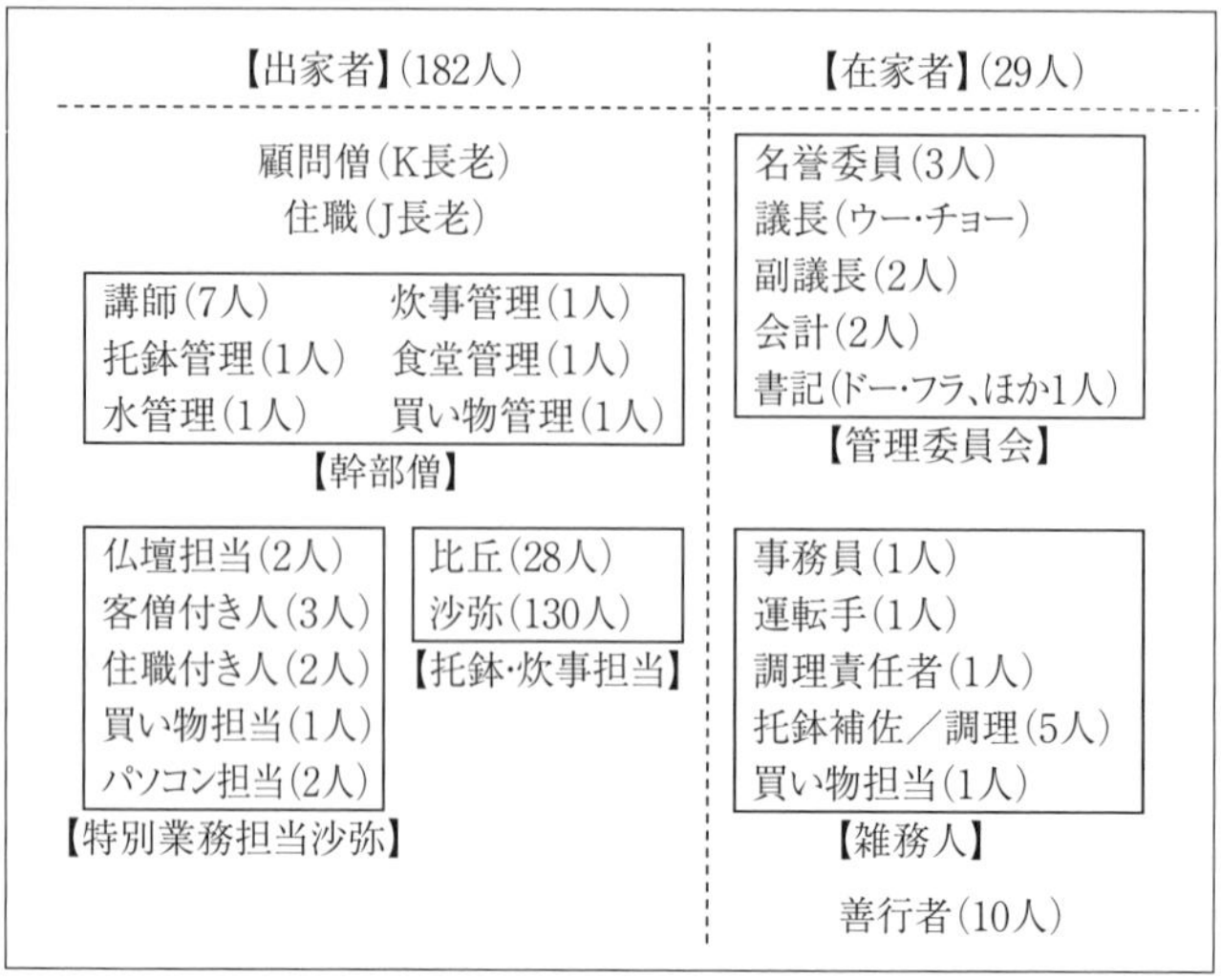


【図7-1】X僧院の組織図

### 3　X僧院の組織図

それではX僧院の組織は、実際にどうなっているのか。【図7-1】は、二〇〇八年七月三一日時点でのX僧院の組織図である。

まず、出家者の組織からみてみよう。現在の住職はJ長老（一九六一〜）である。J長老は初代住職X長老の弟子にあたり、仏教講師および「律護持師[3]（P：vinaya vidū）」の資格をもつ学僧である。二〇〇五年から住職となっている。そしてX僧院の設立以来この僧院に居住するK長老（一九四三〜）が顧問僧となっている。K長老の若い頃は、仏教試験の受験があまり一般的ではなかったこともあり、長老自身も仏教試験中級の資格しかもっていない。法臘が多いにもかかわらず、住職ではなく顧問僧という立場にあるのもそのためである。

顧問僧・住職の下に位置するのが、各種の幹部僧たちである。幹部僧たちは各担当業務の責任者として、一般の比丘や沙弥を統括する役割を担う。一〇法臘（三〇歳）以上であることが一般的である。また講師は教学僧院であるX僧院の要であり、次期住職候補でもある。なお、X僧院では僧坊を管轄する「僧坊長」を特別に設けていない。

出家者組織の最下層に属しているのが、学生である若い出家者たちである。ただしこれら一般の出家者たちは、

【写真7−1】住職のＪ長老

【写真7−2】顧問僧のＫ長老

教学に特化した生活を送るわけではない。律や沙弥戒に違反しないものであれば、出家者も僧院内の雑務を行う必要がある。具体的には、住職によって①特別業務担当と②托鉢・炊事担当に振り分けられ、それぞれの任務を担当している。まず、特別業務担当について補足すると、仏壇担当とは講堂にある仏壇の管理をする役割を指す。仏壇に安置されている仏像は、ブッダであるとみなされ、食事や花などが供えられる。客僧付き人とは、文字通り客僧の世話人を意味する[4]。

一方で、大多数の比丘・沙弥は托鉢・炊事班に分類される。托鉢・炊事担当は五班に分かれ、托鉢（四カ所＝四班）と炊事（一班）を一週間毎に交代で担当する。【表7−1】は、托鉢・炊事班の基本日課を示したものである。托鉢は全四班中、三班が僧院のトラックでフモービー町に向かい、残りの一班が近隣の村々を回るという形式をとっている。一方、炊事班の仕事は、早朝に白飯を炊くことから始まる。そして朝食のおかずの調理をし、食堂に並べる。昼食については、托鉢班が持ち帰った食材を分類するという作業が

【表7－1】托鉢・炊事班の基本日課

| | 托鉢班 | 炊事班 |
|---|---|---|
| 2：00 | | 炊飯（担当２人） |
| 4：00 | 起床 | 起床（炊飯担当以外） |
| 4：30-5：00 | 講堂にて瞑想 | 朝食準備 |
| 5：30-6：00 | 朝食 | 朝食 |
| 6：00-6：30 | 僧坊掃除 | 片付け（皿洗い） |
| 6：30-7：45 | 授業 | 授業 |
| 8：00-9：30 | 托鉢 | 昼食準備 |
| 10：00-11：00 | 水浴び／洗濯 | 昼食準備 |
| 11：00-12：00 | 昼食 | 昼食／片付け（皿洗い） |
| 12：00-13：00 | 休憩／昼寝 | 休憩／昼寝 |
| 13：00-17：00 | 授業／自習 | 授業／自習 |
| 17：00-18：00 | 雑務／自習 | ジュースづくり／朝食下ごしらえ |
| 18：30-19：00 | 講堂にて勤行 | 講堂にて勤行 |
| 19：30-20：30 | 授業／自習 | 授業／自習 |
| 21：00-22：00 | 瞑想／休憩 | 瞑想／休憩 |
| 22：00 | 就寝 | 就寝 |

ある。白飯は一カ所にまとめ、おかずも一つの鍋に入れて煮詰め、「混ぜたおかず（M：hin:baun:）」と呼ばれるものにする。その他、夕方には椰子砂糖を溶かしたジュースをつくったり、翌日の朝食のための下準備を行ったりする必要がある。[5] また布薩日の前日（月二回）には、全員で境内の大掃除を行う。

次に在家者の組織についてみてみよう。管理委員会は現在七人（名誉委員を除く）で構成されている。この管理委員会において中心的な役割を果たしているのは、ウー・チョー（U Kyaw, 一九四六〜）とドー・フラ（Daw Hla, 一九四八〜）夫妻である。ウー・チョーは仏典に詳しい「教学」タイプで、その秩序だった話ぶりから、極めて頭脳明晰であるという印象を受けた。一方で、ドー・フラは「体験的修行」タイプで飛び抜けた才能をもつ人物であった。四〇代の頃、マンダレー管区パテインジー（Patheingyi）町近くのヤンキン丘にある、ミェージントーヤ（MyaezinTawya）長老の瞑想センターで六〇日間の集中的瞑想コースを受けたのを契機として、瞑想実践を日課としている。この瞑想コースには過去世をみたり、天界へ行ったりするプログラムがあるらしく、

【写真７－３】托鉢からの帰還

【写真７－４】朝食の下ごしらえ

【写真７－５】食堂の掃除

【写真７－６】草刈り

不思議な話をたくさん聞いた。最終的には心身の生滅する様を観察したと述べていた。筆者にはその真偽を確かめようがないが、それが事実であれば相当の境地に達していることになる。このようにウー・チョーとドー・フラは在家者という立場ながら、出家者を凌駕するような仏教についての知識と体験を持ち合わせている。近現代ミャンマーにおける在家仏教の興隆――瞑想実践や各種仏教メディアを通じた知識の増大――を体現しているような存在であるといえよう。

　管理委員会のメンバー（必ずしも全員ではない）は、毎週土曜日にX僧院を訪れ、顧問僧・住職と僧院の四資具や僧院における年中儀礼の計画などについて話し合い、僧院全体に関わる意志決定を行っている。たとえば筆者の滞在中は、二億チャット（約二〇〇〇万円）の予算で新しい図書館を建てるというプロジェクトが進

【写真７－７】事務所

【写真７－８】食事をつくる雑務人

行中であったため、用地の確保（樹木の植え替え）や土地の浄化儀礼など、その具体的な進め方についての相談がなされていた。

次に管理委員会によって雇われ、僧院に住み込んで日常業務を行っているのが雑務人である。その月給は二〇〇八年時点で一万八〇〇〇チャット（約一八〇〇円）である。他の僧院では女性やティーラシン（女性修行者）が住み込んでいることがあるが、X僧院では男性しか許可していない。事務員は浄人として布施を受け取り、管理する存在である。金銭を直接管理するため、不正の温床になりやすく、現在までに何人か更迭されている。その他の雑務人は、運転や買い物など、出家者にできない作業を行っている。また、昼食に関しては雑務人が一部を調理して出家者に提供している。

このほか、善行者と呼ばれる子供たちがいる（第四章参照）。善行者は、白い服を着て僧院に寝泊まりし、僧院の諸々の雑務を手伝う沙弥出家前の少年たちを意味する。身分上は在家者なので、出家者にできない雑務（金銭に触れるなど）に携わることができる。X僧院においては常時、一〇人くらいが善行者の任務を与えられているが、その生活は沙弥とほとんど同じである。したがって善行者が不足している場合は沙弥を還俗させてその任務に当たらせることもある。

以上、X僧院組織の特徴について概観した。それでは管理委員会は実際にどのように機能しているのか。次にその実態について検討してみたい。

## 第二節　管理委員会の実態

### 1　私有財産の管理

はじめに出家者の私有財産、つまり「個人所有物」の管理という問題についてみてみよう。第四章でみたように、出家者は所有自体を禁じられているわけではない。管財人としての浄人の助力によって、出家者は事実上、無制限に財を所有・使用することができる。しかし一般の僧院では、浄人の役割は僧院レベルにとどまり、出家者個人レベルまで行き届くことは少ない。それが出家者の受蓄金銀戒の違反や、律軽視の傾向をもたらしているという状況がある。その意味で、出家者の私有財産をいかに管理するかという問題は、出家生活の根幹に関わるものであるといえる。

この点についてX僧院では長らく、私有財産を認めないというラディカルな方法をとっていた。つまり第六章でも触れたように、布施はすべてサンガ（僧宝）へと捧げさせ、個人として受け取ることを禁じていた。さらに受け取った布施はすべて、布施内容（軽物／重物）、布施場所（僧院の敷地内／敷地外）を問わず、「僧院サンガ所有物」、つまり僧院に居住しているサンガの所有物として管理委員会がその管轄区域（図の網掛け部分）で一括して管理し、必要に応じて再分配したり、僧院の諸々の経費として用いたりしていた（【図7-2】）。

こうした方法は、出家者・在家者双方に利点のあるものであるとされる。まず在家者にとっては出家者個々人の所有物を管理するという煩わしさを避けることができる。また出家者にとっても、財の所有という問題に煩わされ

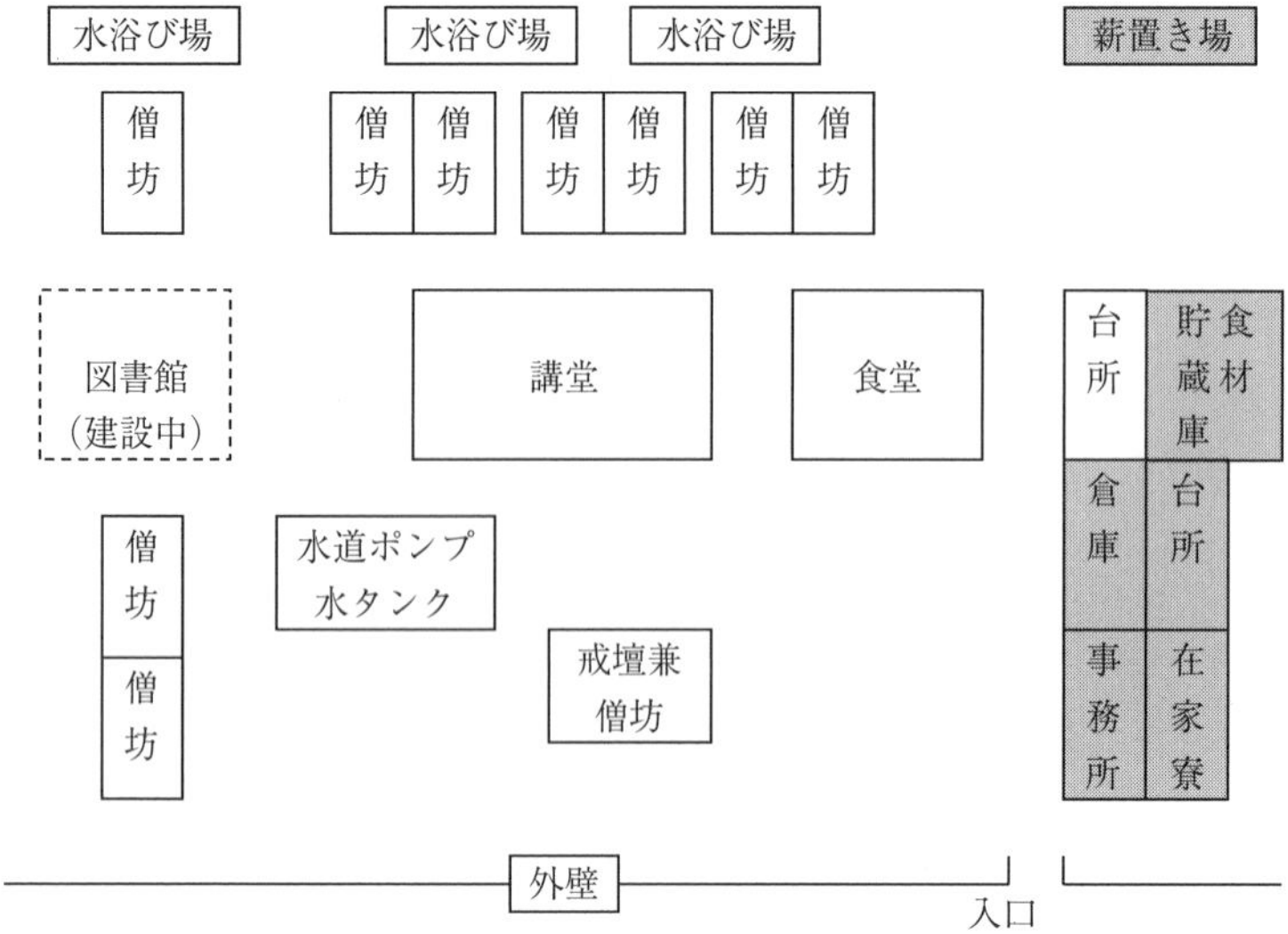


【図7－2】X僧院の空間構造

なくて済む。この点についてK長老は「自分の所有物であると考えるから執着が生まれる。何も所有しない方が楽に生きられる」と述べる。またJ長老によれば、出家者には私有財産というものは本来的に存在しないという。

出家者が財を所有するというのは、在家者が財を所有することとは全く異なる。在家者であれば、所有している財を、好きなように用いてもよい。しかし出家者の場合、その財は仏道修行に励むために布施されたものであるから、修行を推進すること以外の目的に用いてはならない。極端にいえば、出家した以上、自分の体でさえも自分の思い通りに用いてはならない。出家者として生きるとはそういうことである。

つまり余剰物はかえって律遵守の生活を損ねる危険性があるのであり、出家者の必要に応じて、第三者が財を提供してくれるようなシステムの方が、都合がいいとい

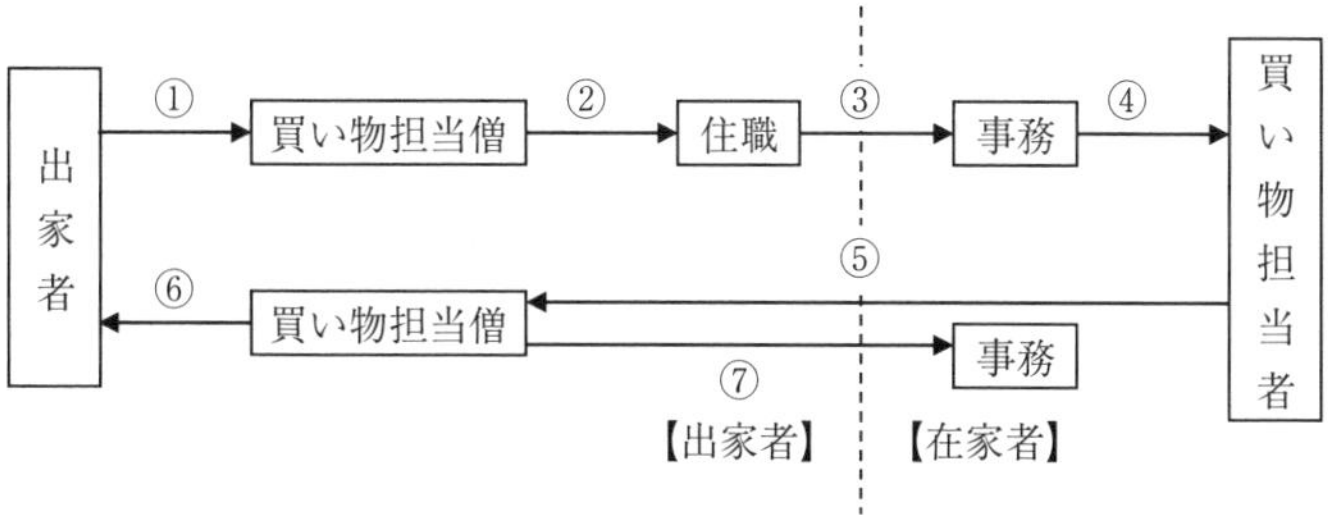


【図7-3】X僧院における金銭管理体制

うわけである。しかし第六章の最後に触れたように、こうしたやり方は特定の出家者に布施をしたい在家者の不満を招いたため、二〇〇〇年代に入ってから、個人に対する布施が認められるようになった[6]。そしてそれに伴い、出家者たちが私有財産をもつことも許可されることとなった。ただしそれによって出家者が在家者との贈与交換関係に陥ることは避けなければならないし、また、出家者自身に金銭を使用させるわけにはいかない。それゆえにX僧院では、他の僧院にはみられないような組織的な浄人システムが構築されている。

たとえば在家者が特定の出家者に金銭を布施したい場合は、事務所でその希望を伝え、金銭を布施する。すると事務担当の雑務人は、出家者毎に作成してある預金通帳のようなノートにその額を記入し、当該の出家者には誰からいくらの布施があったかを伝える。こうした報告を元に、出家者は自分の財産がどれくらいあるのかを把握できる。ただし出家者は、X僧院に居住している限り、自分の財産を自由に使えるわけではない。出家者が何かを買いたいときには、【図7-3】のような手順を踏まなければならない。

まず、①必要品が生じた出家者は、買い物担当僧に必要な物品を伝える。②買い物担当僧は、週に一回、出家者たちからそうした要望を取りまとめ、買い物リストを作成し、住職に渡す[7]。③住職は買い物リストに不適切なものがないかをチェックした上で、事務員に渡す。④事務員は買い物リストとそれを購入するの

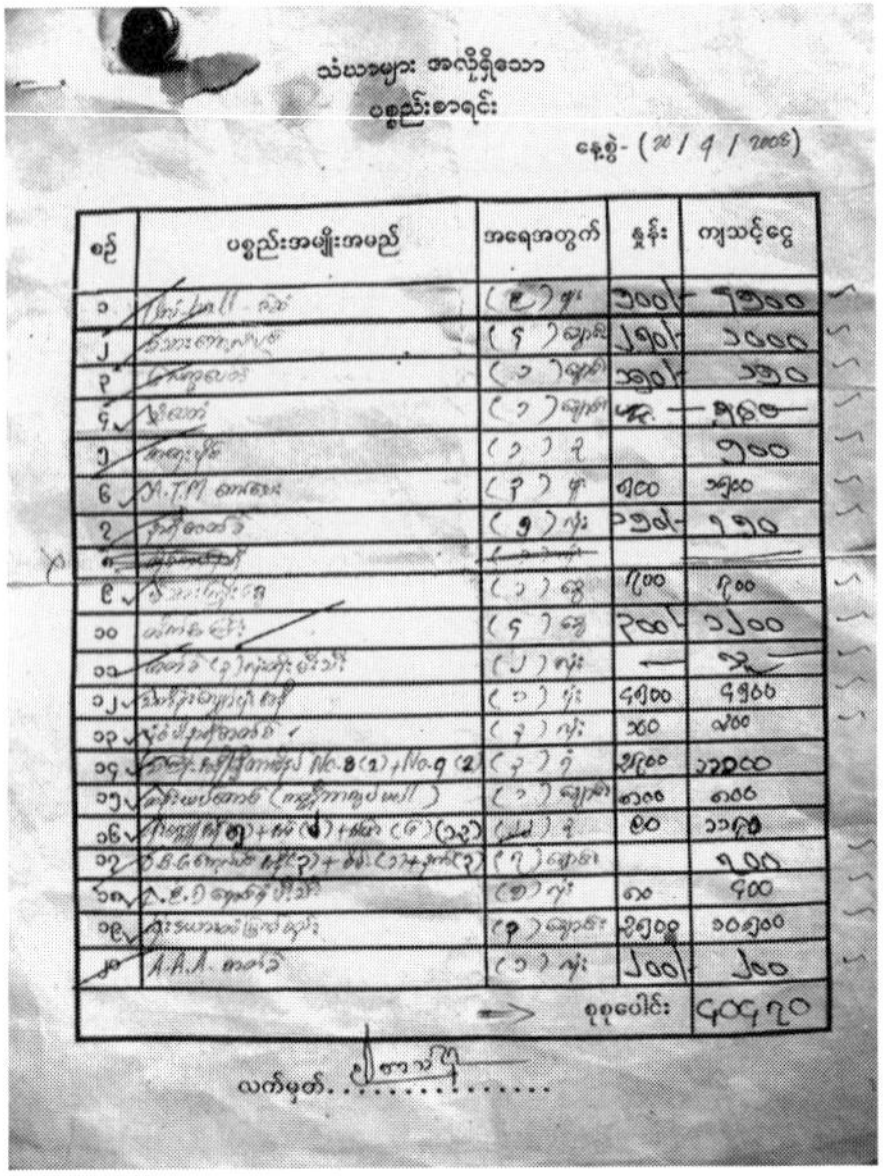


【写真７−９】買い物リスト
＊左上にあるのは電池。同じ物を買ってもらうためにリストに貼り付けられている。

に必要な金銭を、雑務人の買い物担当者に渡す。⑤買い物担当者は市場などで必要物品を購入し、買い物リストに購入金額を記入して買い物担当僧に渡す。⑥買い物担当僧は、物品を出家者に分配する。⑦その際に買い物リストを参照して、誰がいくらの物品を購入したかというリストを作成し、事務員に渡す。事務員はそのリストを参照して、当該出家者の預金通帳を修正する。このようにX僧院においてはボールペン一本買うことさえ容易ではない。出家者は自分の財産をもつことは許されているが、その財産から何重にも隔てられているといえる。

## ２　不動産の管理

次に、X僧院の不動産の管理についてみてみよう。X僧院では、不動産を含む重物は、すべて「四方サンガ所有物」という扱いである。ただし前述したように、その管理権は出家者ではなく、管理委員会にある。そして実際に、僧院不動産の相続をめぐっては、管理委員会が強い権限を行使している。

X僧院の初代住職であったX長老が二〇〇一年に亡くなった後、X僧院ではしばらく混乱状態が続いた。まず、

X長老の後を継いだ二代目の住職が、管理委員会によって更迭されている。その経緯についてドー・フラは次のように説明する。

X長老の後を継いだ二代目の住職は、大きな僧院が自分のものになったと考えて狂ってしまった。だから管理委員会のメンバーがこの長老に会いに行き、「この僧院は長老のものではありません。仏教のために布施されたものです」と進言した。するとその長老は「自分が間違っているのか」とおっしゃったので、「間違っています」とはっきりと申し上げた。そして僧院規則を提示して、僧院を出るように伝えた。

また、二代目住職の更迭を受けて住職となった三代目は、病気のために二〇〇五年に四〇代の若さで早世してしまう。そこで現住職であるJ長老（当時四四歳）が住職となった。そして新副住職としてF長老（当時三三歳、「副住職 Fuku-jushoku」のFを用いる）が就任し、それ以前から顧問僧であったK長老（当時六二歳）を合わせて、X僧院組織の管理業務を担うことになった。しかしこうした新体制のもとで、僧院を二分する争いが生じることとなる。

この事件についてよく知るX僧院の若手幹部僧たちへの聞き取りによると、事件の経緯は次のようなものである。F長老は二二歳という若さで仏教講師試験に合格し、その後も律・経・論の各試験にも合格するなど非常に優秀な学僧であった。その反面、自惚れが強いタイプであったと評価されている。そこで副住職になった後は、学生の指導方針や授業のカリキュラムなどにいろいろと口を出すようになった。しかし副住職としてのF長老の役割は、あくまでも住職であるJ長老の補佐にあり、出家者に関する諸々の決定事項についてはJ長老が全権を握っていた。これがF長老には気に入らなかったようである。

こうした不満はやがて、次第にX僧院を二分する民族間対立――ビルマ族とヤカイン族の対立――へと発展していく。X僧院ではX長老から三代目の住職までが、みなヤカイン族であった関係で、こうしたヤカイン族の諸長老を頼って多くのヤカイン僧がX僧院に集まっていた。そのため、二〇〇七年雨安居入り（七月）時点でのX僧院の構成は、ヤカイン僧一五〇人、ビルマ僧一三〇人というように、ちょうど半々くらいになっていた。そこで問題はJ長老がビルマ族で、F長老がヤカイン族であったことにある。次第に民族間対立が激化していく様子を、当時の状況を知る比丘（ビルマ族）は次のように話す。

出家者が律や沙弥戒を犯したとき、罰（薪割りなど――引用者注）を命じるのはJ長老だった。J長老は、ビルマ僧・ヤカイン僧の区別なく、平等に扱っていたと思う。しかしF長老はヤカイン僧たちを集めて、J長老がビルマ族だからビルマ僧が贔屓されていると訴えた。ヤカイン僧たちはヤカイン族であるがゆえに不当に重く罰せられていると。そうしてF長老は、僧院内にヤカイン族のグループをつくってしまった。するとヤカイン僧たちは、ビルマ僧たちを敵視するようになった。ヤカイン僧の方が、ビルマ僧よりも総じて成績がよかったので、それをバカにしたりもした。比丘はまだ落ち着いていたが、沙弥同士のけんかが絶えなくなり、最終的にはお互いが草刈り用の鎌などを武器として隠し持つほどになってしまった。

こうした対立の背景には、ミャンマーにおける民族問題が深く根を下ろしている。一九四八年に独立を果たしたミャンマーの国民国家建設は、多数派を占めるビルマ族が主導権を握り、少数民族の政治的権利を制限するものであった。そのため独立以降、分離独立や自治権を要求する少数民族（主要には州の名前にもなっている七民族、第一章【図1-4】参照）の武装闘争が生じた。これに対して国軍は大規模な軍事作戦で応答しており、それによって深刻な社会分裂が引き起こされている。

このような民族対立は、出家世界にまで及んでいる。第二章でみたように、ミャンマーにおいては教学僧院を中心とした出家者の移動が、派閥の枠組みを解体するという作用がある。しかしこうした作用は、民族という枠組みに関しては十分に機能していない。むしろ教学僧院での共住がかえって出家者の民族意識や他民族への対抗意識を高めているという側面がある。X僧院についていえば、ヤカイン僧であるF長老にとっては、この僧院は自分たちヤカイン族の僧院であるという意識が強かったのだろう。

ともあれ、このようにX僧院では、X僧院に帰依する都市住民たちの全く知らないところで、ヤカイン僧とビルマ僧の抗争状態に陥ることになる。こうした問題を解決するために、二〇〇七年の雨安居入り前に、管理委員会のメンバーと顧問僧（K長老）・住職（J長老）・副住職（F長老）の間で話し合いの場がもたれた。そこで管理委員会が出した結論は、F長老を追放することだった。そこでF長老は一五〇人のヤカイン僧全員を引き連れて僧院を出てゆくことになる。(8) こうしてX僧院は分裂することになった。

この判断について、管理委員会はX僧院がヤカイン族のものになることを怖れたといわれているが、真相はよくわからない。重要なのは、管理委員会はF長老を追放する権利をもっており、その根拠がどうであれ、追放は僧院規則に基づいた正当的なものであるということである。しかしこのX僧院の分裂という事件は、X僧院にとってのみならず、X僧院を模範とした僧院づくりを進めてきたY僧院にとっても大きな衝撃を与えることになる。

Y僧院には設立当初から管理委員会はなく、Y長老を信奉する数人の在家者たちが中心となって、様々な雑務をこなしていた。しかし僧院の発展とともに、こうしたアドホックな対応には限界が出てきたため、X僧院に倣って、管理委員会を制度化しようと模索していたところだった。しかし二〇〇三年からY僧院の支援に携わり、Y長老の指示で管理委員会の組織化に向けて動いていたコー・ナイン（第五章参照）によると、X僧院の分裂を契機として、Y長老の考えは大きく変わったという。

Y長老はX僧院での問題を聞きつけると、争いを調停するためにすぐにX僧院へと向かうとおっしゃられた。そこで私は車を出して、Y長老と一緒にX僧院へと向かった。しかしその道すがら、出家者を荷台に乗せたトラック三台とすれ違った。それはX僧院から追放されたヤカイン僧を乗せたトラックであった。彼らはすぐには新しい滞在先の教学僧院を決めることができず、ちりぢりになって故郷へと帰っていった。Y長老はこの事件に大変心を痛められた。「在家者が出家者の問題に介入するべきではない」とおっしゃられた。僧院の分裂は、管理委員会が介入したことによって生じたとお考えのようだった。これを機に、Y僧院に管理委員会をつくるという話はなくなった。(9)

第四章でみたように、僧院不動産の相続は常にリスクが伴う。つまり不適切な相続が頻発し、また、相続をめぐって争いが生じやすい。それに対し、X僧院における僧院管理委員会という仕組みは、まさにこうした問題を克服しうる可能性をもっている。もし管理委員会が存在していなかったならば、X僧院は二代目住職によって私物化されていたかもしれない。また、僧院内の民族対立によって僧院は解体してしまったかもしれない。僧院の分裂という結果を招いたにしろ、僧院の持続性・安定性を担保しているのは間違いなく管理委員会である。

しかしY僧院では、管理委員会を組織しないという選択をとった。それは管理委員会の設置によって可能になる様々な恩恵を放棄することと等しい。そのリスクを覚悟してまで、こうした選択を行った理由は、管理委員会が僧院不動産を管理することのデメリットをY長老が感じとったからにほかならない。僧院不動産を管理するということは、そのまま僧院組織、つまり出家者たちを管理するということにつながる。それでは在家者は、出家者を適切に管理することができるのか。そこにはどのような正統性があるのか。これがY僧院の選択が突きつけている問題である。

## 第三節　在家者による出家者管理の可能性

### 1　マハースィー瞑想センターとの比較

本章の冒頭で記したように、X僧院の組織形態は、ミャンマーでも極めて珍しいものである。ただしこの組織形態は、その形成過程も含め、マハースィー瞑想センターという独立後のミャンマーにおいて新しく登場した宗教組織と類似している。そして興味深いことに、マハースィー瞑想センターもまた、X僧院と同じような組織的な問題を抱えている。

第三章でみたようにマハースィー瞑想センターは、当時のウー・ヌ首相らによって組織された在家仏教徒組織BTNAによる仏教振興事業の一環として、瞑想サービスの普及を目的としてつくられた組織である。そしてそのために瞑想指導者としてマハースィー長老を招請したことによって、結果として僧院としての体裁を整えることとなった。つまり一方では律遵守の出家生活の実現、もう一方では瞑想実践の普及というように、その目的に違いはあれども、管理委員会が強い権限をもつという点においては、X僧院とマハースィー瞑想センターは似ているので

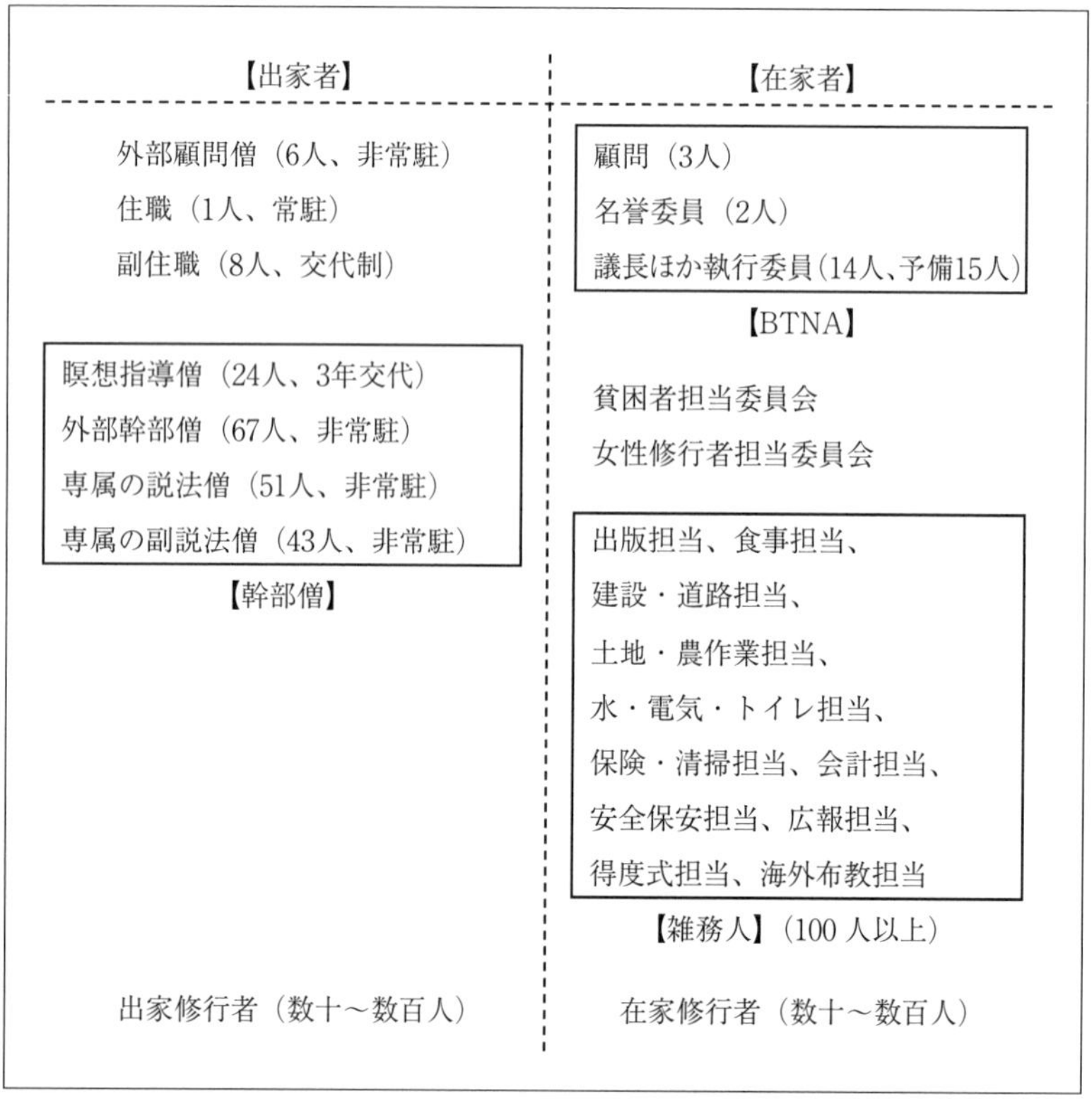


**【図7－4】マハースィー瞑想センター本部の組織図（2006年現在）**

＊出典　マハースィー瞑想センターの年次報告書（2007年）を参照して筆者作成。

ある。**【図7－4】**は二〇〇六年時点でのマハースィー瞑想センターの組織図である。

センター内におけるBTNAの役割は、①センター内の財産の管理・運用、②センターに関わる出家者・在家者の人事の二つに大別できる。また、マハースィー瞑想センターグループの本部として、五〇〇近い分院を統括するという役割もある。こうした組織的特徴、つまり在家者主導の運営が、マハースィー瞑想センターの今日のような繁栄を可能にしている。しかしそうした成功の陰では、センター内の出家者と在家者の対立が生じている。

たとえばマハースィー瞑想セン

ター本部において集中的な調査を行ったヨール（I. Jordt）は、財の運用をめぐる出家者と在家者のトラブルについて触れている。それによるとＢＴＮＡは一九九五年以降、センター内の建物において、結婚披露宴を行うことに決めた。空いている建物を有効利用して、経営資源を得ようという試みである。これに対し住職や副住職は、①瞑想の妨げになる、②僧院での結婚披露宴は不適切であるとして、ＢＴＮＡに結婚披露宴として建物を用いることを止めるように要請した。しかしＢＴＮＡ側は、①瞑想センターは僧院ではない、②食事の場所を出家者と同じにするわけではないから問題ない、としてこの申し出を却下したという（Jordt 2001 : 82-83）。同様の事態は、筆者が二〇〇七年に訪れた際、記念館建設をめぐっても生じていた。センターの設立を記念する記念館建設に際しては、ＢＴＮＡが住職や幹部僧などからも布施を募って事業を進めた。しかし大理石でつくられた記念館は、単に費用がかかっただけで、他の用途はない。こうした不満が出家者の間から生じていた。

またマハースィー瞑想センターにおいてもＸ僧院と同じく、ＢＴＮＡによる住職の更迭という事態が生じている。マハースィー瞑想センターでの聞き取りによれば、一九八二年にマハースィー長老が亡くなった後、二代目の住職は自分に近い出家者や在家者を経営陣に引き上げ、それ以外の幹部僧を地方の分院に送り出すなどの強権をふるったとされる。それに対し、当時のＢＴＮＡの議長が反発したことで両者の間に溝が生じ、結局一九九〇年に二代目住職はマハースィー瞑想センターを出ることになった。その後、このような事態が再び生じないように、住職を三人体制として権力を分散する措置がとられている[10]。

Ｘ僧院、マハースィー瞑想センターのどちらも、その成功の多くを管理委員会の存在に依っていることは疑いない。しかし在家者に強い権限を認めるがゆえに、出家者の自律性を損なうものとなっている。そしてこの点において僧院組織改革という問題は、世俗権力によるサンガ管理（浄化）の正統性という古典的な問題に接合するのである。

## 2　自立と依存の揺らぎ

第二章でみたように、世俗権力によるサンガ管理は常にその正統性が問題になりうる。したがって世俗権力はサンガ主――現代ミャンマーであれば国家サンガ大長老委員会――を介して権力を行使するという仕組みを構築してきた。しかしサンガ主はいわば世俗権力の傀儡であり、その意味で正統性という問題をすべて解消できるわけではない。それゆえにサンガ主はこうした管理から逃れようとする動きが生じる傾向にある。たとえばミャンマーでは、ミンドン王期に国家サンガ内にはこうした国家サンガ組織が強化されるに伴い、シュエジン派など、そこからの分派活動が活性化した。また一九八〇年に近代的な国家サンガ組織を設立する際も、サンガの反発が強かったため、派閥の枠組みを温存するものとなっている。

その一方で、そこから逆説的に浮上してくるのは、サンガの自己管理という問題である。律遵守の生活とは、決して世俗権力が定めるような一義的なものではない。しかしその解釈・実践方法が多様であるとはいえ、出家生活が律に規定されていることには変わりはない。したがって世俗権力による管理を拒否するならば、サンガは自らを律する仕組みを構築する必要がある。そしてこうした仕組みづくりは、具体的には僧院組織をいかにデザインするか、という問題となって現れる。なぜなら僧院組織こそ、出家生活の最も基本的な単位となっているからである。

しかし第四章でみたように、僧院組織を単位としたサンガの自己管理には限界がある。つまり僧院組織は、在家者の助力を必要不可欠なものとしているが、こうした助力は常に十分に得られるわけではない。したがって①律を守りたくても守れないという状況が生じたり、②僧院の相続をめぐって様々な問題が頻発したりしている。X僧院組織の改革は、こうした現状を鑑みて、在家者の権力を僧院レベルで再導入しようとする動きとして捉えることができる。つまりX僧院組織における管理委員会の役割とは、国家サンガ組織における世俗権力の役割とパラレルな関係にある（【図7-5】）。

ただし管理委員会は、僧院組織という限定された領域で活動する存在であるがゆえに、より出家者に近い権力である。したがってX僧院の出家者たちは、常に管理委員会（および雑務人）の監視にさらされており、律や僧院規則に違反する行為は厳しく罰せられている。最も重い罰則は僧院追放であるが、これはX僧院においては珍しいものではない。X僧院では毎年、一般の出家者の三分の一程度は入れ替わっているが、自主的に僧院を出るのはせいぜい一〇人程度で、そのほかは律や規則違反で追放されている[11]。そしてそれは前述したように、究極的には住職や副住職にまで及んでいる。それゆえに、X僧院は在家者による出家者管理の正統性という問題に常に直面することになるのである。

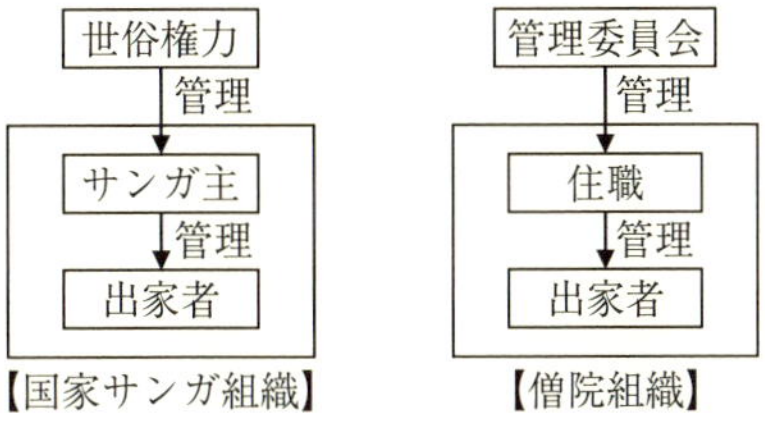

【図7-5】世俗権力と管理委員会の類似性

それではこうした在家者による出家者管理の正統性という問題について、X僧院ではどのように考えられているのか。この点についてX僧院の管理委員会は、在家者こそが出家者を正しい道に導くことができるという強い確信をもっている。それゆえに在家者による出家者管理は、僧院組織という枠組みを超えて拡大していくべきであるという考えがみられる。たとえば管理委員会の現議長であるウー・チョーは次のように述べる。

出家者の生活は、在家者の布施で成り立っている。だから在家者は出家者を吟味してよい。在家者は律のとおりに生活する出家者だけを支援しなければならない。律を守らない出家者は、布施をしないで排除していかなければならない。健全な仏教の発展は、在家者の助けがあって可能になる。

ここで主張されているのは、布施対象を自覚的に選択することによって、悪しき出家者をいわば「淘汰」することの重要性である。前述したような世俗権力や管理委員会による出家者管理が「上からの浄化」であるとすれば、布施の選択による出家者管理はいわば「下からの浄化」と表現できるだろう。律を平気で破るような出家者がのさばるのは、在家者が布施をしてしまうからだ。在家者一人一人が、健全な仏教を護るという自覚と責任をもち、そうした出家者たちに布施をしなくなれば、次第に律違反は減るだろう。簡単にまとめてしまえば、こうした主張である。これに関連してX僧院の住職であるJ長老もまた、二〇〇八年の雨安居衣布施式において、列席した在家者たちに対し、仏教は出家者と在家者の協力によってはじめてうまくいくこと、それゆえに僧院の出家者たちに何か問題があれば遠慮なく指摘してほしいという旨の発言を行っている。

しかしこうした「下からの浄化」にもまた、正統性という問題がついてまわる。たとえば一八五六年にミンドン王が出した「仏教と律に関する布告」をめぐっては、その正統性が大きな問題となった。この布告は出家者に対して律に違反する行為を禁止するとともに[12]、一般の在家者に対しても、こうした律違反の堕落僧に対して布施をしないように要求するものであった。そこには、出家者に律を守らせるためには、「上からの浄化」だけでなく、「下からの浄化」も必要であるとの考えが読み取れる。しかしこの布告に対しては、律違反とされる行為が恣意的であるとの批判があったほか、著名な学僧たちが、一般信徒が出家者を批判するというのは地獄におちる行為だとして、一般信徒に出家者を評価させることに反対したため、結局修正されることとなった（Myo Myint 1987: 168-171）。

つまり在家者が出家者を適切に評価できるのか、という問題がどこまでもつきまとうのである。一般の在家者は、どのような基準で出家者を評価すればいいのだろうか。律を守る気のない出家者はともかく、「律を守りたくても守れない」出家者もまた、淘汰の対象になるのだろうか。このように在家者による出家者の浄化とは、在家者による出家者の単なる人気投票になりかねない。それはX僧院の管理委員会のように、出家者に比する仏教の知識を有し、あるいは出家者以上に瞑想に熟達していたとしても同じである。その意味で、X僧院における副住職のF長老の反乱は、単に住職のJ長老やビルマ僧への対抗という側面だけでなく、管理委員会によってつくられたシステム全体への抵抗、つまり在家者に対するサンガの自立の確保という側面もあったと捉えることも可能だろう。

ここにサンガの自己管理をめぐる根深いパラドクス、つまり「内なる俗」という問題が存在している。一方で、在家者の助力がなければ、出家者は律に則った形で財を適切に所有・使用することができない。在家者による出家者管理は、律遵守の生活を実現するための強力な方法である。それは単に浄人、つまり管財人としての役割にとどまらない。出家者がその目的に沿った生活・修行をしているかどうかをチェックすることによって、出家者の暴走を未然に防止することが可能になる。その一方で、出家者には在家者から自立することへの強いこだわりが常に潜在している。こうしたアンビバレントな状況の中で、たとえばシュエジン派は国家サンガ組織から離脱し、しかしそのシュエジン派の中心的な系譜に位置するX僧院では管理委員会という形で再び在家者の権力を導入し、しかしそれに対してX僧院を模倣した僧院組織づくりを目指していたY僧院は自立の道を選ぶというように、サンガ・僧院管理という問題をめぐっては、出家者と在家者の関係はどこまでも揺らぎ続けるのである。

## まとめ

以上、本章では、律遵守の出家生活を実現するために行われた僧院組織改革について検討した。X僧院で試みられている僧院組織改革、つまり在家者による僧院管理委員会の設置は、植民地期以来の在家仏教徒組織の勃興という流れの中に位置づけられる一方で、その新たな展開をも示すものである。第三章でみたように、従来の在家仏教徒組織は、その目的（物質的支援や仏教試験の開催など）に応じて幅広くサンガを支援しようとするものであった。つまり在家仏教徒組織とは、通常は僧院組織の外部にいる存在なのである。それに対しX僧院においては、在家仏教徒組織は僧院管理委員会という形で僧院組織の内部に位置し、特定の僧院の支援を目指している。具体的には、①浄人システムを組織化することによって、出家者の私有財産を管理する、②不動産を管理することを通じて、律遵守の出家生活を実現しようとしている。特に二点目については、従来の管財人以上の権限を在家者に付与するという意味で、画期的なものであった。事実、この方法を採用したX僧院では、僧院相続に伴う混乱を克服し、僧院組織に持続性・安定性をもたらしている。

しかし、こうした在家者による僧院不動産の管理は、新たな問題ももたらしている。なぜなら僧院不動産を管理することは、僧院組織を管理することとほぼ同義だからである。つまりここには在家者が出家者を適切に管理しうるのか、という問題がつきまとう。この点において、僧院組織改革は、世俗権力による出家者の浄化の正統性という古典的な問題と同様の構造をもっているのである。

このように現実の出家生活は、社会との関係だけでなく、僧院組織内部においても在家者との関係をいかに調整しうるかが問題となる。ただし第六章でみたように、社会との関係においては、出家者は不断に「出家」し続ける方法があるのに対し、僧院組織内部の在家者との関係においてはそうした手段をとることができない。つまり在家者（管理委員会）と密接に関わり続けなければならない。僧院組織の発展という同じ理想を追求しながら、しかし微妙にズレるそれぞれの思惑をどのように調整することができるのか、その実現には難しい舵取りが必要になるのである。

**註**

（1）なお二〇〇八年時点でX協会の活動は、X僧院の管理業務だけでなく、民間の沙弥試験の開催、パーリ仏典のミャンマー語翻訳、在家者向けの論蔵講座、浄人養成講座、若者向けの仏教文化講座など、多様化している。つまりX僧院の管理業務も、こうした数多くの仏教振興事業の一つという位置づけとなっている。

（2）主要なパゴダには一九八二年以降、管理委員会の上位組織として、長老から構成される「顧問委員会（M：o.wadasa.ri.ya. a.phwe.）」の設置が義務づけられるようになった（小島　二〇〇五a：四二）。こうした措置は、政府による仏教浄化運動の一環として捉えることができる。また政府は顧問委員会設置のほか、管理委員会に宗教省関係者を入れるなどして、パゴダから非仏教的要素（精霊信仰やウェイザーなど）を除去しようと試みている（奥平　一九八八：一六三―一六五）。ただしこうした試みは限定的なものであり、顧問委員会の役割も名目的なものにとどまっている。

（3）宗教省主催の律専門の試験に合格すると得られる資格。

（4）二〇〇八年の雨安居は、X長老がミャウンミャ町に設立した教学僧院の現住職が、病気の療養のためにX僧院に滞在していた。

（5）出家者は正午以降、固形物を口にしてはならない。ただしジュースであればよい。X僧院では勤行の後、ジュースを提供することになっている。その準備も沙弥が行う。

（6）こうした不満は、長老個人に布施することを希望する都市住民だけでなく、学生の家族たちからも寄せられた。その背景には、出家者の移動という問題がある。第二章でみたように、特に若い出家者の移動率は高い。したがって自分の財産をもっていなければ、他の僧院に移ったときに生活していけないのである。したがって私有財産の許可は、学生およびその家族にとっても望まれていたという側面がある。

（7）たとえばある週の買い物リストには、ボールペン、定規、ファイル、のり、コップ、洗面器、電池、サンダルといった物品が並んでいる。

（8）ヤカイン僧の中にはX僧院に残りたいものも少なくなかったが、F長老は僧院を出ることを強要したとされる。

（9）Y長老が心を痛めた背景には、Y長老もヤカイン族であることも関係しているかもしれない。その後、Y長老は自分の「比丘の檀家」たちに要請して、F長老が新たな僧院をつくるのを手助けしている。

（10）ただし二〇〇七年の調査時点では二人の住職の死去に伴い、一人になっていた。そしてこの住職は高齢であるためほとんど仕事ができない状態だったが、住職を追加することに反対しており、BTNAが手を焼いていた。

（11）たとえば筆者が見聞きした事例では、①金銭を隠しもっていて、それを知り合いの在家者に渡して電池を買った比丘（金銭に触れたという罪で追放）、②食料保管庫にある椰子砂糖を食べた沙弥（盗みという罪で追放）、③サッカーをした沙弥（一回で薪割りの罰、三回で追放）といったものがあった。

（12）具体的には、出家者が農業・畜産・交易に従事すること、布施を強要すること、医療行為をすること、占いや占星術をすること、人形劇やボクシングをみること、音楽を聴くこと、武器を所持すること、性交渉をすること、必要がないのに傘やサンダルや移動用のかごを用いること、午後にタバコやキンマといった嗜好品を嗜むことなどが禁止されている。

# 結論

# 第八章　結論・考察

## 第一節　世俗を生きる出家者たち

上座仏教の出家者とはなにか。この問いに答えることは、一見、容易であるようにみえる。なぜなら上座仏教教義は律という形で、出家生活のあるべき姿について、明確なルールを定めているからである。経済活動や生産活動をしない。限定されたモノだけを所有する。金銭に触れない。上座仏教においては、このように社会から離れ、仏道修行に専念することが、理想的境地である涅槃を目指すための、唯一ではないが最適な手段であるとされる。しかし教義（律）と実践（現実の出家生活）の結びつきは、単純なものではない。なぜなら律は、教義的理想（涅槃）を追求するための必要条件である一方で、経済的現実に対処するための阻害要因でもあるからである。ここに出家生活が抱えている根本的なジレンマがある。それでは上座仏教の出家者は、教義をどのように実践しているのか。この問題を、現代ミャンマーを事例として分析することによって、教義と実践の複雑で動態的な関係を明らかにすることが本書の目的であった。それでは具体的に何が明らかになったのか。以下、教義と実践の関係に焦点を当てて、本書の議論を整理しておきたい。

## ①教義に拘束される実践

本書第一部の議論から明らかになったのは、「教義に拘束される実践」のあり様である。つまり第一部では、律が要請する諸々の制約――財の獲得・所有・使用方法の制限――が、出家生活をどのように方向づけているのか、その具体的諸相を描いた。

まず第二章の議論からは、財の獲得方法についての律の制約が、出家者のライフコースを大きく方向づけている様子を読み取ることができる。出家者である以上、布施に依拠して生活しなければならない。このことは第一に、逆説的だが、村の子供たちの出家を促す重要な誘引となっている。なぜなら出家することによって、教育を受けられる道筋が開けるからである。第二に、村落部から都市部へ、州(少数民族地域)から管区(ビルマ族の地域)への移動を促すことにもつながっている。なぜなら多くの布施を必要とする教学僧院は、都市部に集中しているからである。そしてこの傾向は、近年、さらに強まりつつある。なぜなら出家者が自立する、つまり自分の力で布施を集められるようになるためには、仏教試験の学位が不可欠となってきたからである。このように律の規定は、総体的にみると、管区の都市部へ、そしてそこから再び各地へと散らばるという、出家者の全国規模の循環をもたらしている。

次に第三章の議論からは、財の獲得方法についての律の制約が、出家者の都市への住みつき方を大きく方向づけている様子を読み取ることができる。第一に、都市部の僧院数は増加傾向にある。なぜなら人口が多く経済規模も大きい都市部は、潜在的な布施の規模が大きく、それが出家者にとっての魅力となっているからである。しかし第二に、都市僧院の分布には偏りがある。なぜなら地価の高い都市部においては、土地の入手自体が困難であり、それゆえに無償で貸与を受けられるような古い僧院やパゴダの土地、政府があてがった土地に僧院が集中するからである。そして第三に、都市僧院の多くは、都市という市場的環境のリスクを軽減するために、同郷・同民族の諸関係者とのつながりを維持する傾向にある。それゆえに都市僧院は、村落部と都市部、州地域と管区地域を結びつけるハブ的な役割を果たしている。

最後に第四章の議論からは、財の所有・使用方法についての律の制約が、僧院組織の構造を大きく方向づけている様子を読み取ることができる。第一に、僧院組織は、出家者だけでは成り立たず、在家者の助力を不可欠なものとする。それゆえに現実の出家生活は、在家者の助力をどれくらい（量的・質的に）得られるかによって、大きく左右されざるをえないという脆弱さをもっている。第二に、僧院不動産の管理については、出家者自身に委ねられており、それゆえに僧院不動産の相続を契機として、僧院組織の衰退や内部の争いが頻発するという事態を招いているという側面がある。

## ②教義を志向する実践

それに対し、第二部の議論から明らかになったのは、「教義を志向する実践」のあり様である。つまり律は、明文化されたルールとして存在するがゆえに、それを遵守しようという実践を絶えず喚起し続ける。第二部の議論は、こうした律遵守の出家生活を目指そうとする試みがどのような形で現れるのか、その諸相を描いたものであった。

第二部の検討から明らかなように、律遵守の試みは、具体的には、在家者との関係――社会との関係および僧院組織内部における在家者との関係――をいかに調整するかという問題として現れる。なぜなら出家者は、財の獲得を在家者の布施に依拠するだけでなく、在家者の存在なしには財を所有・使用することもできないからである。この点について、本書で扱った事例は、①在家者指向的、②在家者逃避的という二つに大別しうる（【図8-1】）。

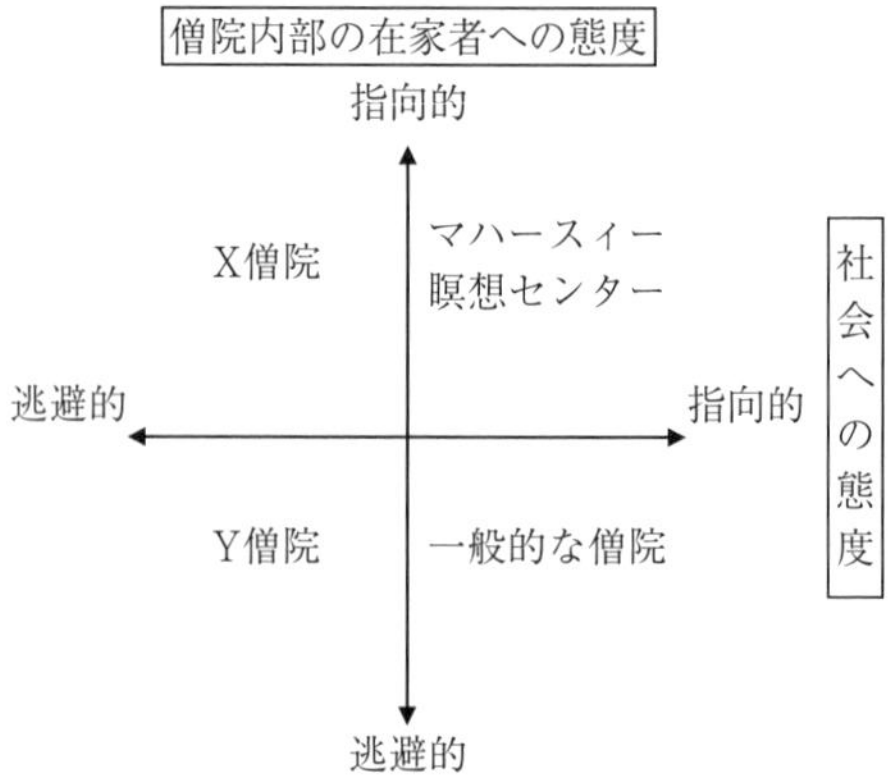


【図8-1】在家者との関わり方のヴァリエーション

しかしどのような態度をとるにせよ、そこには固有の問題がある。第一に、社会との関わり方についてみるならば、在家者指向的である場合、布施を獲得するためには都合がいいが、土着化の傾向を免れえない。一方で在家者逃避的である場合、「出家」の理想を追求するためには都合がいいが、①経済的リスクと②崇拝対象となるリスクという、二重の、かつ、二律背反的なリスクがつきまとう。それゆえに律遵守の生活を送るためには、社会との関係を不断に微調整し続ける必要がある。その意味で、「出家」とは「状態」ではなく「運動」である（第六章）。

第二に、僧院組織内部の在家者との関わり方についてみるならば、在家者指向的である場合、つまり在家者による僧院・出家者管理を認めるような場合、出家者が律遵守の生活を送り、僧院の持続性・安定性を実現するための強力な手段となりうる。しかしそれは同時に出家者の自律性を損なうことにもつながる。一方で、在家者逃避的である場合、出家者は自律性を担保しうるが、在家者による僧院・出家者管理の恩恵を享受できないことになる。ここに僧院組織をめぐる根深いパラドクス、つまり「内なる俗」という問題が存在している（第七章）。

このように、教義的理想と経済的現実のジレンマを抱える出家生活には、最適解が存在しない。それゆえに律遵守の生活を志向する出家者たちは、不断の試行錯誤を繰り返しながら、その生き方を紡ぎ出しているのである。

第一章でみたように、ウェーバーは教義（経済倫理）が実践を突き動かすという点に焦点を当てた分析を行っている。しかし本書の議論から明らかなように、教義（律）と実践（出家生活）の関係は、複雑かつ動態的である。つまり現実の出家生活は律に一義的に規定されているわけでも、律から完全に自由であるわけでもない。律は、ある場合には所与の条件となって出家生活を方向づけている一方で、またある場合には、それ自体が絶対的な参照点となって教義的理想へと近づこうとする試みを生み出す。このように現実の出家生活は、律という教義の引力に引っ張られながら、それゆえに多様でありつつも共通性をもちながら展開している。現代ミャンマーを事例として本書で描いたのは、こうした出家生活に内在するロジックである。

## 第二節　出家者の行方

以上のように本書の焦点は、現代ミャンマーを直接の事例としながらも、特定の地域や時代を超えた一般性をもつものとしての出家生活のロジックを抽出することにあった。そのため、現代社会における出家者の行方という問題については、十分に議論を展開してこなかった。つまり近代化という大きな社会変動を、出家者はどのように生き抜くことができるか、という問題である。そこで最後に、この問題について本書の議論からいえることを整理しておきたい。

### ①聖職者たちの近代

宗教社会学において多くの議論の蓄積があるように、近代化と総称される社会変動は、前近代社会において、国家や地域社会の存立を支えてきた聖職者（宗教的知識人）にとって、ある意味では苦難の過程である。たとえばキリスト教についてみてみよう。中世社会において、社会的な諸制度を基礎づけ、象徴体系を担う存在であったローマ・カトリック教会の権威は、近代化の過程で次第に掘り崩されていく。第一に、その権威に直接的に対抗し、そこから逃れようとするプロテスタンティズムの登場が挙げられる。いわゆる宗教改革と総称されるこの動向は、聖書に立ち返ることによって、教会の外に救いがあることを主張し、多くの賛同者を得たという点で、教会と社会の密接な結合に風穴を開ける出来事であった。

第二に、間接的ではあるが、しかし持続的に教会の権威にダメージを与えているものとして、近代化に伴う社会分化（cf.デュルケム　一九八九）が挙げられる。つまり社会分化によって、これまで教会が担ってきた社会の諸制度（政治・経済・教育・法・医療など）が、それぞれの専門的制度によって代替されるようになり、結果的に教会の世俗的役割が減少していくという議論である。

もちろん、それは社会から宗教的な信仰や実践が消え去ることを意味するわけではない。現代の欧米キリスト教徒社会においても、宗教が様々な形で活性化している状況がある。しかし重要なのは、こうした宗教の活性化はむしろ、伝統的な教会の外側で生じる傾向にあるということである。たとえばマクガイア（M. McGuire）は、宗教の衰退を主張する世俗化論を相対化する議論として、①再組織化論（伝統的な教会への忠誠・帰属を失った人々が、他の宗教的な集団・共同体へと移行していると主張する議論）、②個人化論（個人が教会の影響から自律化し、いわばブリコラージュ的に自らの信仰をつくりあげるようになっていると主張する議論）、③宗教市場論（種々の宗教組織は、企業のように顧客を得るために競争しているものとして捉え、現代社会は伝統教会による市場の独占が解かれるにつれて、むしろ宗教市場は活性化していると主張する議論）を紹介している（マクガイア　二〇〇八：四二一―四四五）。このように欧米キリスト教徒社会においては、近代化の進展によって、伝統的な聖職者はもはや社会の中心でもなければ宗教の中心でもないという状況が生まれている。

それでは非西欧社会／非キリスト教徒社会においては、どうだろうか。この問題についてたとえば大塚和夫は、エジプトのムスリム社会を事例として、前近代社会において絶対的な宗教的権威を誇っていたウラマー（イスラーム法学者）の影響力が、世俗的な高等教育機関で教育を受けた近代的知識人に侵食されている様子を分析している（大塚　一九八九：二二三―二二九、二〇〇四：四一四）。つまり欧米キリスト教徒社会と同じく、近代化に伴い伝統的な聖職者が周縁化されているという議論である。そして第一章でみたように、スリランカやタイといった上座仏教徒社会についての先行研究においても、一部の例外（ボンドの議論）を除き、近代化に伴う在家者の主体的な仏教実践の興隆、つまりプロテスタント仏教の登場と、それに伴う出家者の周縁化という認識が主流を占めている。

## ②現代ミャンマーにおける出家者の存在感の強さ

それに対し、現代ミャンマーにおいては依然として出家者の存在感が強い。たとえば第二章でみたように、ミャンマーは出家者数・僧院数ともに、主要上座仏教国の中でも最大となっており、また出家者数は現在でも人口増加率を上回るペースで増加している。こうした出家者の存在感の大きさは、単に量的な側面ばかりでなく、質的な側面にまで及んでいる。つまり第三章でみたように、都市部において出家者は、瞑想指導者／教義解説者として確固たる地位を築いている。また第六章でみたような「森の僧」に対する都市住民の熱狂もまた、その一例として挙げることができるだろう。

それではなぜこのような違いが生じているのか。その一つの要因は、スリランカ、タイ、ミャンマーという地域性の違いに求めることができるだろう。第一に、一口に「プロテスタント化」といっても、その内実には違いがある。各地域には、その活動を通してそれぞれの地域の近代仏教のあり方に多大な影響を与えた、いわばキーパーソンとでも呼べるような人物が存在している。たとえばタイにおいてはモンクット親王（一八〇四～一八六八）、スリランカにおいてはダルマパーラ（一八六四～一九三三）を挙げることができるだろう。両者はいずれも出家者となっているが、その出自は王族（モンクット親王）、都市中間層（ダルマパーラ）というように、伝統的な出家者とは大きく異なっている。こうした異質性が、硬直化したサンガに新たな風を吹き込む重要な要素となったといえよう。

それに対し、ミャンマー近代仏教の祖と評されるのは、レディ（Ledi）長老（U Ñanadhaja, 一八四六～一九二三）という出家者である。ブラウン（E. Braun）によれば、レディ長老は王朝期のマンダレーにおいて学僧として高い評判を獲得し、また王宮とも関係の深い保守派の権化ともいえるような出家者であった。しかし一八八五年に王都が陥落し、ミャンマー全土が植民地化されて以降、特に二〇世紀に入ると、それまで培ってきた仏教の知識をもとに、在家者を対象とした教化活動へと転ずるようになる。具体的には、植民地期に普及した出版技術を利用したミャンマー語での仏教解説本の執筆や、全国での説法行脚を通じて、これまで出家者だけのものだと考えられてきた仏典、特に「論蔵（P：abhidhamma）」の学習や瞑想実践――レディ長老は論蔵の学習を通じて心身の有り様を理解すること自体をある種の瞑想実践と考えていた――は、在家者も実践できるものであり、それによって在家者も涅槃に到達しうるということを多くの人々に訴えかけた（Braun 2008：ch.4）。このようにミャンマーの近代仏教は、そもそもレディ長老という出家者によって先導されたという側面がある。それがミャンマーにおいて他の地域よりも、師としての出家者の重要性を深く刻印していると考えられる。

第二に、近代化の進展の仕方も大きく異なる。たとえばミャンマーは俗に「タイの三〇年前」と評されるように、開発独裁によって急激な経済成長を遂げたタイと対照的に、「ビルマ式社会主義」と呼ばれる鎖国的な経済政策は、長期にわたる経済低迷をもたらした。つまりタイにおいて在家者のプロテスタント的動向を推し進めたような社会変動を、未だミャンマーは経験していないのである。

第三に、出家者を取り巻く政治的環境も異なる。一九六二年以来、長らく軍事政権の統制下にあったミャンマーでは、二〇〇七年の出家者による反政府デモにみられるように、出家者は「国家への対抗者」かつ「仏教徒の代弁者」たる地位を築いてきた。つまり現代ミャンマーにおける出家者の社会的影響力の強さは、政治的な意味合いももっている。

しかし一方で筆者は、プロテスタント仏教というアナロジーにはそもそも限界があるのではないかと考えている。つまりミャンマーの事例が示唆しているのは、上座仏教においては、在家者のプロテスタント化が進展・深化することが、かえって出家者の重要性を高めるという可能性があるということである。こうした認識は、現在における出家者の地位の高さを認めるという点において、一見、第一章でみたようなボンドの議論に近いように思われるかもしれない。しかしボンドの議論のポイントは、ナショナリズムの勃興を契機とした、改革主義から新伝統主義への転換、いいかえればプロテスタント化の挫折にあった。ミャンマーでも、ウー・ヌ元首相が先導した一九五〇年代の仏教復興運動および仏教ナショナリズムの影響は見過ごせないだろう。しかし筆者は、こうした動向は在家者のプロテスタント化を妨げるものではなかったと考える。

それではなぜキリスト教におけるプロテスタンティズムは聖職者（教会）を排除する方向に展開したのに対し、プロテスタント仏教は聖職者（出家者）を排除せず、むしろその重要性を高めうるのか。その背景には、キリスト教と仏教の教義的な違いが関係しているように思われる。この点について、ウェーバーによる「使命預言」と「模範預言」という類型を参照してみたい。ウェーバーによれば、キリスト教教義は使命預言としての特徴をもつ。これは、現世を超越する人格的な創造主という神観念と深い親和性をもち、倫理的な、そしてしばしば行動的・禁欲的な性格の要求を現世に突きつけるような預言である。それに対し、仏教教義は模範預言としての特徴をもつ。これは救済へ至りつく生活の、通例はそうした瞑想的で無感動的・エクスタシス的な生活の模範を、身をもって示すような預言である（ウェーバー　一九七二：六五―六七）。

そこでキリスト教（カトリック）の場合、教会は神と一般信徒を媒介する存在としての権威をもつ。しかし一般信徒が直接、神に対峙する方法があるのであれば、教会という媒介は必要なくなる。それゆえに神の言葉である聖書に立ち返ることによって、神に直接対峙することを目指すプロテスタントにとって、教会は排除の対象になったのである。

それに対し仏教の場合、そもそも出家者はブッダと一般信徒（在家者）の媒介者ではない。そうではなく、ブッダという絶対的な模範を模倣することによって、彼ら自身が一般信徒にとっての模範となりうる存在である。したがって一般信徒が、ブッダという絶対的な模範を強く志向する、つまりプロテスタント仏教的な要求を強めたとしても、それは出家者を排除することにはならず、むしろその道をゆく先達として重宝される存在となりうるのである。

この点について本書の議論を改めて整理すると、現代ミャンマーにおいて出家者の存在感が強い背景には、出家者と在家者の相互循環的な作用がみてとれる。つまり植民地期以降、都市部を中心として、主体的な仏教実践への意欲に目覚めた在家者たちが主導する形で、瞑想センターや各種の仏教メディアが登場・発展していく。しかしそれらは出家者を排除するものではなく、むしろ出家者の能力、具体的にはパーリ仏典についての知識の重要性を高めるものとなった。なぜなら瞑想実践や仏典学習という分野において、出家者は在家者に対して教師・先達としての立場にあったからである。こうして在家者が準備した枠組みに多くの出家者が参入することになり、都市社会において瞑想指導者／教義解説者という確固たる地位を築くに至っている（第三章）。同時に、このように仏教に目覚めた都市住民たちによって、律遵守を志向する「森の僧」は、「本物の出家者」、つまり絶対的な模範としての価値をみいだされるようになっている（第六章）。

以上の議論を踏まえるならば、スリランカやタイにおける出家者の周縁化の要因は、在家者のプロテスタント化ではなく、出家者自身の変容に求められるべきだろう。たとえばタイにおいては、出家者数の減少を食い止めるために、出家者も外国語・数学・地理・歴史といった世俗教育を受けられる、あるいは仏教試験の資格が世俗教育の学位になるといった制度が発展している（林　二〇一一：五四、Dhammasami 2007）。なぜなら義務教育の普及が、出家者の減少の主要因となっているからである。同様の状況はスリランカにもみられる。つまりこれらの国々では、出家者の教育システムの変容に伴い、「出家者の在家者化」とでも呼びうる現象が展開している。それゆえに出家者は、「出家者らしい出家者」を求める在家者のニーズに応えられなくなる。それが結果的に出家者の周縁化をもたらしているのではないだろうか。

一方のミャンマーでは、僧院で世俗科目を教えることはない。タイやスリランカのような対応をとらなくとも、出家者数は未だに増加傾向にあるからだ。それはミャンマーにおける近代化の遅れの、一つの証であるともいえるだろう。したがって若い頃から僧院に住み、仏典学習に専念してきた出家者は、その期間が長ければ長いほど、在家者の世界からかけ離れていく。たとえばある比丘は「ロンジー（M：loungyi　ミャンマーの伝統服のこと――引用者注）の着方も忘れてしまった。還俗してもどうやって生きていけばいいのかわからない」といっていた。タイと比較すると、ミャンマーの出家者はより隔絶した世界を築いているといえる。このことは一見、出家者の時代適応能力の獲得を妨げるようにも思える。しかしミャンマーの事例が示唆しているのは、仏教の専門家であり続けることが、出家者の強みになりうるということである。

**③今後の展望**

ただしこのことは、今後のミャンマー社会における出家者の繁栄を保証するわけではない。生じうる変化は、出家者が現代社会で生きていけなくなることではなく、むしろ、出家者自体が減少・変質することにあるだろう。第一に今後、村落部の教育機会が拡充されるにつれて、出家者人口が減少することが予想される。なぜなら第二章でみたように、出家者のほとんどが村落部出身であり、教育機会を求めて出家しているからである。実際、タイにおいては、義務教育が整備されるにつれて沙弥（見習い僧）は大幅に減少しているという（林　二〇〇九b：二五四、二九四）。

ミャンマーの村落部でも現在、僧院学校が増加する傾向にある。第三章でみたように、一九九〇年代以降、通常の僧院とは別個に、世俗教育を行い学位も付与する僧院学校の制度が整備された。第四章でみたように、この制度が整備された背景には、僧院で世俗教育を行い、それを正式な学歴として認可するような仕組みをつくらなければ、子供たちがますます僧院から遠ざかり、仏教の将来が危うくなるという出家者側の危機感があった。こうした目論見はある意味成功しており、たとえば全国にある僧院学校は、二〇〇三年から二〇〇六年にかけての三年間で一三〇校（一一八三校から一三一三校）、学生数は全体で一三万二六九三人（一五万九〇四九人から二九万一七四二人）、男子学生数は一万五四〇二人（九万〇五五二人から一〇万五九五四人）増加している（CSO 2008）。しかしこうした僧院学校の増加は、村の子供たちに「出家」以外の新たな選択肢を提供するという点において、沙弥出家者の減少へとつながっていくかもしれない。

その一方で、たとえばタイのように、出家者数の減少を食い止めるために、教学僧院など一般の僧院における世俗教育の解禁や、仏教試験の資格を世俗教育の学位として認めるといった制度がつくられるならば、出家者の変質は免れえない。それはまさに、現代ミャンマーにおいて出家者の存在感を担保しているような出家者の強みを掘り崩すことにつながる。つまり僧院学校制度は、出家者たちの意図とは裏腹に、大局的にみれば出家者衰退を招く遠因となりうるのである。

第二に、近年生じている急激な社会変動に、出家者がどのように対応しうるのか、という問題がある。ミャンマーでは、二〇一一年に民政移管が実現し、約五〇年にわたる軍事政権に終止符が打たれた。当初は、民政移管は名目的なもので、実質的な軍政支配が続くとみられていたが、民主化運動の象徴的存在であるドー・アウンサンスーチーの政治参加、メディアの自由化など、急激な民主化が進んでいる。そしてそれが欧米からの経済制裁の解除につながり、都市部を中心とした市場経済化の進展も著しい。このような変化は今後、出家者が抱えている教義的理想と経済的現実のジレンマをさらに先鋭化させていくことだろう。つまり出家者たちは、「仏教とはなにか」「律とはなにか」「出家者とはなにか」「僧院とはなにか」という問いに、これまで以上に真剣に向き合う必要がある。こうした問いに出家者自身がいかに答え、いかなる生き方を紡いでいくのか。それが出家者の社会的な立場のみならず、出家者の存在を重要な結節点としてきたミャンマー社会そのものの行方を左右する大きな要因となるだろう。今後もその行方を注視していきたい。

# 図版一覧

# 参照文献


## 邦文

青木保
　一九七九　『タイの僧院にて』中央公論新社。
阿部謹也
　二〇〇七　『中世賤民の宇宙：ヨーロッパ原点への旅』筑摩書房。
アンダーソン、ベネディクト
　一九九七（一九八三）『想像の共同体：ナショナリズムの起源と流行（増補版）』白石さや、白石隆訳、NTT出版（＝ Anderson, Benedict 1983 *Imagined communities: reflections on the origin and spread of nationalism.* London: Verso）。
飯國有佳子
　二〇〇二　「出家と在家のはざま：ビルマ、仏教女性修行者（ティーラシン）の事例から」『EX ORIENTE』六、一三一―一五二頁。
　二〇一〇　『ミャンマーの女性修行者ティーラシン：出家と在家のはざまを生きる人々』風響社。
　二〇一三　「職業的霊媒という選択：ビルマ霊媒カルトにおける女性の関与の多様性」『大東文化大学紀要〈社会科学〉』五一号、一―一九頁。
生野善應
　一九七五　『ビルマ仏教：その実態と修行』大蔵出版。
　一九八〇　『ビルマ上座部佛教史：『サーサナヴァンサ』の研究』山喜房佛書林。
　一九八一　「シュエジン派の成立：再生ビルマ上座部の一形態」『アジア研究所紀要』八号、一五一―一八六頁。

一九八二　「ビルマ上座部全宗派合同会議」『アジア研究所紀要』九号、五五―八六頁。
池田正隆
一九九五　『ビルマ仏教：その歴史と儀礼・信仰』法藏館。
二〇〇七　『ミャンマー上座仏教史伝：『タータナー・リンガーヤ・サーダン』を読む』法藏館。
石井米雄
一九七五　『上座部仏教の政治社会学』創文社。
一九八九　「仏教と国家」『仏教文化事典』、金岡秀友、柳川啓一（監修）、八三二―八三九頁、佼成出版社。
一九九一　『タイ仏教入門』めこん。
伊東利勝
二〇〇一　「エーヤーワディ流域における南伝上座仏教政治体制の確立」『東南アジア古代国家の成立と展開（岩波講座東南アジア史第二巻）』、石澤良昭（責任編集）、二八七―三一六頁、岩波書店。
伊藤友美
一九九七　「現代タイ仏教における『ダンマ』の理解と実践：プッタタート比丘の思想」『東南アジア：歴史と文化』二六号、一一三―一三六頁。
二〇〇九　「現代タイ上座部仏教における女性の沙弥尼出家と比丘尼受戒：理念のアピールと語られない現実」『東南アジア：歴史と文化』三八号、六四―一〇五号。
ウェーバー、マックス
一九六二（一九二二）『支配の社会学』世良晃志郎訳、創文社。
一九七二（一九二〇―一九二一）『宗教社会学論選』大塚久雄、生松敬三訳、みすず書房。
一九八九（一九〇四―一九〇五）『プロテスタンティズムの倫理と資本主義の精神』大塚久雄訳、岩波文庫。
ウェープッラ、ウ
一九七八　『南方仏教基本聖典』中山書房仏書林。

一九八六　『南方上座部仏教儀式集』中山書房仏書林。
大岩誠
一九四三ａ　「ビルマ建国の大先覚者ウ・オッタマ比丘（一）」『新亜細亜』五巻一〇号、二一―二〇頁。
一九四三ｂ　「ビルマ建国の大先覚者ウ・オッタマ比丘（二）」『新亜細亜』五巻一〇号、二九―四六頁。
大塚和夫
一九八九　『異文化としてのイスラーム：社会人類学的視点から』同文舘出版。
二〇〇四　「イスラーム世界と世俗化をめぐる一試論」『宗教研究』三四一号、四〇一―四二六頁。
大野信三
一九五六　『仏教社会・経済学説の研究』有斐閣。
岡部真由美
二〇一四　『「開発」を生きる仏教僧：タイにおける開発言説と宗教実践の民族誌的研究』風響社。
奥平龍二
一九八八　「ビルマにおける仏教浄化運動：シュエダゴンパゴダにみる具体的動き」『東南アジア：歴史と文化』一七号、一六二―一六五頁。
一九九四ａ　「上座仏教国家」『変わる東南アジア史像』、池端雪浦（編）、九〇―一〇八頁、山川出版社。
一九九四ｂ　「ビルマの仏塔信仰：その伝統と現実」『南方上座仏教の展開と相互交流に関する総合研究（平成四・五年度文部省科学研究費補助金成果報告書）』、一〇―二二頁。
二〇〇五　「ミャンマー上座仏教の制度改革：「国家仏教学大学」創設の意義、成果及びその役割」『パーリ学仏教文化学』一八号、三一―四四頁。
長田紀之
二〇〇六　『植民地期ラングーンにおける都市計画と居住民：一九二〇年代前半の開発トラストをめぐって』、修士論文、東京大学。

片山一良
　一九九〇　「十事（dasa vatthūni）について」『パーリ学仏教文化学』三号、一五―四〇頁。
川並宏子
　二〇〇二　「ビルマ尼僧院学校の所有形態と変遷」『国立民族学博物館研究報告』二六巻四号、五七五―六〇一頁。
橘堂正弘
　二〇一二　「スリランカ仏教の宗派・サンガ組織・サンガ法」『アジア仏教の現在Ⅲ（龍谷大学アジア仏教文化研究センター二〇一二年度第一回国内シンポジウム）配布資料』、七―二四頁。
藏本龍介
　二〇〇六　「現代上座仏教徒社会の「アラハン」：タイにおける「聖人化」のプロセス」『文化人類学』七一巻一〇号：一一九―一三三頁。
　二〇一〇　「僧院は誰のものか：ミャンマー上座仏教における財の所有」『パーリ学仏教文化学』二四号、二五―四八頁。
　二〇一一　「ミャンマーにおける仏教の展開」『静と動の仏教（新アジア仏教史第四巻　スリランカ・東南アジア）』、奈良康明・下田正弘（編）、林行夫（編集協力）、一六五―二〇五頁、佼成出版社。
　二〇一二　「ミャンマー上座仏教の世界：出家者の視点から」『アジアの仏教と神々』、立川武蔵（編）、八五―一〇四頁、法藏館。
　二〇一三　「上座仏教サンガの派閥とはなにか：ミャンマーの「ガイン」を事例として」『パーリ学仏教文化学』二七号、四七―六六頁。
　二〇一四ａ　「近代化を生きる出家者たち：上座仏教徒社会ミャンマー・ヤンゴンを事例として」『宗教と社会』二〇号、一七―三二頁。
　二〇一四ｂ　「上座仏教徒社会ミャンマーにおける「出家」の挑戦：贈与をめぐる出家者／在家者関係の動態」『文化人類学』七八巻四号、四九二―五一四頁。
　二〇一四ｃ　「都市を生きる出家者たち：ミャンマー・ヤンゴンを事例として」『国立民族学博物館研究報告』三九巻一

号、一―四四頁。
二〇一四d 「律を生きる出家者たち：上座仏教徒社会ミャンマーにおける僧院組織改革の行方」『アジア・アフリカ言語文化研究』八八号、六五―八九頁。
小島敬裕
二〇〇五a 『現代ミャンマーにおける仏教と国家：「一九八〇年全宗派合同会議」後の制度化の現実』、博士予備論文、京都大学。
二〇〇五b 「ミャンマー連邦サンガ組織基本規則」『東南アジア：歴史と文化』三四号、一〇三―一二七頁。
二〇〇九 「現代ミャンマーにおける仏教の制度化と〈境域〉の実践」『〈境域〉の実践宗教：大陸部東南アジア地域と宗教のトポロジー』、林行夫（編）、六七―一三〇頁、京都大学学術出版会。
二〇一四 『国境と仏教実践：中国・ミャンマー境域における上座仏教徒社会の民族誌』、京都大学学術出版会。
小林知・吉田香世子
二〇一一 「カンボジアとラオスの仏教」『静と動の仏教（新アジア仏教史第四巻 スリランカ・東南アジア）』、奈良康明、下田正弘（編）・林行夫（編集協力）、二六五―三二二頁、佼成出版社。
ゴンブリッチ、リチャード＆ガナナート・オベーセーカラ
二〇〇二 『スリランカの仏教』島岩訳、法藏館（＝Gombrich, Richard & Gananath Obeyesekere 1988 *Buddhism transformed: religious change in Sri Lanka.* Princeton, N.J.: Princeton University Press）。
斎藤紋子
二〇一〇 『ミャンマー土着ムスリム：仏教徒社会に生きるマイノリティの歴史と現在』風響社。
櫻井義秀
二〇〇八 『東北タイの開発僧：宗教と社会貢献』梓出版社。
佐々木閑
一九九九 『出家とはなにか』大蔵出版。

二〇〇〇　『インド仏教変移論：なぜ仏教は多様化したのか』大蔵出版。
二〇〇三　「アランヤにおける比丘の生活」『印度学仏教学研究』一〇二号、二二一―二二七頁。
佐藤密雄
一九六三　『原始仏教教団の研究』山喜房佛書林。
島田裕巳
二〇〇八　『新宗教ビジネス』講談社。
下田正弘
二〇〇一　「〈近代仏教学〉と〈仏教〉」『仏教学セミナー』七三号、九七―一一八頁。
二〇〇二a　「生活世界の復権：新たなる仏教学の地平へ」『宗教研究』三三三号、二一九―二四五頁。
二〇〇二b　「未来に照らされる仏教：仏教学に与えられた課題」『思想』九四三号、二〇六―二二二頁。
ショペン、グレゴリー
二〇〇〇　『大乗仏教興起時代：インドの僧院生活』小谷信千代訳、春秋社。
芹川博通
一九八七　『宗教的経済倫理の研究』多賀出版。
高谷紀夫
一九八二　「ビルマの仏教と社会：仏教の比較考察からの試論」『民族学研究』四七巻一号、五一―七一頁。
一九九〇　「ビルマの信仰体系と政治権力」『民族文化の世界（下）：社会の統合と動態』、阿部年晴、伊藤亜人、荻原眞子（編）、三九五―四一五頁、小学館。
一九九三　「ビルマ儀礼論の展開：祭祀空間としてのパゴダをめぐって」『実践宗教の人類学：上座部仏教の世界』、田邊繁治（編）、一〇二―一三四頁、京都大学学術出版会。
二〇〇八　『ビルマの民族表象：文化人類学の視座から』法藏館。

舘澤貢次
　二〇〇四　『宗教経営学：いま注目の宗教法人のカネ・ビジネス・組織』双葉社。
田辺繁治（編）
　一九九五　『アジアにおける宗教の再生：宗教的経験のポリティクス』京都大学学術出版会。
田辺繁治
　一九九五　「アジアにおける宗教の再生：宗教的経験のポリティクス」『アジアにおける宗教の再生：宗教的経験のポリティクス』、田辺繁治（編）、三―二九頁、京都大学学術出版会。
田村克己
　一九九五　「仏教の周縁にて：ビルマのナッとガイン」『アジアにおける宗教の再生：宗教的経験のポリティクス』、田辺繁治（編）、一三一―一五一頁、京都大学学術出版会。
デュモン、ルイ
　二〇〇一　『ホモ・ヒエラルキクス：カースト体系とその意味』田中雅一、渡辺公三共訳、みすず書房（＝Dumont, Louis 1966 *Homo hierarchicus: essai sur le système des castes.* Paris: Gallimard）。
デュルケム、エミール
　一九八九　『社会分業論』井伊玄太郎訳、講談社学術文庫（＝Durkheim, Émile 1893 *De la division du travail social.* Paris: Presses universitaires de France）。
デリダ、ジャック
　一九八九　『他者の言語：デリダの日本講演』高橋允昭訳、法政大学出版局。
土佐桂子
　二〇〇〇　『ビルマのウェイザー信仰』勁草書房。
　二〇〇二　「新仏教運動の台頭：社会変動と宗教再生の動き」『「開発」の時代と「模索」の時代（岩波講座東南アジア史第九巻）』、末廣昭（編）、三一一―三三七頁、岩波書店。

中村元
二〇〇五「ミャンマーにおける高僧信仰の現在：巡礼地形成における社会的ダイナミズム」『社会人類学年報』三一号、三一―六〇頁。
二〇一二「ミャンマー軍政下の宗教：サンガ政策と新しい仏教の動き」『ミャンマー政治の実像：軍政23年の功罪と新政権のゆくえ』、工藤年博（編）、二〇一―二三三頁、アジア経済研究所。
中村元ほか（編）
一九五九『宗教と社会倫理』岩波書店。
二〇〇二『岩波仏教辞典（第二版）』岩波書店。
ナン・ミャ・ケー・カイン
二〇〇〇「ミャンマーの都市化と経済発展」『立命館国際地域研究』一五号、一四一―一六三頁。
西川潤、野田真里（編）
二〇〇一『仏教・開発（かいほつ）・ＮＧＯ：タイ開発（かいほつ）僧に学ぶ共生の智慧』新評論。
西澤信善
二〇〇〇『ミャンマー経済改革と開放政策：軍政10年の総括』勁草書房。
根本敬
二〇〇二「ビルマのナショナリズム：中間層ナショナリスト・エリートたちの軌跡」『植民地抵抗運動とナショナリズムの展開（岩波講座東南アジア史第七巻）』、池端雪浦ほか（編）、二一三―二四〇頁、岩波書店。
野上典江
二〇〇九「タキン党」『現代アジア事典』、長谷川啓之（監修）、六七二―六七三頁、文眞堂。
野田真里
二〇〇一「タイ近代化・都市化における新仏教運動と開発（かいほつ）僧／尼僧」『仏教・開発（かいほつ）・ＮＧＯ：タイ開発（かいほつ）僧に学ぶ共生の智慧』、西川潤、野田真里（編）、一六九―二〇九頁、新評論。

ハウトマン、グスタフ
一九九五 「支配者と瞑想者のあいだ：植民地時代とそれ以降における内観瞑想」土佐桂子訳『アジアにおける宗教の再生：宗教的経験のポリティクス』、田辺繁治（編）、一五二―一九四頁、京都大学学術出版会。
馬場紀寿
二〇〇八 『上座部仏教の思想形成：ブッダからブッダゴーサへ』春秋社。
林行夫
一九九七 「仏教の多義性：戒律の救いの行方」『宗教の現代（岩波講座文化人類学第一一巻）』、青木保ほか（編）、七九―一〇六頁、岩波書店。
二〇〇四 「活きる『周縁』、揺らぐ『中心』：タイ系民族の国境域での仏教実践の動態」『変容する東南アジア社会：民族・宗教・文化の動態』、加藤剛（編）、一四三―二〇〇頁。
二〇〇五 「タイ」『海外の宗教事情に関する調査報告書』、文化庁（編）、五三―九三頁、文化庁。
二〇〇九ａ 「序文：大陸部東南アジア地域の宗教と社会変容」『〈境域〉の実践宗教：大陸部東南アジア地域と宗教のトポロジー』、林行夫（編）、一―二三頁、京都大学学術出版会。
二〇〇九ｂ 「「タイ仏教」と実践仏教の位相：東北農村のタマカーイにみる制度と教派の展開」『〈境域〉の実践宗教：大陸部東南アジア地域と宗教のトポロジー』、林行夫（編）、二三五―三〇四頁、京都大学学術出版会。
二〇一一 「東南アジア仏教徒の世界」『静と動の仏教（新アジア仏教史第四巻　スリランカ・東南アジア）』、奈良康明、下田正弘（編）、林行夫（編集協力）、一九―六二頁、佼成出版社。
原田正美
一九九七 「インターナショナル・メディテーション・センター：在家の信仰」『暮らしがわかるアジア読本　ビルマ』、田村克己、根本敬（編）、一八一―一八八頁、河出書房新社。
二〇〇九 「近現代ビルマ（ミャンマー）における「経典仏教」の変遷」『〈境域〉の実践宗教：大陸部東南アジア地域と宗教のトポロジー』、林行夫（編）、四五一―五〇六頁、京都大学学術出版会。

平川彰
一九九三　『二百五十戒の研究Ⅱ（平川彰著作集第一五巻）』春秋社。
二〇〇〇ａ　『原始仏教の教団組織Ⅱ（平川彰著作集第一二巻）』春秋社。
二〇〇〇ｂ　『律蔵の研究Ⅱ（平川彰著作集第一〇巻）』春秋社。
平木光二
一九九五　「ミャンマーにおける宗教権威と政治権力」『印度学仏教学研究』四四巻一号、一七五―一七九頁。
二〇〇〇　「ミャンマー上座仏教の制度改革：住持養成学校現地調査報告」『パーリ学仏教文化学』一四号、九九―一一二頁。
福島真人
一九九三　「もう一つの『瞑想』、あるいは都市という経験の解読格子：タイのサンティ・アソーク（新仏教運動）について」『実践宗教の人類学：上座部仏教の世界』、田辺繁治（編）、三八三―四一四頁、京都大学学術出版会。
藤田幸一
二〇〇八　「貧困問題・食料事情」『アジ研ワールド・トレンド』一五五号、四二―四五頁。
ブルデュ、ピエール
二〇〇一　『実践感覚』今村仁司ほか訳、みすず書房（＝Bourdieu, Pierre 1980 *Le sens pratique*. Paris: Éditions de Minuit）。
ホブズボウム、エリック＆テレンス・レンジャー（編）
一九九二　『創られた伝統』前川啓治、梶原景昭ほか訳、紀伊國屋書店（＝Eric & Terence Ranger 1983 *The Invention of tradition*. Cambridge: Cambridge University Press.）。
マクガイア、メレディス
二〇〇八　『宗教社会学：宗教と社会のダイナミックス』山中弘、伊藤雅之、岡本亮輔訳、明石書店（＝McGuire, Meredith B. 2002 *Religion: the social context*. Belmont: Wadsworth）。

松村圭一郎
二〇〇八　『所有と分配の人類学：エチオピア農村社会の土地と富をめぐる力学』世界思想社。
水野弘元
二〇〇五　『パーリ語辞典（増補改訂）』春秋社。
ムコパディヤーヤ、ランジャナ
二〇〇五　『日本の社会参加仏教：法音寺と立正佼成会の社会活動と社会倫理』東信堂。
村上忠良
二〇一一　「タイの仏教世界」『静と動の仏教（新アジア仏教史第四巻　スリランカ・東南アジア）』、奈良康明、下田正弘（編）、林行夫（編集協力）、二一一―二五九頁、佼成出版社。
モース、マルセル
一九七三　『社会学と人類学1』有地亨、伊藤昌司、山口俊夫共訳、弘文堂（＝Mauss, Marcel 1950 *Sociologie et anthropologie*. Paris : Presses universitaires de France）。
森祖道
二〇一一　「上座部仏教教団の相互支援と交流」『静と動の仏教（新アジア仏教史第四巻　スリランカ・東南アジア）』、奈良康明、下田正弘（編）、林行夫（編集協力）、六九―一〇五頁、佼成出版社。
守屋友江（編訳）
二〇一〇　『ビルマ仏教徒：民主化蜂起の背景と弾圧の記録』明石書店。
矢野秀武
二〇〇六　『現代タイにおける仏教運動：タンマガーイ式瞑想とタイ社会の変容』東信堂。
山田均
一九九三　「タイ国法における僧団の位置」『パーリ学仏教文化学』六号：一九―三六頁。
山崎元一

二〇〇九　『世界の歴史三：古代インドの文明と社会』中央公論新社。
吉田香世子
二〇〇九　「『ラオス・サンガ統治法』および宗教関連資料」『〈境域〉の実践宗教：大陸部東南アジア地域と宗教のトポロジー』、林行夫（編）、七八三―八一二頁、京都大学学術出版会。
レヴィ=ストロース、クロード
二〇〇〇　『親族の基本構造』福井和美訳、青弓社（=Lévi-Strauss, Claude 2000 *Les structures élémentaires de la parenté*. Paris: Presses universitaires de France）。

## 欧文

Abeysekara, Ananda
1999　Politics of higher ordination, Buddhist monastic identity, and leadership in Sri Lanka. *Journal of the International Association of Buddhist Studies* 22(2): 255–280.
2002　*Colors of the robe: religion, identity, and difference*（*Studies in comparative religion*）. Columbia: University of South Carolina Press.
Ames, Michael M.
1966　Ritual prestations and the structure of the Sinhalese pantheon. In *Anthropological Studies in Theravāda Buddhism*. Manning Nash（ed.）, pp. 27–50. New Haven: Yale University Southeast Asia Studies.
Aung-Thwin, Michael
1985　*Pagan: the origins of modern Burma*. Honolulu: University of Hawaii Press.
Bartholomeusz, Tessa J.
2002　*In defense of dharma: just-war ideology in Buddhist Sri Lanka*. New York: Routledge.
Bechert, Heinz

1966–1973 *Buddhismus, staat und gesellschaft in den ländern des Theravāda-Buddhismus*. 3 vols. Frankfurt a. M.; Berlin: Metzner.

1973 Sangha, state, society, "nation": persistence of traditions in "post-traditional" Buddhist societies. *Daedalus* 102 (1): 85–95.

Becka, Jan

1991 The role of Buddhism as a factor of Burmese national identity in the period of British rule in Burma (1886–1948). *Archiv Orientalni* 59: 389–405.

Blackburn, Anne M.

2001 *Buddhist learning and textual practice in eighteenth-century Lankan monastic culture*. Princeton: Princeton University Press.

Bond, George D.

1988 *The Buddhist revival in Sri Lanka: religious tradition, reinterpretation and response*. Columbia, S.C.: University of South Carolina Press.

Bourdieu, Pierre

2001 Forms of capital. In *The sociology of economic life*. Mark Granovetter & Richard Swedberg (eds.), pp. 96–111. Boulder: Westview Press.

Braun, Erik Christopher

2008 *Ledi sayadaw, abhidhamma, and the development of the modern insight meditation movement in Burma*. Ph.D. dissertation, Harvard University.

Carbine, Jason A.

2004 *An ethic of continuity: Shwegyin monks and the sasana in contemporary Burma/Myanmar*. Ph.D. Dissertation, University of Chicago.

Carrithers, Michael

1979 The modern ascetics of Lanka and the pattern of change in Buddhism. *Man*（*N. S.*）14： 294–310.

1983 *The forest monks of Sri Lanka: an anthropological and historical study*. Oxford: Oxford University Press.

Charney, Michael Walter

2006 *Powerful learning: Buddhist literati and the throne in Burma's last dynasty, 1752–1885*. Ann Arbor: University of Michigan Center for South and Southeast Asian Studies.

Cheng, Wei-Yi

2007 *Buddhist nuns in Taiwan and Sri Lanka: a critique of the feminist perspective*. New York: Routledge.

Collins, Steven

1990 On the very idea of the Pali canon. *Journal of the Pali Text Society* 15： 89–126.

1992 Notes on some oral aspects of Pali literature. *Indo-Iranian Journal* 35： 121–135.

Cooter, Robert & Thomas Ulen

2000 *Law and economics*（3rd ed）. Upper Saddle River, NJ: Addison-Wesley.

CSO（Central Statistical Organization）

2008 Statistical year book 2007. Nay Pyi Taw.

Deegalle, Mahinda（ed.）

2006 *Buddhism, conflict and violence in modern Sri Lanka*. New York: Routledge.

Dhammasami, Venerable Khammai

2007 Idealism and pragmatism: a dilemma in the current monastic education system of Burma and Thailand. In *Buddhism, power and political order*. Ian Harris（ed.）, pp. 10–25. New York: Routledge.

Douglas, Mary

1990 Foreword: no free gifts. In *The gift: the form and reason for exchange in archaic societies*. Marcel Mauss;

translated by W.D. Halls, pp. vii–xvii. London: Norton.

Ferguson, John Palmer

1975 *The symbolic dimensions of the Burmese Sangha*. Ph.D. Dissertation, Cornell University.

Gombrich, Richard F.

1971 *Buddhist precept and practice: traditional Buddhism in the rural highlands of Ceylon*. Delhi: Motilal Banarsidass Publishers.

Grant, Patrick

2009 *Buddhism and ethnic conflict in Sri Lanka*. Albany: State University of New York Press.

Gregory, Chris A.

1980 Gifts to men and gifts to god: gift exchange and capital accumulation in contemporary Papua. *Man* (*N.S.*) 15: 626–652.

1982 *Gifts and commodities*. London; New York: Academic Press.

Hawley, John Stratton

1987 Introduction: saints and virtues. In *Saints and virtues*. Hawley, John Stratton. (ed.), pp. xi-xxiv. Berkeley: University of California Press.

Hla Hla Mon

2006 *Theravada Buddhism in the Reign of King Mindon*. Ph.D. Dissertation, University of Yangon.

Houtman, Gustaaf

1990 *The tradition of practice among Burmese Buddhists*. Ph.D. Dissertation, University of London.

Ikuno, Zenno

1987 Nine sects (gaings) of Theravada Buddhism in Burma. In *Burma and Japan: basic studies on their cultural and social structure*. The Burma Research Group (ed.), pp. 117–134. Tokyo: Burma Research Group.

Ito, Tomomi
2012 *Modern Thai Buddhism and Buddhadasa Bhikku: A Social History*. NUS Press.
Jackson, Peter A.
1989 *Buddhism, legitimation, and conflict: the political functions of urban Thai Buddhism*. Singapore: Institute of Southeast Asian Studies.
2003 *Buddhadasa: Theravada Buddhism and modernist reform in Thailand*. Bangkok: Silkworm Books.
Jordt, Ingrid
1988 Bhikkhuni, thilashin, mae-chii: women who renounce the world in Burma, Thailand, and the classical Pali Buddhist texts. *Cross Roads* 4(1): 31–39.
2001 *The mass lay meditation movement and state-society relations in post independence Burma*. Ph.D. Dissertation, Harvard University.
2007 *Burma's mass lay meditation movement: Buddhism and the Cultural Construction of Power*. Athens, Ohio: Ohio University Press.
Kamala Tiyavanich
1997 *Forest recollections*. Honolulu: University of Hawaii Press.
Kawanami, Hiroko
1990 The religious standing of Burmese nuns (thila-shin): The ten precepts and religious respect words. *Journal of the International Association of Buddhist Studies* 13(1): 17–40.
1991 *The position and role of women in Burmese Buddhism: a case study of Buddhist nuns in Burma*. Ph.D. Dissertation, London School of Economics.
2007 The bhikkhuni ordination debate: global aspirations, local concerns, with special emphasis on the views of the monastic community in Burma. *Buddhist studies review* 24(2): 226–244.

King, Winston Lee

1980 *Theravāda meditation: the Buddhist transformation of yoga*. University Park: Pennsylvania State University Press.

Laidlaw, James

2000 A free gift makes no friends. *The Journal of the Royal Anthropological Institute* 6(4): 617-634.

Leach, Edmund R. (ed.)

1968 *Dialectic in practical religion. Cambridge papers in social anthropology Vol.5*. Cambridge: Cambridge University Press.

Lubeigt, Guy

1995 Le don de la robe: aspects socio-économiques d'un acte méritoire chez les bouddhistes de Birmanie (The charity of the robe: social economic aspects of a meritorious act of the Buddhists in Burma). In *Notes sur la culture et la religion en péninsule indochinoise*. Nguyên Thê Anh et Alain Forest (eds.), pp. 23-41. Paris: l'Harmattan.

Mackenzie, Rory

2007 *New Buddhist movements in Thailand: toward an understanding of Wat Phra Dhammakaya and Santi Asoke*. New York: Routledge.

Malinowski, Bronislaw

1922 *Argonauts of the Western Pacific: an account of native enterprise and adventure in the archipelagoes of Melanesian New Guinea*. New York: Routledge. & Kegan Paul.

Matthews, Bruce

1993 Buddhistm under a military regime: the iron heel in Burma. *Asian Survey* 33(4): 408-423.

Mendelson, E. Michael; edited by John P. Ferguson

1975 *Sangha and state in Burma: a study of monastic sectarianism and leadership*. Ithaca: Cornell University Press.

MHRA（Ministry of Home and Religious Affairs）

1986 *Burma 1983 population census*. Ministry of Home and Religious Affairs.

Moore, Elizabeth

2000 Ritual continuity and stylistic change in pagoda consecration and renovation. In *Proceedings of the Myanmar two millenia conference, December 15-17 1999. Part 3.*, pp. 156-191. Yangon: Universities Historical Research Centre.

Myo Myint

1987 *The politics of survival in Burma: diplomacy and statecraft in the reign of king Mindon, 1853-1878*. Ph.D. Dissertation, Cornell University.

Nay Chi Oo

2014 *Contractual Transfer of Property Interests in Myanmar*: Ph.D. dissertation, Nagoya University.

Obeyesekere, Gananath

1972 Religious symbolism and political change in Ceylon. In *Two wheels of dhamma: essays on Theravada tradition in India and Ceylon*. Bardwell L.Smith（ed.）, pp. 58-78. Chambersburg, Pa.: American Academy of Religion.

Parry, Jonathan

1986 The gift, the Indian gift and the ‘Indian gift’. *Man*（*N.S.*）21: 453-73.

Philip, Janette & David Mercer

1999 Commodification of Buddhism in contemporary Burma. *Annals of Tourism Research* 26(1): 21-54.

Pranke, Patrick Arthur

2004 *The “Treatise on the lineage of elders”*（*Vamsadipani*）*: monastic reform and the writing of Buddhist history in eighteenth-century Burma*. Ph.D. Dissertation, University of Michigan.

Queen, Christopher S. & Sallie B. King (eds.)
1996 *Engaged Buddhism: Buddhist liberation movements in Asia.* Albany: State University of New York Press.

Rahula, Walpola
1956 *History of Buddhism in Ceylon : the Anuradhapura period 3rd century BC-10th century-AC.* Colombo: Gunasena.

Rozenberg, Guillaume
2010 *Renunciation and power: the quest for sainthood in contemporary Burma.* translated from French by Jessica L. Hackett et al. New Haven, Conn.: Yale University Southeast Asia Studies.

Sarkisyanz, Emanuel
1965 *Buddhist backgrounds of the Burmese revolution.* The Hague: M. Nijhoff.

Schober, Juliane
1997 Buddhist just rule and Burmese national culture: state patronage of the Chinese tooth relic in Myanmar. *History of Religions* 36(3): 218–243.

Schopen, Gregory
1997 *Bones, stones, and Buddhist monks: collected papers on the archaeology, epigraphy, and texts of monastic Buddhism in India.* Honolulu: University of Hawaii Press.
2004 *Buddhist monks and business matters: still more papers on monastic Buddhism in India.* Honolulu : University of Hawaii Press.

Seekins, Donald M.
2011 *State and society in modern Rangoon.* New York: Routledge.

Seneviratne, H. L.
1999 *The work of kings: the new Buddhism in Sri Lanka.* Chicago, Ill.: Chicago University Press.

Sizemore, Russell F. & Donald K. Swearer

1990 Introduction. In *Ethics, wealth, and salvation: a study in Buddhist social ethics*. Russell F. Sizemore & Donald K. Swearer（eds.）, pp. 1–24. Columbia, S.C.: University of South Carolina Press.

Smith, Donald Eugene

1965 *Religion and politics in Burma*. Princeton, N.J.: Princeton University Press.

Spiro, Melford E.

1970 *Buddhism and society: a great tradition and its Burmese vicissitudes*. New York: Harper & Row.

Strenski, Ivan

1983 On generalized exchange and the domestication of the Sangha. *Man*（*N. S.*）18: 463–477.

Tambiah, Stanley Jeyaraja

1970 *Buddhism and the spirit cults in Northeast Thailand*. Cambridge: Cambridge University Press.

1976 *World conqueror and world renouncer: a study of Buddhism and polity in Thailand against a historical background*. Cambridge: Cambridge University Press.

1984 *The Buddhist saints of the forest and the cult of amulets: a study in charisma, hagiography, sectarianism, and Millennial Buddhism*. Cambridge: Cambridge University Press.

1987 The Buddhist Arhant: classical paradigm and modern Thai manifestations. In *Saints and virtues*（*Comparative studies in religion and society 2*）, John Stratton Hawley（ed.）, pp. 111–126. Berkeley: University of California Press.

1992 *Buddhism betrayed?: religion, politics, and violence in Sri Lanka*. Chicago: The University of Chicago Press.

1997 Participation in, and objectification of, the charisma of saints. In *India and beyond: aspects of literature, meaning, ritual and thought: essays in honour of Frits Staal*. Dick van der Meij（ed.）, pp. 538–561. London: Kegan Paul International.

Taylor, James L.

1993 *Forest monks and the Nation-State*. Singapore: Institute of Southeast Asian Studies.

2008 *Buddhism and postmodern imaginings in Thailand: the religiosity of urban space*. Burlington, Vt.: Ashgate.

Than Tun

1959a Mahakassapa and his tradition. *Journal of the Burma Research Society* 42：99–118.

1959b Religion in Burma, A.D. 1000–1300. *Journal of the Burma Research Society* 42：47–69.

1981–1985 History of Shwegyin nikaya (Shwegyin sect in the order of Buddhist monks) in Burma (1–5). *Shiroku* (『史録』) Vol.14–18.

1986 *The royal orders of Burma, A.D.1598–1885, Part 5 A.D.1788–1806*. Center for Southeast Asian Studies, Kyoto University.

Tin Maung Maung Than

1988 The Sangha and sasana in socialist Burma. *Sojourn* 3：26–61.

1993 Sangha reforms and renewal of sasana in Myanmar: historical trends and contemporary practice. In *Buddhist trends in Southeast Asia*. Trevor Ling (ed.), pp. 6–63. Singapore: Institute of Southeast Asian Studies.

Turner, Alicia

2009 *Buddhism, colonialism and the boundaries of religion: Theravada Buddhism in Burma, 1885–1920*. Ph.D. Dissertation, University of Chicago.

Weber, Max

1920–1921 *Gesammelte aufsätze zur religionssoziologie*. Tübingen: J.C.B. Mohr.

Win Pe

1972 *Shwe Dagon*. Rangoon: Printing and Publishing Corporation.

Woodward, Mark R.

1988 When one wheel stops: Theravada Buddhism and the British raj in upper Burma. *Crossroads* 4(1): 57–90.
YCDC（Yangon City Development Committee）
2003 *Township Maps and Data of Yangon City*. Yangon City Development Committee.

## 緬文

Janakabhivamsa, U（マハーガンダヨウン長老）
2003 *Anagaʔ Thathanayei:*.（『未来の仏教』）Mahagandayoun.
2004 *Badhathwei:*.（『仏教の血』）Mahagandayoun.
Ma.lwnze: hsan hlu athin:
1996 *Ma.lwnze: hsan hlu athin:gyi: hniʔ 100 pyi. sa zaun.*
（マルン市場米布施協会１○○周年記念論集）Ma.lwnze: hsan hlu athin:.
Paññānanda, U
2001 *Myanmanaingan poun:dogyi:thinpinnyayei:*.
（『ミャンマーの僧院教育』、ヤンゴン国家仏教学大学修士論文）
TW（Thatha.nayei: Wungyi:htana　宗教省）
各年 *Wazothanga sayin:*.（『雨安居僧籍表』）
1996 *Thanga-aphwe.asi: Achegansi:myin:*.（『サンガ組織基本規則』）
2003 *Naingando Thangamahanayaka-aphwe ga htein:thein:saun.shauʔtho caun:daiʔmya: Sayin:*.（『国家サンガ大長老委員会が管理している僧院リスト』）
2004–2008 *Naingando bahothanga.wunhsaunaphwe. asi:awei: tho. tinthwin:do Naingando Thangamahanayakaaphwe. i Asiyinkhanza.*（国家中央サンガ運営委員会会議に提出された国家サンガ大長老委員会の報告書）

2006a *2006 khu.hni' Pahta.ma.byan Samei:bwe:| Pyine/ Tain: ari' Sayin:thwin:| Pyei| Aun hpin yaghain hnoun: sayin:gyou'.*（『二〇〇六年基本試験、州／管区毎の申込数、受験者数、合格者数のリスト』）

2006b *2006 khu.hni' Danmasariya Samei:bwe: sapyeithana ari' Thwin:| Pyei| Aun yaghain hnoun: sayin:gyou'.*（『二〇〇六年仏教講師試験、受験会場毎の申込数、受験者数、合格者数のリスト』）

2007a *2007 khu.hni' Zannuwarila si sathindai'kyi:mya: Sayin:pyandan:.*（『二〇〇七年七月時点の教学僧院リスト』）

2007b *Ka'piyagaun: ta'yau'.*（『良い浄人』）

2007c *Yangondain:atwin:si Poun:dogyi:thinpinnyayei:caun: Sayin:mya:.*（『ヤンゴン管区にある僧院学校のリスト』）

2008 *Hnyunca:hlwamya:.*（『指令書集』）

Tinnainto:, U

2007 *Yangonmyo.doti'khwin she:haun:zedidho:mya: thamain:.*（『ヤンゴンにある古いパゴダの歴史』）New Way.

Vicittasarabhivamsa, U（ミングン長老）

1960 *Mahabou'dawin.*（『大ブッダ伝』）Thatha.nayei: Wungyi: Htana.

Winita, U

1992 *Yahan:domya: hmikhouyacaun: hnin.hse'sa'tho thi.huma'phweyamya:.*（『出家者が守らなければならないこと及び関連して知るべきこと』、ヤンゴン国家仏教学大学修士論文）

Win Zo U

2009 San:jaun:ya'yaza.win hnin ba:gaya kyaun:dai'.（サンジャウンの歴史とバゲヤ僧院）*Ne lar* No. 320（26. June. 2009）

# あとがき

「何が知りたいのか。」二〇〇八年九月、X僧院での出家式の後、私は師僧のK長老からこのように尋ねられた。私は学生であること、ミャンマーの仏教について学びにきたこと、特に出家者がどのような生活をしているかを知りたいということを伝えた。するとK長老は深くうなずいてこうおっしゃった。「ウーズィン（M：u:zin: 出家者の自称）も昔、仏教のことを知りたいと思っても、何を聞いていいのかさっぱりわからなかった。お前もそうなのだろう。でも大丈夫、安心しなさい。ウーズィンが仏教について、一から説明してあげよう。そしてそれを日本の人々に伝えなさい。」

ミャンマーでの調査中、私は調査者・研究者というよりも、修行者、あるいはミャンマー仏教を日本に布教しようとしている若者として認識されることがほとんどだった。私の関心は出家生活の実態にあったが、ミャンマーの長老や人々は、教義について語りたがり、そして修行させたがった。瞑想ビザ（瞑想修行者のために発行されるビザ）は建前だったはずなのに、行ってみると1カ月間の集中的な瞑想修行が待っていた。沈黙の行のため話すこともできない。ミャンマー語がわからないので辞書をひいたら、本を読むなと怒られた。知人に誘われちょっとしたインタビューに行ったつもりが、大長老に迎えられ、大勢の信徒の前で公開問答となるようなこともしばしばだった。そうなると「仏法是如何に！」と叫ぶしかない。その結果、私の調査は図らずも求法の旅となった。調査中は、こうした状況にやきもきすることもあった。しかしこうした経験一つ一つが、私の人生を豊かなものにしてくれたと思う。今はただ、ミャンマーで出会った一人一人の方々に感謝あるのみである。

本書では、教義内容や瞑想修行の具体的な方法について、ほとんど言及していない。その意味では調査に協力してくださった方々の期待を裏切るものになっているかもしれない。しかし私自身は上座仏教の教えに興味がないわけではなく、むしろ深く共感している。だからこそ、その教えを実際にどのように生きることができるのかが知りたかった。それゆえに文化人類学という手法をとり、出家者を対象とした研究を行った。なぜなら「出家」という形式こそが、上座仏教を実践するための最適な手段であるとされているからである。理想と現実、あるいは「言っていること」と「やっていること」の乖離は、あらゆる宗教実践につきものである。しかしだからこそ、信徒として生きるためには、その断絶を埋めるための様々な工夫と努力を行う必要がある。本書が目指したのは、こうした試行錯誤を問題化するような、いわば「宗教の生き方」学であった。その成否については読者のご判断に委ねたい。

本書のもととなったのは二〇一三年に東京大学大学院総合文化研究科に提出した博士学位論文である。博士論文で議論した内容の中には、すでに学術論文や概説として雑誌や書籍に発表したものもある（藏本　二〇〇六、二〇一〇、二〇一一、二〇一二、二〇一三、二〇一四a、二〇一四b、二〇一四c、二〇一四d）。しかしそうした個々の論考は、問題設定や事例の細かさなどにおいて一貫性のないものであった。そのため本書の執筆に際して大幅に改稿しており、ほとんど原型をとどめていないものも多い。

本書の議論は二〇〇六年から二〇〇九年にかけて、合計一年八カ月間行ったミャンマーでの現地調査によって得られたデータに依拠している。調査に際しては、ヤンゴン外国語大学のDaw Nang Kham Wah先生、進歩日本語学校のみなさま、日本ミャンマー・カルチャーセンターのMa Hay Mar先生、小山智史さん、裕貴子さん夫妻に大変お世話になった。またU Nyun Win、Daw Khin Nilar Myint夫妻には、筆者の出家中、「比丘の檀家」として筆者の出家生活をサポートしていただいた。深く御礼申し上げます。

そして本書執筆に至る研究生活を振り返ったとき、感謝の思いとともに、多くの先生方、先輩方、友人たちの顔が思い浮かぶ。なによりもまず、学部以来、一〇年以上にわたって指導を賜っている福島真人先生に感謝を申し上げたい。東京大学教養学部の文化人類学研究室に進学したとき、その歓迎コンパの席で、すでに先生は修士・博士課程を見据えた助言をしてくださった。その瞬間に、私は研究者になろうと決心した。それほどに先生の口から語られる研究生活は魅力的なものに思えた。先生が研究に注ぎ込まれる規格外の熱意とパワーは、いつも私を圧倒するものであり、先生はまさに私にとって模範的存在であった。博士論文の執筆に際しても、テーマが定まらず右往左往する私を、厳しくも温かい言葉で導いてくださった。先生を仰ぎ見るに、自分の力量不足に愕然とせざるをえないが、先生のような研究者になることを目指して、今後も精進していきたい。

下田正弘先生は私にとっての仏教の師である。学部時代に先生の仏教学の講義を受講していなかったら、私は仏教研究の道に進むことはなかっただろう。仏教学ではなく、人類学という立場から仏教をどのように研究できるのか。私の試みはまだ始まったばかりであるが、仏教と関わり続けたいという原動力は、先生から授かったものである。いつかその恩返しができるように努力していきたい。

博論の審査もしていただいた土佐桂子先生は、専門のミャンマー宗教研究についてのご指導のみならず、折に触れて私の研究生活を鼓舞してくださった。何度も挫折しかけたが、それでもなんとかやってこられたのは、先生のやさしい励ましがあったからである。また先生の大学院のゼミで報告させていただく機会も頂戴したことは、論文を執筆する上で大いに励みとなった。

東京大学文化人類学研究室の諸先生方には、博士論文の執筆を進める上で、様々な機会に有益なコメントを頂戴した。特にライティングアップセミナーを通じて的確な助言を何度も頂戴した船曳建夫先生と、東洋文化研究所での研究発表の機会を設けてくださった関本照夫先生、その際にコメンテーターを務めてくださった名和克郎先生、そして博論審査をしていただいた関谷雄一先生、津田浩司先生に感謝を申し上げたい。

研究室外においては、伊東利勝先生、奥平龍二先生、坂井信三先生、高谷紀夫先生、田村克己先生、飯國有佳子氏、池田一人氏、門田岳久氏、小島敬裕氏といった方々から、ミャンマー研究や人類学の先輩としてご指導やご助言を賜ることができたのは幸運なことであった。研究室の大先輩でもある高谷先生に博論審査を担当していただけたのも、身に余る光栄である。

南山考古文化人類学研究会は、結婚を機に知り合いの全くいない愛知県に住むことになった私にとって、心の拠り所であった。特に筆者を研究会へ招き入れてくださった加藤敦典氏、博論の草稿を読んで多くの鋭いコメントをしてくださった中尾世治氏に感謝したい。また、小林知先生、立川武蔵先生、林淳先生、蓑輪顕量先生とご一緒させていただいた「近代国家におけるサンガ・僧侶」研究会や、清水貴夫氏、中尾世治氏とご一緒させていただいた「経済から宗教をみる」研究会では、新たな視点から自分の調査データを見直す貴重な機会を得た。そしてミャンマー歴史研究者の長田紀之氏は、一〇年以上にわたって共に切磋琢磨してきた「戦友」である。自分の研究に価値がみいだせなくなったとき、「おまえの研究は絶対に面白い！」と背中を叩いてくれた。信頼できる友人のその一言があったからこそ、私は前に進むことができた。本当にありがとう。こうした方々との交流がなければ、到底、本書を書き上げることなどできなかったであろう。

また本書の出版を受け入れてくださった法藏館の田中夕子氏、編集作業を担当してくださった光成三生氏、製本・印刷の過程でお世話になった亜細亜印刷株式会社のみなさまにも、心より御礼申し上げたい。出版に関する専門家の方々の助力を得て、博士論文はまさに生まれ変わったように感じている。

博士論文および本書の執筆には、想像よりもはるかに時間がかかった。遅々として進まない執筆作業に、苛立つことも多々あった。かといってお金を稼いでくるわけでもない。こんな人間が身近にいたらさぞや迷惑だろう。そんな私の生活を支えてくれた、そして何よりも安らぎを与えてくれた妻の彩にも心から感謝の気持ちを伝えたい。

最後に、いつも応援してくれる両親へ、深い感謝と共に本書を捧げる。

二〇一四年一〇月

藏本龍介

【付記】

本書の刊行に際しては、東京大学学術成果刊行助成制度（二〇一四年度）による補助を受けた。

また現地調査に際しては、文部科学省科学研究費補助金（二〇〇六～二〇〇七年度）、三島海雲記念財団、松下国際財団（共に二〇〇八年度）、澁澤民族学振興基金、小林節太郎記念基金、日本科学協会（共に二〇〇九年度）による研究助成を受けた。記してここに深く御礼申し上げます。

# 索　引

## アルファベット



## あ行

## か行

## さ行

## た行



## な行

## は行



## ま行

## や行



## ら行

【著者略歴】

藏本龍介（くらもと　りょうすけ）

1979年、福岡県生まれ。東京大学大学院総合文化研究科博士課程単位取得満期退学。博士（学術）。専攻は文化人類学、東南アジア地域研究。現在、東京大学大学院総合文化研究科学術研究員。
共著に『静と動の仏教：新アジア仏教史第四巻　スリランカ・東南アジア』（2011年、佼成出版社）、『アジアの仏教と神々』（2012年、法藏館）、主な論文に「現代上座仏教徒社会の「アラハン」：タイにおける「聖人化」のプロセス」（2006年、『文化人類学』）、「上座仏教徒社会ミャンマーにおける「出家」の挑戦：贈与をめぐる出家者／在家者関係の動態」（2014年、『文化人類学』）など。

世俗を生きる出家者たち
――上座仏教徒社会ミャンマーにおける出家生活の民族誌――

二〇一四年一一月三〇日　初版第一刷発行

著者　藏本龍介
発行者　西村明高
発行所　株式会社 法藏館
京都市下京区正面通烏丸東入
郵便番号　六〇〇-八一五三
電話　〇七五-三四三-〇〇三〇（編集）
〇七五-三四三-五六五六（営業）

装幀者　佐藤篤司
印刷・製本　亜細亜印刷株式会社


ISBN 978-4-8318-7443-6 C3039